IMPROVISATIONSTHEATER

Band 1: Die Grundlagen

IMPROVISATIONS-THEATER

Band 1: Die Grundlagen

DAN RICHTER

Theater der Zeit

Impressum

Dan Richter
www.danrichter.de

2. Auflage, 2022

Vertrieb: Verlag Theater der Zeit
Winsstraße 72,
10405 Berlin, Deutschland

Druckerei: PRINT GROUP Sp. z o.o.
ul. Księcia Witolda 7
71-063 Szczecin (Polen)

Cover-Gestaltung: Laura Kötter
Foto des Autors: Matthias Fluhrer

ISBN: 978-3-95749-419-1

Vorwort

Dies ist das erste Buch der auf zwölf Bände angelegten Reihe *Improvisationstheater*. Es richtet sich an Anfänger, an fortgeschrittene Impro-Spieler und Improvisations-Lehrer. Wir werden die Grundlagen des gemeinsamen theatralen Improvisierens erkunden: Wie erlangen wir beim spontanen Erschaffen von Szenen Freiheit, Freude und Eleganz? Obwohl ich hier einige Spiele, Übungen und Formate beschreibe, ist dieses Buch keine Trick-Kiste. Um Improtheater zu lernen, braucht man ein offenes Herz, aber auch Geduld und Übung. Mit dem Titel „Die Grundlagen" ist also nicht allein die Anfängerpraxis des Improvisierens gemeint, sondern die grundlegenden Haltungen, auf die sich Improtheater-Spieler immer wieder besinnen müssen, wenn sie nicht steckenbleiben, sondern sich stetig weiterentwickeln wollen.

Ich wünsche mir, dass dieses Buch die Leser inspiriert, Neues zu wagen, Ängste hinter sich zu lassen, sich dem Moment hinzugeben, die eigenen Fähigkeiten zu erweitern und dem Verstand und künstlerischen Instinkt zu vertrauen, so dass Improvisationstheater das werden kann, was in ihm schlummert: Eine Kunst.

Die Namen von Spielern aus Shows und Workshops habe ich – mit Ausnahme meines eigenen Impro-Ensembles *Foxy Freestyle* – anonymisiert.

INHALTSVERZEICHNIS

1 WARUM SPIELEN WIR IMPROTHEATER?

1.1 Der Genuss des Publikums

Impro-Spieler machen sich oft Gedanken darüber, was „das“ Publikum sehen will, was es braucht oder was es fordert. Vielleicht ist hier mal ein Perspektivwechsel fällig: Was bereitet denn uns Impro-Spielern Freude, wenn wir im Publikum sitzen? Was hat uns begeistert, als wir das erste Mal Improtheater gesehen haben, als wir noch nichts von den Impro-Techniken wussten, die dahinter stecken, nichts vom feinen Miteinander, das das lockere Impro-Spielen erfordert?

Wenn wir Zuschauern, die zum ersten Mal Improtheater sehen, nach der Show zuhören, werden wir erkennen, dass die primäre Begeisterung immer wieder die Faszination des Spontanen ist:

„Ihr wart so unglaublich schnell!“

„Wo nehmt ihr nur so rasch die Ideen her?“

„Ihr geht so unglaublich gut aufeinander ein."

„Man hat gesehen, dass ihr euch selber amüsiert habt, wenn ihr von der Antwort eurer Mitspieler überrascht wart."

Obwohl Improtheater nicht unbedingt komisch sein muss, hat es doch einen Hang zum Komischen, der nicht unbedingt durch die Inhalte des Gesagten zu erklären ist, sondern durch das Spontane selbst. Diese impro-immanente Komik wirkt vor allem dann, wenn der Mechanismus offengelegt wird, das heißt wenn für die Zuschauer die Spielregel sichtbar ist. Aber auch in freien Szenen ist dieser Effekt noch zu beobachten: Ich liefere dir einen Satz, und du musst etwas Sinnvolles darauf erwidern. So entfaltet sich Situations-Komik. Dem Zuschauer wird rasch klar, dass das, was auf der Bühne entsteht, keiner der einzelnen Spieler alleine hätte erfinden können.

Doch auch unabhängig von der impro-spezifischen Komik ist Improtheater für den Zuschauer interessant. Man empfindet Freude, anderen beim Kreativsein zuschauen zu können. Als Zuschauer tauchen wir *in den Prozess* mit ein, und das können uns nicht-improvisierte Künste nur selten bieten. Bildende Künstler lassen sich in der Regel ungern über die Schulter schauen. Und Schriftsteller reagieren pikiert, wenn man ihnen beim Schreiben auf das Blatt Papier oder auf den Monitor starrt.

Wenn wir ins Kino gehen, ist der Film komplett, das Drehbuch wurde vor Jahren geschrieben, die Darsteller haben ihre Szenen zum Teil zig Mal gespielt. Ganze Szenen sind der Schere zum Opfer gefallen. Das ist alles wunderbar, und wir lieben die großen Filmkunstwerke. Aber Theater oder auch Live-Musik entfalten dann eben doch noch eine andere Art von Magie. Man ist direkt dabei, wie die Schauspieler oder Musiker die Werke des Dramatikers oder Komponisten umsetzen. Rock-Konzerte lösen eine so stark sichtbare und regelrecht spürbare Begeisterung aus, weil es hier weniger um die saubere Performance der Lieder geht, sondern um die gemeinsame Erfahrung.

Auch Regie-Theater lebt von einem gewissen Maß an Improvisation. Gute Schauspieler sind nie allein Text-Aufsager, die ihren Körper dem Regisseur zur Verfügung stellen. Vielmehr müssen sie in der Lage sein, zuzuhören und die Empfindungen der Figur unmittelbar aufleben zu lassen, was dann bedeutet: Sie müssen sie spontan in sich selbst zum Leben erwecken. Dem lebendigen Entstehen des Stücks auf der Bühne als Zuschauer beizuwohnen, kann ein großartiges ästhetisches Erlebnis sein. Schauspiel ist also, trotz allen Probens, auch im Regie-Theater immer wieder ein Stück weit improvisiert. Aber an dem Stück hat der Autor oft monatelang gefeilt. Der Regisseur des Stücks bestimmt letztlich seinen Charakter, er gibt dem Stück den Dreh und legt fest, wie die Schauspieler ihre Rollen aufzufassen haben. Vielleicht hat er den Schauspielern in den Proben Raum zum Improvisieren gegeben oder improvisatorische Elemente genutzt, aber zum Zeitpunkt der Premiere steht das Stück und wird kaum noch mehr verändert. Die Aufgaben des Dramaturgen, des Lichttechnikers, des Bühnenbildners, der Musiker – all das ist festgelegt, und am Tag der Aufführung wird nicht mehr daran gerüttelt.

Im Improtheater entstehen alle diese Parts im Moment. Der Entstehung einer Szene zuzuschauen, kann ungeheure Freude bereiten, denn sie wird nicht von einem Spieler allein, sondern vom Team „geschrieben“, ohne dass ein Schreibprozess überhaupt stattfindet. Vielmehr hätte das Stück kein einzelner Spieler so schreiben können, wie wir es am Ende erlebt haben. Ich reagiere auf dein Angebot, du auf mein Angebot, ein dritter Spieler etabliert eine neue Sequenz, und so fort. Im Idealfall, wenn die Spieler formsicher und sensibel aufeinander eingehen, hat man einerseits fast den Eindruck, die Spieler hätten ein bereits existierendes Stück aufgeführt, andererseits bestaunt man während des Spiels das Geben und Nehmen, das Entstehen einer neuen Form.

Der wesentliche Genuss des Zuschauers besteht also in der Gleichzeitigkeit zweier Genüsse: Erstens dem Genuss von Inhalt und Form einerseits und zweitens dem Genuss, Zuschauer des komplexen Schaffensprozesses zu sein.[1]

1.2 Freiheit und Bildung des Spielers

Wenn die Zuschauer es genießen, dem fließend-synchronen Entstehen von Text, Schauspiel und Inszenierung zuzusehen, so gilt dasselbe für die Spieler selbst, nur eben auf der Seite des Schaffens.

Ein Schriftsteller kann während des Schreibens oder danach Wörter austauschen, Sätze oder ganze Absätze streichen oder am Ende gar alles wegwerfen und von vorne anfangen. Wie anders ist da doch das Improvisieren auf der Bühne! Alles gilt in diesem Augenblick. Korrekturen sind nicht mehr möglich. Natürlich freuen wir uns, wenn wir eine Story auf die Bühne bringen, die die Zuschauer bewegt, die uns vielleicht selbst mitreißt und uns nachdenken lässt. Aber was das Improtheater vom geschriebenen Drama, vom Drehbuch oder der Kurzgeschichte unterscheidet, ist der Fokus auf den Flow, das *Entstehen* der Story. Als Improvisierer lieben wir das Werkeln oft mehr als das Werk, den Prozess mehr als das Produkt.

---

[1] Bertolt Brecht kritisierte das Theater seiner Zeit als zu rauschhaft, es wolle die Zuschauer nur in ein emotionales Auf und Ab stürzen; der Zuschauer würde zu sentimental in die Erlebniswelt der Charaktere eingesogen. Bei Brecht sollten die Zuschauer nie vergessen, im Theater zu sein. In gewisser Weise hat Improtheater diesen Ansatz radikalisiert. Der Zuschauer ist hier in einer permanenten Doppelbindung: Man geht mit den Figuren und der Story mit, und auf der anderen Seite beobachtet man gleichzeitig den Prozess des Erschaffens dieser Figuren und der Story.

So sehr ich meine Arbeit als Schriftsteller mag – sie bleibt eine einsame Tätigkeit. Die überraschenden Wendungen einer Geschichte sind Produkte meiner Phantasie. Im Improtheater hingegen muss ich praktisch permanent mit den Angeboten meiner Mitspieler umgehen. Muss? Nein, ich *darf!* Was für Außenstehende wie totaler Stress erscheint („Wie kann dir denn dazu andauernd etwas einfallen, wenn der andere etwas sagt, was du nicht erwartet hast?"), ist für den Improvisierer ein Genuss. In Wahrheit sind diese Überraschungen, das Unerwartete ein Geschenk. Ich muss mich nicht selber überraschen, diese Arbeit leistet mein Mitspieler für mich. Und ich muss nur noch mit etwas reagieren, was mir als naheliegend erscheint, für meinen Mitspieler aber wieder sehr überraschend sein wird. Es gibt Szenen, in denen dieses gegenseitige Überraschen ein Ausmaß annimmt, dass es sich anfühlt, als würde man abgekitzelt.

Für die meisten Impro-Spieler ist Improtheater mit innerer Befreiung verknüpft. Dabei sind viele Impro-Spiele bei genauerer Betrachtung formal ziemlich restriktiv. Aber sie gewähren uns gerade dadurch inhaltliche Freiheit. Beim Improvisieren entstehen unglaubliche, manchmal geradezu absurde Inhalte, auf die man als Einzelner kaum kommen würde. Auch dass das Bewertende während des Spielens im Prinzip wegfällt, wird als Befreiung empfunden: Wo sonst, wenn nicht im Improtheater, erleben wir eine solche Atmosphäre des Nicht-Beurteiltwerdens? Improtheater hebt sich so für die meisten Spieler markant von ihrer Alltagserfahrung ab. Vor allem bei Neulingen ist dieser Kontrast enorm spürbar. Sie wirken auf Außenstehende oft wie Verzückte, die gerade ein Erweckungserlebnis hatten. Man sieht die Welt geradezu mit anderen Augen: Was passiert, wenn ich ja sage zu den „Angeboten" der Umwelt und Mitmenschen? Was, wenn ich die kritische Skepsis fallen lasse? Wie erscheint die Welt der sozialen Interaktion, wenn ich sie durch den Filter des theatralen Status beobachte? Diese befreiende Erfahrung können sich auch erfahrene Spieler erhalten, wenn sie den Prozess des Impro-Lernens nie als abgeschlossen betrachten und gleichzeitig nachsichtig mit den eigenen Fehlern umgehen, wenn sie neue Formen und Inhalte suchen, ohne Gelerntes zu vergessen.

Ein Aspekt, der für Impro-Spieler von großer Bedeutung ist, aber mit dem eigentlichen künstlerischen Schaffensprozess nur indirekt zu tun hat, ist die Persönlichkeits-Bildung, denn die Tugenden, die wir im Improvisationstheater lernen und praktizieren, übertragen sich nach einer gewissen Zeit der Impro-Praxis unweigerlich auf die Persönlichkeit des Impro-Spielers.

Das Erste, was bei den meisten Impro-Schülern (egal wie alt sie sind) nachlässt, ist die Schüchternheit. Improtheater lebt vom kreativen Umgang mit Fehlern. Man feiert das Scheitern geradezu. Für manche ist das Impro-Spielen in einem Workshop das erste von Kritik befreite Handeln seit Jahren. Man erlebt hier Vertrauen, hat Spaß, wird für das, was man tut, geschätzt. Viele entdecken so nach langer Zeit, dass sie über eine kräftige Stimme verfügen, dass sie etwas zu sagen haben, dass es nicht schlimm ist, wenn man sich verspricht oder mal Unsinn verzapft. Dieses Selbstvertrauen wirkt natürlich zurück auf den Alltag.

Ein weiteres Beispiel: Für Impro-Spieler ist es unerlässlich, gut zuzuhören, denn sonst könnten sie ja nicht auf ihre Mitspieler eingehen. Zuhören zu können ist aber auch im Alltag eine wichtige Eigenschaft. Ob zuhörende Ärztinnen, Chefs, Eltern, Lehrerinnen, Ehepartner – praktisch in jedem Lebensbereich werden Menschen geschätzt, von denen man merkt, dass sie einem ihre Aufmerksamkeit widmen.

Drittens: Schauspieler brauchen eine hohe emotionale Flexibilität. Egal, wie es ihnen am Tag des Auftritts geht – sie müssen in der Lage sein, verschiedene Emotionen glaubwürdig zu verkörpern. Improvisierende Schauspieler müssen diese Emotionen *aus dem Moment*, aus der Notwendigkeit der Szene abrufen. Diese Flexibilität, wenn sie nur häufig genug im Alltag praktiziert wird, hat zur Folge, dass man eher in der Lage ist, sich in andere hineinzuversetzen, man entwickelt ein sensibleres Mitgefühl für seine Mitmenschen. Außerdem wird man nicht so leicht Opfer seiner eigenen Emotionen, das heißt, man wird sich eher über die Bedingtheit der Emotion im klaren: Wenn ich auf der Bühne in der Lage bin, meine Emotionalität blitzschnell zu ändern, warum soll das dann nicht auch im alltäglichen Leben geschehen?

Diese sozial und psychisch wertvollen Charaktereigenschaften – Zuhören, emotionale Flexibilität, Achtsamkeit für den Moment, Mut zum Unbekannten, spielerischer Umgang mit Fehlern, Großzügigkeit gegenüber anderen – werden durchs Impro-Spielen verstärkt. Improtheater hat eine quasi-therapeutische Wirkung.[2] Diese Art von Selbsterfahrung sollte man nicht geringschätzen. Sie ist ein Grund, warum selbst Impro-Spieler, die wissen, dass ihr schauspielerisches Talent beschränkt ist, oft trotzdem dabei bleiben und ohne Publikum – lediglich in der Gruppe – improvisieren.

1.3 Die Mitspieler - Inspiration und Kooperation

Die Freude an der gemeinsamen Kreativität finden wir zwar auch in vielen anderen Bereichen der Kunst.[3] Aber im Improvisationstheater brauchen wir unsere Mitspieler nicht nur, sie sind

---

[2] Zum Thema Improtheater als Therapie siehe *Improvisationstheater. Band 11: Impro überall*

[3] Man denke nur daran, wie lange heutzutage im Abspann eines Kinofilms über nahezu sämtliche Berufszweige des Film-Business informiert wird. Die wichtigsten kreativen Künstler – der Drehbuch-Autor, der Regisseur und die Schauspieler arbeiten nicht gleichberechtigt und nicht synchron an dem Werk. Manchmal ist für den Schauspieler nicht einmal die Anwesenheit des Dialogpartners nötig.

Quelle unserer Inspirationen, sie transformieren das scheinbar Banale, das wir anbieten, zu magischer Größe.

Das Miteinander von Improtheater-Spielern ähnelt dem Spiel einer frei improvisierenden Jazz-Band. Auch hier unterstützen sich die Spieler, geben einander Halt und erschaffen gemeinsam Neues. Ein improvisiertes Stück ist nicht nur die Summe der einzelnen Teile, die jeder beiträgt. Jeder Mitspieler inspiriert mich auf eine andere Weise. Als guter Impro-Spieler stellt man sich auf jeden Mitspieler neu ein. Selbst wenn Paul dasselbe sagt wie Isabel, löst die Art, *wie er es sagt*, andere Assoziationen aus. Was und wie ich Paul antworte, ist hoffentlich überraschend genug für ihn, um mich wieder mit einer weiteren Überraschung zu beschenken.

Mit guten Impro-Spielern zusammenzuarbeiten, fühlt sich an, als würde man andauernd Liebes-Geständnisse bekommen und erwidern; denn was tun wir denn sonst, wenn wir die Angebote unseres Mitspielers akzeptieren, fortführen und ihnen Bedeutung geben – wir sagen ihm indirekt: „Danke für diese wunderbare Inspiration."

1.4 Synchronisierte Kreativität

Improtheater ist nicht die einzige Form der improvisierten Künste. Letztlich liegt jeder Kunst ein Stück Improvisation zugrunde. Jeder Künstler steht erst einmal vor dem Nichts – dem unbehauenen Stein, der leeren Leinwand, dem weißen Blatt, der Stille im Studio. Die Unterschiede zur „reinen" Improvisation sind graduell: Wieviel Vorbereitung lasse ich zu? Wieviel Nachbearbeitung ist möglich?

Die prominenteste Schwester des improvisierten Theaters ist wohl die Musik, insbesondere der Jazz und – in Verbindung mit improvisierter Dichtung – der Freestyle Rap. Ähnlich wie im Improtheater arbeitet der improvisierende Musiker selten allein, sondern mit einer Band. Es existieren ähnliche Regeln: Höre zu, arbeite am Gesamtwerk mit, gehe kreativ mit Fehlern um usw.

Eines aber unterscheidet die Improtheater-Künstler von anderen improvisierenden Kollegen: Sie improvisieren auf mehreren künstlerischen Feldern gleichzeitig. Sie sind Schauspieler, Geschichten-Erfinder, Regisseure, Text-Autoren, abhängig vom Format oder improvisierten Stück oft auch Sänger, Komponisten, Tänzer, Choreographen, Lyriker. Im besten Fall entsteht so mit leichter Hand ein improvisiertes Stück, das die Zuschauer und die Künstler gleichermaßen fasziniert.

Ein großer Teil dieser Faszination liegt darin, dass Improtheater eigentlich die ungeheure Anmaßung der Künstler ist, all diese Ebenen tatsächlich zu beherrschen. „Wie ist das überhaupt möglich?“, fragt man sich manchmal nach einer Improtheater-Show, sowohl als Zuschauer aber auch als Spieler.

Wir entwickeln schauspielerisch Figuren, die es noch nie gegeben hat und nie wieder geben wird. Die Vorbereitungszeit für diese Figur beträgt nicht, wie bei unseren nicht-improvisierenden Schauspiel-Kollegen, mehrere Wochen oder Monate, sondern eine halbe Sekunde. Wenn wir anfangen nachzudenken, haben wir den Moment schon verloren. Jedes nachträgliche Anpassen oder Korrigieren würde für den Zuschauer zerstören, was er bereits gesehen hat.

Wir erschaffen gemeinsam mit unseren Bühnenpartnern Storys, die ebenfalls einmalig sind. Das geschieht nicht, indem wir diese Storys vorher skizzieren und verabreden, sondern dadurch, dass wir durch unsere Kenntnis und unser Gefühl von Story-Strukturen die Geschichten *einladen,* sich zu entfalten.

Die Szenenwechsel, die Auf- und Abgänge, die Bewegungen der Figuren auf der Bühne, sind ebenfalls nicht einstudiert, sondern entstehen organisch. Als geübter Impro-Spieler spürt man den Rhythmus einer Szene, erkennt ihren Bogen, nimmt ihre Dynamik wahr.

1.5 Interaktion mit dem Publikum

Improvisationstheater ist heute fast immer interaktiv. Offensichtlich wird dies, wenn die Schauspieler das Publikum nach Vorschlägen oder Vorgaben für eine Szene fragen: Die „vierte Wand" wird gebrochen. In dieser Situation spielen die Schauspieler keine Rolle, sie sind einfach nur die Schauspieler, die sich mit dem Publikum auf die Improvisation vorbereiten. Der Kunst wird hier der Heiligenschein genommen, die Schauspieler rücken den Zuschauern näher. Sie sind diejenigen, die (stellvertretend für die Zuschauer) das Wagnis der Improvisation eingehen.

Das Publikum wird durch die Vorschläge auch konditioniert, genauer gesagt, *das Zuschauen* des Publikums wird konditioniert. Als Zuschauer fragen wir uns, ob es den Schauspielern gelingen wird, die Eifersuchts-Szene, wie vorgegeben, komplett gereimt vorzutragen, und dann auch noch an einem Königshof. Umso größer die Freude, wenn es tatsächlich funktioniert. Die Freude verdoppelt sich zudem für diejenigen Zuschauer, die die Vorschläge abgegeben haben, denn ihnen wird ein persönlicher Wunsch erfüllt. Alle Zuschauer sind mit der vorschlagenden Person verbunden. Man wünscht auch diesem einzelnen Zuschauer, dass die Szene gelingen möge. Und wenn die Szene schließlich vorbei ist, gibt es ein kollektives Gefühl, dass sich etwas erfüllt hat, der Kreis hat sich geschlossen.

Nun gibt es aber durchaus Improvisations-Formate, die ganz ohne Publikums-Vorschläge auskommen oder in denen die Interaktion nur eine sehr geringe Rolle spielt: Stell dir vor, du kommst in eine Theatervorstellung und bist eine halbe Minute zu spät. Das Stück ist großartig. Ist es nun am Ende für dich von Bedeutung, ob es improvisiert war oder nicht? Diese Frage, der man manchmal als in Diskussionen über Improvisation begegnet, führt in die Sackgasse, denn entscheidend im Improtheater (wie auch in anderen improvisierten Künsten) betrachten wir nicht das Produkt vom Ende her, sondern immer als Prozess. Insofern spielt das Wissen, dass dieses Stück improvisiert ist ganz sicher *während* der Performance eine Rolle. Denn das Improvisieren selbst schafft die bereits erwähnte Doppelbindung, die dem gescripteten Theater nur in Ausnahmefällen gelingt. In einem geschriebenen Stück sind wir viel tiefer in die Handlung involviert, die Schauspieler verschwinden hinter ihren Rollen. Und da, wo die Regie das zu konterkarieren versucht, etwa durch den Brechtschen Verfremdungseffekt, sehen wir dann eben den Regisseur oder den Autor hervortreten. Im Improvisationstheater hingegen sind wir sowohl an die Figur und die Handlung als auch an die Improvisierer und den Improvisationsprozess gebunden. Wir fragen uns als Zuschauer nicht nur: „Wird der Kleptomane seiner Frau die Wahrheit sagen?", sondern wir wollen auch wissen: „Welche Entscheidungen treffen die Improvisierer jetzt?" Diese zusätzliche Denkspur läuft (mal mehr, mal weniger bewusst) immer mit. Man ist daher als Zuschauer in einem improvisierten Stück oder einer improvisierten Szene nicht nur am Fortgang der Handlung oder der Dichte der Dialoge interessiert, sondern man genießt obendrein *den Flow*, in dem das Spiel improvisiert wird. Insofern ist Improtheater selbst ohne Publikumsvorgaben deutlich interaktiver als das konventionelle Regie-Theater.

2 SEI MUTIG

2.1 Scheiter heiter

Unser Alltag ist von einem seltsamen binären Code geprägt – dem Dualismus von Falsch und Richtig. Diese Prägung fängt bei der Kindeserziehung an und setzt sich später in der Arbeitswelt fort. Fehler gilt es um jeden Preis zu vermeiden. Für Fehler werden wir bestraft, ausgelacht, gerügt. Nur langsam zieht in einigen Bereichen die Erkenntnis ein, dass ohne Fehlertoleranz keine Entwicklung zu haben ist.

In manchen Bereichen des Lebens ist Präzision ja durchaus wichtig: Wer will schon einen nur ungefähren Betrag des Gehalts auf sein Konto überwiesen haben? Wer will schon, dass der Zahnarzt einen beliebigen Zahn statt des kranken anbohrt? Die Dualität von Richtig und Falsch ist vor allem dort angemessen, wo Exaktheit das primäre Kriterium ist – in Wissenschaft und Technik.

Aber schon in einer der mathematischsten Künste – der Musik – wird die Frage von Richtig und Falsch rasch sinnlos. Gewiss schmälert es den Genuss, wenn Musiker „falsche" Töne spielen. Aber ob uns der Vortrag einer Mozartschen Klaviersonate gefällt oder nicht, hängt nicht unbedingt damit zusammen, dass der Musiker das Stück „richtig" gespielt hat. Mehr noch: Eine schöne Interpretation wird uns wahrscheinlich selbst noch mit ein, zwei Patzern besser gefallen als dasselbe Stück, wenn es „richtig" aber seelenlos gespielt wird. Und in der Improvisation geht es sogar noch einen Schritt weiter: „Wir improvisieren" heißt, es gibt kein Richtig und kein Falsch, denn wer wollte das festlegen als wir allein.

Eine der Grundübungen im Improtheater ist die freie Assoziation: Ich nenne dir einen Begriff, du assoziierst möglichst flott auf diesen Begriff ein neues Wort, auf das ich wiederum eine Assoziation finden muss. Per definitionem kann es hier kein Richtig und kein Falsch geben. Was immer du assoziierst, es ist in deinem Kopf entstanden. Angenommen ich höre den Begriff Salami, dann kann es durchaus sein, dass ich dazu Punkrock assoziiere, was für Außenstehende vielleicht nicht unbedingt nachvollziehbar ist, aber das ist egal, denn es ist schließlich *mein* Leben, das meine Synapsen derart verschaltet hat, dass ich Punkrocker vor mir sehe, wenn ich dieses Wort höre.

Nehmen wir dasselbe Spiel. Ich sage „Punkrock", und meine Mitspielerin versteht „Bangkok", was man durchaus als Fehler im Sinne von Hörfehler auffassen kann. Wenn sie nun aber „Ostasien" assoziiert, bleiben wir *im Spiel*.

Der Fehler wird als Fehler oft erst dann erkannt, wenn wir ihn als Fehler markieren – wenn wir die Augenbrauen skeptisch verziehen, wenn wir innehalten, wenn wir aus der Szene heraustreten, kurz – wenn wir das *Spielen* beenden. Solange wir spielen, können wir im Grunde gar nicht scheitern.

Die Impro-Welt ist voller Spiele, die das heitere Scheitern trainieren. Praktisch alle Spiele, bei denen Spieler der Reihe nach ausscheiden, eignen sich. Eines meiner Lieblings-Scheiter-Spiele, das sich für Gruppen aller Levels eignet ist „Verlierer-Ball“ von Jill Bernard[4]:

Spiel „Verlierer-Ball“

Die Spieler stehen im Kreis und werfen sich einen imaginären Ball zu. Aber statt den Ball zu fangen, verlieren ihn die Spieler. Sie lassen ihn fallen, fangen schlecht usw. Jedes Mal, wenn der Ball fallengelassen wird, applaudiert die Gruppe, und man lobt den Verlierer wie eine stolze Mutter ihr Kind lobt: „Toll gesehen!“ oder „Schön nachgegriffen!“ usw. Es gibt keinerlei Bedauern. Es *muss* gelobt werden. Der Effekt auf die Stimmung innerhalb der Gruppe ist erstaunlich.

Keith Johnstone[5] hat mit seinen Spielen und Formaten das Scheitern wunderbar aufgefangen. Im „Buchstaben-Vermeidungs-Spiel“ dürfen zwei oder mehrere Spieler einer Szene einen Buchstaben nicht benutzen, zum Beispiel „F“.

A: „Ihr Paket. Unterschreiben Sie bitte hier ff...vielmehr hier.“ *(Das Publikum lacht, weil es den Spieler ringen sieht.)*

B: „Gerne, ach kommen Sie doch herein.“

A: „Oh! ... Mademoiselle, sehr gern.“ (Wieder Lachen. Wir sehen, dass er eigentlich „**F**räulein“ sagen wollte und im letzten Moment noch die Kurve gekriegt hat.)

B: „Ich liebe Sie, seit Sie das erste Mal an meiner Tür geklingelt haben.“

---

[4] Impro-Spielerin und -Trainerin aus Minnesota.

[5] Keith Johnstone: Regisseur, Autor und Impro-Theoretiker. Erfinder vieler populärer Improtheater-Spiele und Impro-Show-Formate.

A: „Das sagen Sie mir erst jetzt. Ich hatte mich schon gefragt ... Aaah!"

Und wie in jedem theatersportmäßigen[6] Spiel scheitert der Spieler demonstrativ heiter und scheidet aus der Szene aus.

Die Herausforderungen der klassischen Theaterspiele haben an sich oft keinen besonderen dramatischen Wert.[7] Sie geben uns aber die Chance, ganz offensichtlich zu scheitern und dieses Scheitern mit Humor zu nehmen. Die Form fängt das Scheitern des Spielers auf, das Scheitern einer Szene, das Scheitern eines Teams. Die Zuschauer erleben im Theatersport einen Pseudowettbewerb und freuen sich sowohl auf die Spiele, die Mannschaften, die Spieler und (hoffentlich) auch auf die eine oder andere gute Story, die wir dort sehen.

Aber was, wenn wir uns künstlerische Ziele gesetzt haben, an denen wir immer und immer wieder scheitern? Was, wenn wir nicht eine Szene, sondern eine Show komplett in den Sand gesetzt haben, wenn Zuschauer, Mitspieler und wir selber davon überzeugt waren, dass die Show einfach übel war? Was, wenn die schlechte Show kein Einzelfall war? Kann man dann nicht seinen Frust ablassen? Darf man dann nicht zornig sein? Können wir nicht mal „unheiter" scheitern?

Die Frage ist dann zunächst: Was wollen wir überhaupt? Frustpotential entsteht, wenn wir unsere Ansprüche zu hoch ansetzen.[8] Wenn ich als Klavier-Dilettant innerhalb eines halben Jahres so klingen will wie Swjatoslaw Richter, werde ich unter

---

[6] Theatersport ist ein von Keith Johnstone erfundenes Improtheater-Show-Format, bei dem zwei Mannschaften „gegeneinander" antreten, deren Szenen dann vom Publikum bewertet werden. (s. *Improvisationstheater. Band 9: Impro-Shows)*

[7] Das Buchstabenvermeidungsspiel trainiert zum Beispiel neben den heiteren Scheitern auch, weniger auf der Bühne zu schwatzen. Insofern liegt der Zweck dieser Spiele darin, darstellerische, narrative oder improvisatorische Probleme der Spieler zu lösen.

[8] Siehe Kapitel 21.4 Plateaus, Blockaden und künstlerische Krisen

Garantie scheitern. Wenn ich mir aber ein erreichbares Ziel setze, schaffe ich mir schneller Erfolgserlebnisse.

Für Improtheater-Anfänger ist es oft schwierig, ihre Stärken und Schwächen zu erkennen. Sie lieben vielleicht bestimmte Formate, die sie bei anderen Gruppen gesehen haben und verzweifeln, wenn sie diese nicht so gut umsetzen können. Wenn eure Stärke eher in verbaler Comedy liegt, warum solltet ihr dann auf Teufel-komm-raus musikalische Formate auf die Bühne zwingen, nur weil ihr das bei einer *anderen* Gruppe toll findet. Nehmt euch die Zeit, die ihr braucht, um ein Format bühnentauglich zu meistern. Aber umgekehrt solltet ihr, wenn die Früchte reif sind, nicht zu lange warten. Das Impro-Format beweist sich auf der Bühne. Gebt dem Format auch eine Chance zu scheitern.

Akzeptiert, wenn eine Show scheitert. Es gibt keinen Grund, Trübsal zu blasen. Denn in dem Moment, als ihr euch dafür entschieden habt, Improtheater öffentlich aufzuführen, seid ihr einen Pakt mit dem Impro-Teufel eingegangen: Ihr werdet großartige Momente der Kreativität erleben, ihr werdet euch selbst und einander überraschen, aber der Preis dafür ist, immer wieder mal, aus heiterem Himmel zu scheitern – in den Augen eures Publikums, in den Augen eurer Mitspieler oder vor euch selbst.

2.2 Die Falle der Selbst-Etikettierung

„Ich kann nicht singen."

„Ich assoziiere nun mal etwas langsamer."

„Im Storytelling bin ich eher schlecht."

Wer hat nicht schon mal diesen oder ähnliche Sätze gehört? Das Problem ist, dass uns diese Glaubenssätze einsperren. Selbst wenn wir hier und da mit einem kräftigen „Au ja!" an den Stäben des Käfigs gerüttelt haben, schrauben wir sie durch solche Selbst-Bezeichnungen wieder fest.

Nun zeugt es sicherlich von Bescheidenheit und Selbstreflexion, wenn wir von Zeit zu Zeit unsere eigenen Fähigkeiten einer kritischen Revision unterziehen. Schließlich sind wir erst dann in der Lage, an diesen Fähigkeiten zu arbeiten. Aber es ist ganz und gar kontraproduktiv, sich von vornherein in die Position des „So bin ich nun mal", zu manövrieren. Denn wenn ich so „bin", dann hülfe ja alles Lernen und Trainieren nichts.

Manche Impro-Schüler sind dermaßen in dieser Geisteshaltung gefangen, dass sie sich kaum für irgendein neues Spiel, eine Übung oder ein Format einlassen. Man bittet sie auf die Bühne und sie betreten sie mit einer um Mitleid flehenden Miene, die uns sagen soll: „Na, wenn ich unbedingt muss …" Diese Haltung zu ändern, ist die entscheidende Aufgabe beim Lehren und Lernen von Improtheater.

Aufgrund schlechter Erfahrungen trägt fast jeder ein bisschen etwas von dieser Haltung mit sich herum:

> „Ich werde nun mal schnell wütend."
>
> „In Mathe war ich schon immer schlecht."
>
> „Ohne Zigaretten würde ich mich niemals richtig konzentrieren können."

Es ist eine Sache, ein Defizit bei sich zu erkennen und daran arbeiten zu wollen. Es ist etwas anderes, dieses Defizit als unabänderliche Charaktereigenschaft zu bezeichnen:

> „Wir sind doch eher eine ruhige Langform-Impro-Gruppe", wenn der Coach anmerkt, dass die Spieler zu sehr im Nachdenken verharren.
>
> „Mit klassischem Theater kenne ich mich sowieso nicht aus", wenn es darum geht, sich mal fünfzig Seiten Shakespeare durchzulesen.

„Ich will mich nicht verbiegen, sondern authentisch bleiben."

Erkenne dich selbst, aber glaube nicht, dass du unveränderbar seist.

2.3 Es gibt keine Fehler – Mach was draus

Die Grundhaltung beginnt im Kopf. Ich kann jedes Phänomen in dieser Welt offenherzig oder skeptisch betrachten – egal ob einen Satz, den jemand zu mir spricht, einen Wetterumschwung, ein neues Mittagsgericht. Je skeptischer ich bin, umso unwahrscheinlicher ist es, dass ich mit dem Gesagten etwas anfangen kann, den Regentag freudig nutzen werde, mir das Gekostete schmecken wird. Je offener ich ja sage, um so mehr bin ich in der Lage, den Schwung dessen, was mir angeboten wird, auszunutzen.[9]

Wenn man es genau bedenkt, kann man im Improtheater gar nichts Falsches sagen; denn wir bringen ja in aller Regel fiktive Figuren und eine fiktive Welt in einem soeben geschaffenen künstlerischen Stil auf die Bühne. Insofern ist Platz für alle möglichen Dinge auf der Bühne, die einem vielleicht im ersten Moment „fehlerhaft" vorkommen mögen.

Nehmen wir faktische Unrichtigkeiten: Angenommen, in einer Szene landen Astronauten auf dem Mars und einer von ihnen behauptet, nun endlich den größten Planeten unseres Sonnensystems besiedeln zu wollen. Die reflexhafte Reaktion vieler Impro-Spieler wird darin bestehen, der Figur des Mitspielers Dummheit oder Wahnsinn anzudichten, etwa, dass wir uns

[9] Dass bedingungsloses Akzeptieren seine Grenzen hat, wird jeder bestätigen, der einmal einer Falschmeldung in der Zeitung aufgesessen ist oder sich von einem reißerischen oder gar betrügerischen Angebot hat einlullen lassen. Insbesondere die Wissenschaft hat die Skepsis zur Tugend erhoben, indem in jedem ihrer Fächer einem Methoden-Standard entsprochen werden muss, um sich vor Scharlatanerie und Betrug zu schützen. Eine solche Skepsis wäre beispielsweise im System der familiären Beziehungen oder in der Kunst unangemessen.

in einer Szene befinden, in der die dümmsten Menschen der Erde auf den Mars evakuiert wurden. Aber so wird jedem klar: Alle markieren nun den Satz des Mitspielers als Fehler. Eine gewandtere Variante wäre, das Ganze als Witz des Astronauten umzudefinieren, aber auch hier würde das Scheitern oder Unwissen des Mitspielers markiert. Am elegantesten wäre es, den Satz *überhaupt nicht als Problem* aufzufassen. Denn selbst wenn der Mars *in unserer Welt* nicht der größte Planet ist, so kann es doch in der fiktiven Welt auf der Bühne stimmen. Entweder aus künstlerisch Gründen oder weil wir uns in einem Paralleluniversum befinden.

Es ist die Aufgabe aller Spieler, das Spiel aufrechtzuerhalten, statt Szenen oder Dialoge durch die Markierung oder umständliche Rechtfertigung von „Fehlern“ zu verlangsamen oder gar zu stoppen. [10]

Wir allein legen fest, was auf der Bühne stattfindet. Und wenn dabei eine Form entsteht, die niemand sonst bisher gespielt hat, so kann das wunderbar oder auch grottig anzusehen sein. Aber ein „Fehler“ ist es sicherlich nicht.

Was Außenstehenden am Improtheater-Spielen so ungewöhnlich erscheint, ist der Umstand, dass wir *andauernd* mit seltsamen und unvorhersehbaren Angeboten konfrontiert sind, auf die wir reagieren müssen. Das wirkt dann oft so, als seien die Reaktionen wahnsinnig originell, als würden die Spieler pausenlos mit neuen, verrückten Ideen um sich werfen. Dabei geschieht hier in der Regel etwas ganz anderes: Auf den unerwarteten Satz meines Mitspielers reagiere ich *mit meiner Offensichtlichkeit.* Ich reagiere und führe den Gedanken oder das Spiel mit Gedanken in einer für mich offensichtlichen Weise fort. Aber da diese Offensichtlichkeit eben nur *meine* Offensichtlich-

---

[10] In *Improvisationstheater. Band 3: Die Magie der Szene* werden wir uns ausführlich dem Thema Rechtfertigen widmen.

keit ist, wirkt sie auf andere originell. Sie wird meinen Mitspieler vielleicht überraschen und ihn zu einer Reaktion die *für ihn* offensichtlich ist, herausfordern.

Natürlich können Szenen so schlecht sein, dass weder die Spieler noch die Zuschauer Freude daran hatten. Damit müssen wir als Improvisierer leben, und ich kenne keinen Impro-Spieler, der durch diese Hölle noch nicht gegangen wäre. Es kann sein, dass wir uns gegenseitig unterstützt haben, unsere Sätze und Gedanken weitergeführt haben, aber das alles endete im großen Nichts. Ein Trost mag sein, dass es im Laufe der Zeit immer seltener passiert. Aber es hat nichts mit „Richtig“ oder „Falsch“ zu tun. Das Einzige, was euch auch dann noch bleibt, ist, euer Scheitern heiter zu nehmen.

2.4 Freiheit vor dem Urteil anderer

Die Angst, in der Öffentlichkeit zu sprechen (also das Lampenfieber), gilt im Buddhismus als eine der fünf großen Ängste.[11] Sie ist im Prinzip nachvollziehbar: Wir setzen uns dem Urteil anderer aus. Und dieses Urteil kann uns, so sachlich es auch formuliert sein mag, persönlich treffen. Jeder Künstler lebt mit seinen spezifischen Kritik-Ängsten, die teilweise sehr tief sitzen. Tänzer werden für ihren Körper und ihre Bewegungen kritisiert, Sänger für ihre Stimme, Schriftsteller für ihre Sprache. Bei Improtheater-Spielern kommt vieles zusammen. Die Mannigfaltigkeit dieser Kunst – Grazie des Ausdrucks, sinnvoller Inhalt, Bewegung, Timing – all das lässt sich nicht nur genießen, sondern eben auch kritisieren. Als Impro-Spieler müssen wir uns von dieser Angst, die auf subtile Weise selbst den scheinbar lockeren

[11] Die anderen sind: Die Angst zu sterben, die Angst vor Krankheit, die Angst vor Demenz und die Angst, den Lebensunterhalt zu verlieren.

Impro-Profi befällt, befreien. Dafür müssen wir drei große gedankliche Schritte gehen.

Der erste Schritt ist die Annahme, dass das, was ich mache, für mich selber OK ist. Es gibt das Klischee des etwas abgehobenen Künstlers, der sich nicht darum schert, was das Publikum von seinem Werk hält. So wichtig auch die Verbindung zum Publikum ist – eine kleine Prise dieser Abgehobenheit braucht jeder Künstler und jeder Impro-Spieler. Gäbe es sie nicht, hätte sich die Kunst nie weiterentwickelt. Hätten nicht in den 30er und 40er Jahren ein paar besessene Jazz-Musiker die alten Schemata aufgebrochen und dafür in Kauf genommen, vor kleinerem Publikum zu spielen, dann stünde Jazz immer noch auf der Stufe des Dixieland. Als Impro-Spieler weiß ich, dass ich scheitern kann. Aber ich weiß auch, dass ich ein theatrales Ziel verfolge: eine kurze Szene, ein kleines Spiel, eine Langform, eine packende Story. Und allein der Versuch ist es schon wert. Wenn es Zuschauer gibt, die sich das anschauen wollen und sogar Geld dafür bezahlen – umso besser. Wenn es einigen Zuschauern dann nicht gefällt, lohnt es sich, Gedanken darüber machen, wie man das, was man ausdrücken möchte, besser auf der Bühne kommuniziert und wie man sein Handwerk verbessert. Aber selbst erfolgreiche Filme und Bücher finden ihre scharfen Kritiker. Wenn man unsere Show nicht mag, ist das in Ordnung. Die Freude der Spieler ist nämlich ebenfalls ein legitimer Kompass.

Der zweite Schritt besteht darin, dass wir mit Kritik zu leben lernen. Kritik wird uns immer wieder begegnen, sie kann uns weiterhelfen, sie kann uns abstrus vorkommen, vielleicht erkennen wir erst Jahre später ihren Wert. Sie ist jedenfalls Teil der Abmachung „Künstler auf der Bühne". Wer andere einlädt, ihre Zeit im Zuschauersaal zu verbringen, muss auch damit leben, kritisiert zu werden. Oder anders gesagt: Wer das Lob liebt, kann vor Kritik nicht die Ohren verschließen. Jeder muss lernen, wieviel Kritik er selbst ertragen kann. Ich kenne Kollegen, die nach der Show ihr Gästebuch nach kritischen Eintragungen abscannen, und wenn sie welche gefunden haben, entweder das gesamte Publikum verteufeln oder sich die Kritik dermaßen zu Herzen nehmen, dass sie kaum mehr ruhig schlafen können. Andere lassen Kritik völlig von sich abperlen, egal von wem sie kommt.

Ich denke, dass man sich mit der Zeit ein Immunsystem zulegen kann, das einem hilft, mit Kritik immer besser umgehen zu können. Der erste Trainings-Schritt für dieses Immunsystem besteht darin, Kritik nicht persönlich zu nehmen, selbst wenn sie auf die Person bezogen ist. Jede einzelne Kritik, egal von wem sie kommt – vom Zuschauer in der ersten Reihe, vom Impro-Lehrer, vom Techniker oder vom Pressekritiker – ist eben immer auch nur *eine* Stimme.

Die Angst vor dem Urteil anderer kann sich, wie wir wissen, sehr konkret äußern, und zwar selbst bei Spielern mit langjähriger Bühnenerfahrung. Zum Beispiel wenn ein Zuschauer im Publikum sitzt, vor dessen Augen wir glänzen wollen. Oder ein Vertreter eines Unternehmens, der unsere Show anschaut, da er mit dem Gedanken spielt, uns für einen hochbezahlten Auftritt zu engagieren. Oder wenn man sich bei einer Improgruppe in einem Vorspiel bewirbt. Das Scheitern wird uns wahrscheinlich in solchen Situationen nicht so leicht fallen wie in einer Show, bei der das missglückte Synchronisations-Spiel vergessen ist, sobald das Publikum wieder „Fünf-vier-drei-zwei-eins-Los!" gerufen hat. Welche äußere Situation die Angst auslösen kann, mag bei jedem unterschiedlich sein. Wichtig ist, sie zu erkennen und mit ihr umzugehen.

Und so kommen wir zu dem ***dritten Schritt***: Auf der Bühne zählt das alles nichts mehr. So wichtig dir es auch sein mag, in die Impro-Super-Group gecastet zu werden, so wichtig dir auch das Geld oder die Anerkennung sein mögen, die dir in Aussicht gestellt werden – auf der Bühne gilt nur der Prozess des gemeinsamen Erschaffens. Jedes Gunst-Erheischen Richtung Publikum zerstört den Moment. Jede unechte Reaktion kratzt am großen Ganzen. Wenn wir den Geschmack des künstlerischen Leiters, des Geschäftsmenschen oder der einen Person im Publikum, die uns wichtig ist, nicht treffen, so heißt das ja nicht unbedingt, dass wir versagt haben, sondern dass das dann nicht der richtige Augenblick war oder wir tatsächlich nicht zusammen passen. Wir dürfen es nicht zulassen, dass Geld und Eitelkeit unseren Spielfluss hemmen, indem sie sich als Angst in unsere Hirne schleichen.

2.5 Wabi Sabi

Im japanischen Zen gibt es das ästhetische Konzept Wabi Sabi, das sich an der Wertschätzung des Unperfekten orientiert. Natur kennt keine Perfektion. Alles ist vergänglich, alles ist im Prozess. Diese Beobachtung können wir auf die Kunst und die Gestaltung übertragen. Eine alte Kirche ist nicht trotz sondern wegen ihrer Patina schön. Asiatische Tusche-Zeichnungen wirken lebendig, weil wir den Strich in seinem Schwung und seiner Imperfektion sehen. Der Zeichner versucht erst gar nicht, den Prozess des Zeichnens zu verbergen. Durch den Strich, dessen Ansatz und Ende wir erkennen, das Auslaufen der Tinte, erleben wir gewissermaßen den Prozess des Zeichnens, der vielleicht vor Hunderten von Jahren stattgefunden hat, nach.

Da wir im Improtheater keine Möglichkeit zur Korrektur haben, müssen wir ebenso wie jede andere improvisierte Kunst mit dem Unperfekten leben. Mehr noch: Wir genießen den Prozess, das Unperfekte zu erschaffen. Und wir genießen es, anderen dabei zuzuschauen.

Was sich aus Wabi-Sabi-Perspektive in der Keramik als unbeabsichtigte hauchdünne Glasur-Riss darstellt, in der Architektur als Patina, in der Malerei als Spuren der Pinselhaare, das ist im Improtheater die kaum wahrnehmbare Geste des Suchens nach dem nächsten Satz, der kleine verstolperte Schritt, der Versprecher und so weiter. Diese Mikro-Fehler sollten wir freilich nicht forcieren (gleichsam um zu zeigen, dass wir improvisierend Fehler begehen), so wie auch der Töpfer seinem Gefäß nicht absichtlich Risse zufügt, um es „auf alt" zu töpfern.

Das Unperfekte macht die Improvisation menschlich und lebendig. Wenn wir aber wissen, dass Improtheater von Natur aus fehlerbehaftet ist, dass es nie die absolut perfekte Show geben wird, ja nicht einmal die perfekte Szene, dass wir praktisch *immer* scheitern, manchmal minimal, manchmal grandios, dann brauchen wir uns vorm Scheitern nicht zu fürchten.

Lerne zu scheitern, und lerne deine Perspektive zu verändern. Weg vom Produkt, hin zum Prozess. Das Erschaffen selbst wird das sein, was uns erfreut. Improtheater ist eine flüchtige Kunst. Die Impro-Szene, die man gespielt hat, wird es nie wieder geben. Genauso wenig wie es sich lohnt, eine Szene vorauszuplanen, so wenig brauchen wir einer Szene hinterherzutrauern. Wir werden mal mehr, mal weniger im Moment gewesen sein. Je stärker wir uns auf den Prozess einlassen, umso mehr wird auch unser Publikum diesem Prozess folgen.

2.6 Wovor sich Impro-Spieler fürchten

Impro-Spieler sind immer wieder mal von Angst getrieben, auch wenn sie es ungern zugeben. Sie fürchten sich davor,

- unbekanntes Territorium zu betreten,
- vom Publikum beurteilt zu werden
- in der Szene nicht weiterzuwissen,
- vor Veränderung.

Die Liste ließe sich erweitern, aber nach meiner Beobachtung sind dies die wichtigsten Punkte. Schauen wir sie uns einzeln an.

2.6.1 Die Angst vor dem unbekannten Territorium

Wenn man eine Weile Improtheater gespielt hat, entwickelt man Antennen dafür, welche Themen sich für eine gute Impro-Szene eignen und welche nicht, welches Spiel ein gutes Abschluss-Spiel ist, mit welchen Sätzen man ein Publikum gut aufwärmt usw. Das kann zu einem wahren Regel-Fetischismus führen. So traf ich einmal auf eine Gruppe, die für sich herausgefunden hatte, dass Synchro-Spiele[12] gut funktionieren, wenn handwerkliche Berufe eine Rolle spielen (womit sie ja nicht falsch lagen, da die Körperlichkeit des Handwerks sich für verbale Spiele gut eignet). Irgendwann fuhren sie sich aber derart in dieser Sicht fest, dass sie glaubten, man könne dieses Spiel ohne handwerklichen Beruf überhaupt nicht spielen.

Auf der anderen Seite sorgen Themen wie tödliche Krankheiten oder sexueller Missbrauch mit großer Sicherheit dafür, dass nicht nur ein leichtes Impro-Spiel ruiniert wird, sondern die ganze Show anschließend darunter leidet. Aber heißt das, dass heikle Themen im Improtheater *überhaupt nicht* zum Gegenstand von Impro-Szenen werden dürfen?

Alles, was das konventionelle Drama (inklusive Film und Theater) darf, dürfen wir im Improtheater auch. Aber wenn wir zum Beispiel das Thema AIDS im Improtheater aufnehmen, sollten wir damit so sensibel und behutsam wie möglich umgehen. Das Problem ist nur, dass wir bei solchen Themen ein viel höheres Risiko des Scheiterns eingehen als wenn wir ein vergleichsweise harmloses Thema wie zum Beispiel einen kleinen Ehestreit behandeln. Eine unangemessene Geste, ein idiotischer

[12] Bei dieser Art von spielen wird jeder Spieler von einem anderen synchronisiert.

Satz können bei diesen heiklen Themen schon genug sein, um der ganzen Show einen Anstrich von Geschmacklosigkeit zu geben oder sie gar abstürzen zu lassen. Die Herausforderung besteht dann vielmehr darin, eine angemessene *Form* zu finden, so etwas auf die Bühne zu bringen.

Jeder Spieler hat außerdem seine eigenen kleinen „heiklen Themenbereiche“, die einen gewissen Mut erfordern. Aber diesen Mut müssen wir natürlich aufbringen, wenn wir Improtheater zu seinem Recht verhelfen wollen – nämlich tendenziell *alles* spielen zu können.[13]

Unbekannte Territorien betreffen nicht nur die Themen, sondern auch die Formen. Wenn man über Jahre gewohnt ist, Storys oder Impro-Formate auf eine bestimmte Art und Weise aufzuführen, glaubt man irgendwann, das ginge nur so und sonst gar nicht. So sind zum Beispiel Storytelling und Bühnenverhalten im Improtheater heutzutage ziemlich film-geprägt. Monologe und Abstraktionen, wie sie im modernen Theater üblich sind, kommen nur an den dafür vorgesehenen Stellen vor. Das Brechen alter Muster in der Improvisation erfordert ebenfalls Mut. Nur wenn wir alte Bahnen verlassen, wenn wir unser gegenwärtiges Spielen immer wieder auf eingeschliffene Muster überprüfen, werden wir unsere Kreativität wirklich freisetzen können.

---

[13] Das ist nicht so zu interpretieren, dass jeder Spieler immer alles spielen können muss. Wie geht man mit persönlichen Tabus um? Als ich selbst begann, öffentlich zu improvisieren, habe ich mir einen eigenen Notausgang geschaffen: Sollte eine Szene je einen Verlauf nehmen, den ich absolut nicht mehr ertragen kann, werde ich mir die Freiheit nehmen, zu sagen: „Meine Damen und Herren, an dieser Stelle machen wir eine kleine Pause. In zehn Minuten geht's weiter.“ Ich habe bis heute von dieser Option noch nie Gebrauch machen müssen.

2.6.2 Die Angst vorm Urteil des Publikums

Der Vergleich mit den Mitspielern

> Die Show ist vorbei. Das Publikum klatscht begeistert. Verbeugung des Ensembles. Der Applaus brandet noch einmal auf. Dann der Applaus für die einzelnen Spieler.
>
> Tom – Applaus und Jubel.
>
> Sibylle – Applaus, begeisterte Pfiffe.
>
> Lukas – Applaus, begeistertes Stampfen mit den Füßen.
>
> Du – *lediglich Höflichkeitsapplaus.*

Na? Zwickt es dich? Wenn du diese Situation nicht nur ertragen, sondern wirklich mit Freude genießen kannst, hast du ein großes Impro-Herz.

Nach der Show grübelst du vielleicht, und dir fällt ein: Ja, Tom war am Ende der letzten Story der strahlende Held, der außerdem noch mit seinem Wissen über moderne soziologische Theorie brillierte. Sibylle hat mit ihrem Gesang alle begeistert. Lukas hat fast jede Szene mit einem urkomischen Satz beendet, der für die größten Lacher des Abends gesorgt hat. Was hast du gemacht? Du hast den Helden unterstützt, indem du einen fiesen Gegenspieler etabliert hast. Du hast der Sängerin Platz gelassen, damit ihre Stimme strahlen konnte. Und du hast die Enden für sich stehen lassen, ohne noch etwas vom Lacher abkriegen zu wollen. Mit anderen Worten: Du hast dafür gesorgt, dass die anderen ihr Potential entfalten konnten. Du hast deine ganze Kraft der Show gegeben. Du bist wahrscheinlich ein guter Improvisierer.

Lasst euch nicht vom Applaus verführen. Lasst euch schon gar nicht von Lachern und vom Lob verführen. Haltet eure Eitelkeit im Zaum. Vergleicht euch nicht zu sehr mit euren Mitspielern, und vergleicht niemals das Lob, das sie einheimsen mit dem euren. Denn egal, ob ihr bei diesem Vergleich besser oder schlechter abschneidet als eure Mitspieler, das Vergleichen selbst nährt am Ende doch wieder nur die Eitelkeit.

Die Angst, für dumm, humorlos oder unattraktiv gehalten zu werden

Viele der bekanntesten Impro-Spiele zielen darauf ab, der Phantasie und der Freiheit der spontanen Assoziation einfach freien Lauf zu lassen. Die Originalität des Unbewussten, das schneller ist als unser Denken wirkt dann oft genial. Oft erreichen dann die Spieler ein Plateau und glauben, nun von der Angst, für dumm gehalten zu werden, befreit zu sein. Aber listig kehrt diese zu unerwarteten Gelegenheiten zurück: Wenn wir darauf kommen, Langform-Impro zu spielen, wenn wir Storys entwickeln wollen, wenn wir Charaktere mit Substanz spielen wollen. Dann flüstert sie tückisch: „Kann ich denn das überhaupt?“. Sie sind manchmal fasziniert von den Fähigkeiten oder dem Wissen ihrer Kollegen und glauben, genau so sein zu müssen. Sie fürchten, nicht nur vom Publikum, sondern auch von den Mitspielern für dumm gehalten zu werden.

Was deine Fähigkeiten oder die Könnerschaft einer bestimmten Form betrifft, so kannst dir das Training nicht ersparen. *Aber:* Du kannst trotzdem mutig auf die Bühne springen wie am ersten Impro-Tag, denn Scheitern gehört dazu. Außerdem gibt es nie die eine Art, eine Geschichte zu erzählen. Wenn du deine Kollegin vielleicht dafür bewunderst, wie es ihr gelingt, aus jeder Story-Plattform das herrlichste Melodram zu basteln, so sei dir darüber im Klaren, dass Melodramen zwar bewegend sein mögen, aber längst nicht das einzige Genre auf diesem Planeten.

Wir müssen auch die Tatsache akzeptieren, dass wir nie so klug sein werden wie unsere Mitspieler. Aber sie auch nie so klug wie wir. Ich beobachte immer wieder, dass Impro-Spieler ein überaus reiches Wissen in den unterschiedlichsten Bereichen haben. Sie haben Lebenserfahrungen gemacht, um die man sie beneidet. Aber sie wagen oft nicht, aus diesem Brunnen zu schöpfen. Im Idealfall ergänzen sich unsere Kenntnisse und Weisheiten perfekt.

Nutze deine Intelligenz und sei dir deiner Intelligenz bewusst! Leider spielen immer noch viel zu viele Impro-Spieler dumme Charaktere, um nicht für dumm gehalten zu werden. Das mag paradox klingen, aber es scheint zunächst leichter und sicherer, einen betrunkenen Zahnarzt zu spielen, der von nichts eine Ahnung hat, als einen nüchternen, kompetenten. Außerdem kommt der Lacher aus dem Publikum schneller. Natürlich gehen wir ein Risiko ein, wenn wir einen kompetenten Zahnarzt spielen. Aber da müssen wir eben behaupten! Wir dürfen nicht aus Angst, für dumm gehalten zu werden, dumm spielen!

Die Angst, für humorlos oder langweilig gehalten zu werden, findet auf der Bühne ihr Ventil im Gagging – dem Zerstören einer Szene für den schnellen Lacher.[14] Gagging bricht sich auch in anderen Situationen Bahn, zum Beispiel wenn der Spieler die Spannung der Szene, die Verletzlichkeit der Figur oder einfach nur die Stille im Publikum nicht aushält. Niemand will das Publikum langweilen. Das Problem ist nur, dass wir auf der Bühne kaum ein Signal aus dem Publikum bekommen, das uns verrät, ob es sich langweilt oder nicht. Wenn man von extremen Äußerungen wie Jubeln oder Schluchzen absieht, dann ist die einzige regelmäßige akustische Äußerung des Publikums das Lachen. Dieses positive Feedback ist für einige Spieler dermaßen anregend, dass sie nervös werden, wenn einmal nicht gelacht wird.

---

[14] siehe Kapitel 16.2 Gagging

Dieses Phänomen beobachten wir auch bei Gruppen, die den Übergang von Kurz- zu Langformen wagen. Klassische Impro-Spiele sind, wenn man sich nur halbwegs anstellt, fast eine Lacher-Garantie, ein Selbstläufer. Langformen funktionieren anders, und zwar selbst dann, wenn man langformatige Comedy spielt. Der Rhythmus der Lacher ist ein anderer, die Art der Lacher abwechslungsreicher. Es geht nicht nur um Gags, komische Figuren und Situationen, sondern um den Aufbau von Spannungsmomenten und einer ganzen Story. Wenn wir aber jeden Story-Ansatz für einen Gag opfern, kann nichts entstehen. Du bekommst zwar vielleicht noch deinen Lacher, aber deine Partner sind nun am Zuge, die Story-Karre wieder zum Laufen zu bekommen. Bei Improvisationen, die nicht in erster Linie auf Comedy abzielen, ist die Herausforderung noch größer: Schweigt das Publikum, weil es sich langweilt oder weil es von der Story gefesselt ist? Die Versuchung ist für viele Spieler übermächtig, doch noch hier und da ein kleines Witzchen zu platzieren, um sich als lustiger Typ darzustellen, der bei allem Ernst die Story ironisiert. Haltet die Spannung aus. Haltet es aus, gerade in der Anfangsphase von Langform-Impro nicht zu wissen, was das Publikum gerade empfindet.[15]

Während die Angst, für humorlos gehalten zu werden, vor allem junge Männer betrifft, dreht sich das Geschlechterverhältnis bei der Angst, für unattraktiv gehalten zu werden, um.[16] Die darunter liegende Angst ist natürlich die Angst vor der Verletzlichkeit. Die Flucht ins Sexy-Sein macht eine Spielerin unangreifbar und unveränderlich. Aber als Impro-Spielerin musst du

---

[15] Früher oder später entwickelt man dafür Antennen. Man merkt mit einiger Sicherheit, ob die Langform funktioniert oder nicht, egal ob das Publikum lacht oder schweigt.

[16] Wenn man Teenager unterrichtet, tritt die Eitelkeit beider Geschlechter offen zutage. Als Tendenz ist fast immer zu beobachten: Mädchen wollen sexy sein, Jungs witzig und cool.

dich verändern lassen, du musst in der Lage sein, wütend und hässlich zu werden, deine Figur die falschen Entscheidungen treffen lassen. Du musst beweglich bleiben. Aber im Theater geht es nicht um dich! Es geht um die Szene, um die Story. Wenn du auf der Bühne stehst, um Männern oder Frauen zu gefallen, oder überhaupt um jemanden zu beeindrucken, was du für ein toller Mensch bist, dann bist du im Improtheater fehl am Platz. Improtheater lebt davon, dass die Spieler in der Lage sind, ihr Ego auszuschalten, ihr kleines „Ich will doch geliebt werden" zuhause zu lassen und stattdessen in der großen Gemeinsamkeit aufzugehen.

2.6.3 Die Angst, nicht weiterzuwissen

Fast scheint die Angst, nicht weiterzuwissen rational. Schließlich stellen sich die Spieler *ohne Text* auf die Bühne! Einfach so entsteht, ohne dass sie sich abgesprochen hätten, eine Szene. Manchmal fragt man sich selbst als Improspieler: Wie kann das denn eigentlich funktionieren?

Die Angst, dass einem überhaupt nichts mehr einfällt, führt zu verkrampftem Spielen. Spieler, die fürchten, nicht weiterzuwissen, tendieren oft zum Blockieren oder Auslöschen von Angeboten, in der Szene verharren sie auf der Stelle, indem sie vor sich her plappern. Wenn sie im Off sind, trauen sie sich nicht, die Szene zu betreten.

Nach meiner Erfahrung ist keine Angst so einfach zu bekämpfen wie diese. Viele Spiele nehmen genau diese Angst aufs Korn. Gleich einem Bierfass stechen wir das Fass der Phantasie und der Assoziation an, und es beginnt zu sprudeln. Sobald die Schüler sehen, dass alles, was sie sagen, konstruktiv verwendet werden kann, wird die Angst, nicht weiterzuwissen, erlöschen.

Aber wie jede Angst kann sie auch bei Profis wieder auftauchen. Wenn wir etwa komplexere Storys spielen, wenn wir uns bei fremden Genres bedienen, wenn wir andere Stile verwenden als bisher, schleicht sich bei einigen Spielern die alte Angst wieder ein. Es hilft, hier immer wieder zu den einfachsten Übungen zurückzukehren, vor allem zur freien Assoziation, deren Komplexität sich nach und nach steigern kann.

Übung: Assoziationsstufen

Stufe 1)
Einfache bildliche Assoziation: Holz – Schrank – Kleid – Hochzeit …

Stufe 2)
Einfache Assoziation, die emotional angereichert wird: Holz – ein düsterer Schrank – ein frisches Kleid – eine chaotische Hochzeit … (Entscheidend sind hier weniger die Adjektive, sondern dass die Assoziationen mit emotionalisiertem Atem und emotionalisierter Stimme genannt werden.)

Stufe 3)
Biografisch-narrative Assoziation: Holz – „Auf dem Dachboden meiner Großeltern stand ein alter verschlossener Schrank. Ich hatte mich immer gefragt, was sich darin befinden möge. Und eines Tages fand ich den Schlüssel auf dem Oberteil des Schranks. Ich öffnete ihn und sah darin ein weißes Kleid …"

2.6.4 Die Angst vor Veränderung

Du spielst in einer erfolgreichen Impro-Gruppe. Eure Shows sind gut besucht, die Qualität eurer Aufführungen wird allenthalben gelobt. Und da schlägt ein Spieler der Gruppe eine Veränderung vor: Ein neues Format, ein neues Genre, einen Stil, der euren jetzigen Shows anscheinend widerspricht. Warum, so fragen sich einige, sollte man ein Pferd wechseln, das ein Rennen nach dem anderen gewinnt?

Improtheater bleibt nur lebendig, wenn wir neue Pfade beschreiten. Tatsächlich gelingt das manchen Gruppen innerhalb des immergleichen Formats, und zwar dann, wenn dieses offen genug ist, um künstlerische Weiterentwicklung zuzulassen. Aber selbst dann ist es oft lohnenswert, sich mal links und rechts umzuschauen.

Je größer das Team, umso mehr neigt es zu Inflexibilität, da viele Stimmen gehört werden müssen.[17] Gerade deshalb solltet ihr auch strukturell offen bleiben.

Wenn ich von ausgetretenen Impro-Pfaden spreche, meine ich aber nicht nur Formate, Stile und Genres, sondern sämtliche Aspekte einer Impro-Show: Die dramatische Herangehensweise an Szenen, Szenenübergänge, die Präsentation einer Show – von der Moderation bis zur Kleidung –, die Entscheidung zwischen Kurz- und Langform, die Themenvielfalt, der Story-Aufbau.

Manche Änderungen werden von der Gruppenmehrheit verworfen, nur weil die neue Form einmal nicht funktioniert hat. Auch hier braucht man Beharrlichkeit und Ausdauer. Die Angst vor Veränderung ist verschwistert mit der Bequemlichkeit. Denn natürlich ist jede Veränderung mit Mühe verbunden. Jedes neue Format muss ausprobiert werden, man muss sich damit geistig auseinandersetzen, man muss unter Umständen lesen, diskutieren, Meinungsunterschiede aushalten. Und schließlich: Der Erfolg ist nie sicher. Improtheater ist eine flüssige Kunst, man kann sie nicht festhalten oder fixieren. Man muss sich mit ihr bewegen.

2.7 Die Kanäle der Angst

Angst sucht sich auf der Bühne ihre Kanäle. Sie kommt selten als pure Angst daher, manchmal spüren wir sie nicht einmal. Denn meist tritt sie maskiert auf.

---

[17] Das betrifft vor allem demokratisch strukturierte Gruppen. Aber auch hierarchisch künstlerische Leiter tun gut daran, neue Ideen mit den Spielern zu besprechen. (Siehe *Improvisationstheater. Band 8: Gruppen, Geld und Management.*)

Blockieren

Angst offenbart sich, wenn wir Angebote unseres Spielpartners regelmäßig blockieren. Jedes Angebot ist die Zumutung einer neuen Ungewissheit und Unsicherheit. Unsicherheit ist angstbeladen, und deshalb verharrt so mancher Impro-Spieler und verbarrikadiert sich hinter Nein und Geht-nicht. Spricht man ängstliche Spieler darauf an, werden sie oft ihre Antworten szenisch rechtfertigen:

> „Aber meine Figur konnte wirklich nicht das Päckchen annehmen."
>
> *oder*
>
> „Nicht ich, sondern meine Figur hatte Angst."

Negativität

Negativität ist eng verwandt mit dem Blockieren. Allerdings wird hier nicht das Angebot blockiert, sondern der Spieler gibt jedem Aspekt der Szene einen negativen Anstrich. Es wird genörgelt, gemäkelt, gedroht. Wenn wir uns junge unsichere Teenager anschauen, sehen wir dieses Verhalten wie unter der Lupe: Viele Jugendliche neigen zu dieser negativen Coolness, um sich zu schützen, um sich unangreifbar zu machen. Aber Veränderbarkeit und Verletzlichkeit sind unersetzbare Eigenschaften im Improtheater.

Dominanz und Zurückhaltung

Die Stresshormone, die in den Spielerkörper ausgeschüttet werden, wenn die Dinge auf der Bühne zu unübersichtlich oder zu unsicher werden, führen dazu, dass die meisten Spieler in solchen Situationen entweder mit übermäßiger Dominanz oder übermäßiger Zurückhaltung spielen. Lass das Chaos auf der Bühne eskalieren, und fast jeder Spieler wird regelmäßig zur einen oder zur anderen Seite neigen.

Die einen versuchen, die Szenen „in den Griff" zu bekommen, indem sie ihre Mitspieler herumkommandieren und sich nicht verändern lassen. Die anderen bleiben entweder im Off oder schwimmen einfach nur mit der Szene mit, ohne etwas beizutragen.

Gagging

Wir haben es bereits diskutiert: Spieler, die glauben, die Szene sei schlecht, sobald mal eine halbe Minute nicht gelacht wird und die dann schnell auf Teufel komm raus lustige Sprüche klopfen oder sich ulkig benehmen, zerstören die Szene. Panik-Gagger von ihrer Witzelsucht zu befreien, ist eine der wichtigsten Aufgaben im Impro-Unterricht.

Schwatzen

Die Angst, das Publikum zu langweilen und also für dumm gehalten zu werden, kanalisiert sich gerne in einer Angst vor der Stille. Stille ist in unserer Kultur manchmal schwer auszuhalten. Also wird geschwatzt. Und das setzt sich auf der Impro-Bühne fort. Das Problem ist nur: Wer schwatzt, hört erstens nicht richtig zu, denn er gibt dem, was der andere sagt, keine Chance, sich zu entfalten (und wird sich selbst nicht verändern). Zweitens wird alles Gesagte auf die Ebene des Smalltalks herabgezogen. Drittens: Sprache ist im Theater zu wichtig, um die Lücken mit Geschwätz aufzufüllen. Gib dem Gesagten Bedeutung und halte die Stille aus.

Verharren

Vor allem bei Anfängern kann man ein seltsames Phänomen beobachten: Sie fürchten sich vor dramatischen Gefahren, als seien sie echt. Wenn Georgia zum Beispiel eine vor dem Fernseher strickende Frau spielt und Marvin als Einbrecher in die Wohnung einsteigt, reagiert sie *als Spielerin* panisch und versucht zu verhindern, dass sie und der Einbrecher aufeinandertreffen. Sie wird dann wahrscheinlich die Türen und Fenster verrammeln, statt ihrem Einbrecher-Mitspieler den Rücken zuzuwenden. Dabei ist das gerade das, was wir als Zuschauer sehen wollen.

Wenn die Figur eines ängstlichen Spielers vor einer schwierigen Aufgabe steht, zum Beispiel einen Hubschrauber fliegen, so findet er 999 Gründe, warum er diese Aufgabe nicht erfüllen kann: Schlüssel vergessen, Termin beim Arzt, erst mal eine rauchen usw. Fortgeschrittene Impro-Spieler kennen dieses Phänomen natürlich, und dennoch schleicht es sich auch bei ihnen ein: Sie weichen Gefahren aus, sie lassen ihre Figuren nur ungern verletzen oder töten. Und später wundern sie sich, dass die Story nicht vorangekommen ist.

Über-Ritualisierung

Diese Form der Kanalisierung ist vergleichsweise harmlos. Wir finden sie oft als Ausdruck des Lampenfiebers vor der Show. Die meisten Gruppen haben irgendeinen Ablauf der Show-Vorbereitung gefunden: Technik-Check, Warm Up, Umziehen usw. Diese Vorbereitung in gewissem Maße zu ritualisieren, ist durchaus in Ordnung, da man auf diese Weise nicht jedes Mal neu zu diskutieren braucht, wie man sich vorbereiten soll.

Aber ich habe Gruppen erlebt, die vor Panik im Dreieck sprangen, wenn zum Beispiel ein Aufwärmspiel durch ein anderes ersetzt werden sollte: „Ohne *Ich-bin-ein-Baum* können wir uns nicht richtig aufwärmen.“ Ich kenne Gruppen, deren Spieler sich vor der Show eine halbe Stunde einsingen, inklusive vierstimmiger Harmonisierungen, obwohl am Abend selten mehr als zwei Lieder gesungen werden.

Diese Über-Ritualisierungen sind im Grunde nervöse Reaktionen eines fürs Rennen bereiten Pferdes. In ihrer Form sind sie erst mal nur kurios, aber sie haben auch eine Kehrseite: Die Zeit vor der Show ist wertvoll, da wir uns geistig, körperlich und seelisch vorbereiten. Die Über-Ritualisierungen können uns vielleicht das Gefühl vermitteln, dass nun alles in Ordnung sei, aber wir brauchen ein Grundvertrauen, wir können die Zeit genauso zum Zusammenfinden oder zur Meditation nutzen, um das allgemeine Stresslevel zu senken.

Risiko-Minimierung

> **A:** „Papa, ich habe deinen Wagen zu Schrott gefahren."
>
> **B:** „Oh nein, nicht schon wieder. Das ist jetzt schon das vierte Mal in diesem Jahr."

Indem B jammert, vermeidet er, dass sich seine Figur auf eine emotionale Konfrontation einlässt. Jammern ist hier eine Form, das Risiko zu minimieren. Denn solange man in der Routine des Jammerns bleibt, werden sich weder die Figuren noch die Szene verändern.

*

Man sagt, Wasser finde immer seinen Weg. Ähnlich ist es mit der Angst. Wir meinen unsere Angst bezwungen zu haben, die wir in einem bestimmten Punkt erkannt haben, und schon bahnt sie sich einen neuen Weg. Deshalb ist diese Liste der Kanäle der Angst naturgemäß unvollständig. Letztlich gilt es, der Angst selbst auf den Leib zu rücken, sie durch Mut, Heiterkeit und Spielfreude zu ersetzen. Wie kann uns das gelingen?

2.8 Wie überwinden wir unsere Angst?

Hier kommen nun die vier Super-Tricks, mit denen du innerhalb einer Woche all deine Ängste für immer besiegen wirst.

April-April!

Wenn es nur so schnell ginge! Angstabbau will gelernt sein. Mancher Impro-Spieler trägt zu Beginn seiner Impro-Karriere einen riesigen Sack Angst mit sich herum. Andere stürzen sich schon als Anfänger begeistert in unbekannte Szenen. Aber ich habe kaum jemanden gesehen, der immer und überall völlig angstfrei war. Die Wege, die ich hier beschreibe, brauchen Zeit und Übung. Und also auch Geduld.

2.8.1 Pfeifen im Walde

Der Boxer Muhammad Ali pflegte seine Gegner mit frechen Sprüchen und Beleidigungen einzuschüchtern, wodurch er die psychologische Kriegsführung ins Boxen einführte. Aber viele vermuten, dass der wichtigste Gegner, den er durch seine Großmäuligkeit zu bezwingen suchte, seine eigene Furcht war.

Tu so, als seist du mutig. Spring mutig in die Szene. Wenn du in einem angenehmen Umfeld trainierst, wirst du sehen, dass das Scheitern im Improtheater sehr lustig sein kann. Je herzlicher du das Scheitern umarmst, umso leichter wird es dir sein, die Szene leichten Herzens zu betreten. Und je leichter du die Szene betrittst, umso unwahrscheinlicher wird es sein, dass sie scheitert.

Wenn du als Anfänger an einem Impro-Kurs teilnimmst, in dem Scheitern dauerhaft negativ belegt ist, solltest du das ansprechen oder dir einen anderen Trainer suchen.

Als Gruppe wiederum ist es wichtig, im Training und auf der Bühne nicht den Humor zu verlieren. Auch bei anspruchsvollen Szenen und Formaten vergesse man nicht, mit dem Scheitern heiter umzugehen.

2.8.2 Folge der Furcht

Auf der Bühne kann Angst ein guter Kompass sein. Das klingt paradox? Schon möglich. Aber es ergibt Sinn, wenn wir es uns umgekehrt vorstellen: Szenen, bei denen die Improvisierer auf größtmögliche Sicherheit oder auf größtmögliche Planbarkeit setzen, sind steif, vorhersehbar und öde.

Wie kann das konkret aussehen? Angenommen, deine Angst ist, dass man sich über dich lustig macht. Wenn du nun auf der Bühne alles tust, um zu vermeiden, lächerlich zu wirken oder deine Figur lächerlich erscheinen zu lassen, wirst du dich eines riesigen Spektrums an Charakter-Optionen berauben. Mach dich verletzlich, *gerade*, wenn du weißt, wie es ist, verletzt zu werden!

Trainiere Spieler, bei denen du das Gefühl hast, alle anderen sind darin lustiger, schneller, schlauer, irgendwie „besser" als du. Spiele Charaktere, die du sonst meidest. (Wenn du nicht weißt, was für Charaktere das sind, frage deine Kollegen.)

2.8.3 Sich dem Moment hingeben

Die Zukunft zu planen ist eine wesentlich menschliche Fähigkeit. Sie spielt uns aber einen Streich, wenn sie uns davon abhält, das zu erfassen, was gerade stattfindet.

Angst führt bei vielen Spielern dazu, dass sie in Panik verfallen und sich *überlegen,* was sie als nächstes sagen sollen, in welche Richtung sie die Story steuern wollen, wie man die Szene möglichst schlau beendet. Aber während du planst und überlegst und sinnierst, findet gerade eine Szene statt, in der *dein* Zuhören gefragt ist, *deine* Intelligenz, *deine* emotionale Beteiligung.

Wenn Vorausdenken das Problem ist, dann hilft es nicht, noch mehr vorauszudenken!

Versuchen wir, es mal so zu sehen: Wenn die Szene ohnehin dabei ist zu scheitern, kannst du genauso gut zuhören, was gerade passiert, darauf achten, was dein Szenenpartner tut, was er sagt und wie dich das emotional berührt. Wenn wir uns einfach damit abfinden, dass die Szene vielleicht scheitern kann, dann sind wir in der Lage, diesem Scheitern wenigstens noch etwas Wahrhaftiges mit auf den Weg zu geben. Und vielleicht scheitert die Szene dann eben doch nicht, sondern wird zu einer der besten, die du je gespielt hast.

Diese Umstellung der geistigen Tätigkeit vom Planen aufs Hier-im-Moment-Sein ist für die Meisten eine Zumutung und Herausforderung. Aber sie ist auch ein Weg, um die Angst zu verlieren. Wenn ich mich dem Hier und Jetzt wirklich emotional hingebe, den Moment erlausche und erspüre, was von mir gefragt ist, verliert die Angst ihre Bedeutung. Sie hat schlicht keinen Platz im Bedeutungsraum der Szene.

Wenn wir dieses Wagnis eingehen, kann es geschehen, dass wir den Teufelskreis verlassen und einen anderen Kreis betreten – den der positiven Rückkopplung. Dann lernen wir nämlich, damit leben zu können. Wenn Szenen, Storys und ganze Shows scheitern können, wenn wir lernen, damit leben zu können, dass wir selber als Impro-Spieler scheitern können, dann lohnt es sich nicht, über die Konsequenzen zu sinnieren, dann lohnt es sich nicht, zu planen und vorauszudenken, dann können wir genauso gut *dem Moment vertrauen*, dann können wir die vermeintlichen Sicherheiten, die Sprüche und Gags hinter uns lassen und uns dem zuwenden, was gerade von uns gefordert wird.

Übung: Rund/Kantig und Assoziieren

Drei Spieler. Spieler A bewegt sich pausenlos mit runden, weichen Bewegungen durch den Raum. Sobald der in seiner Nähe laufende Spieler B „Wechsel!“ ruft, bewegt sich A hart und kantig. Ruft B wieder „Wechsel!“ geht es wieder zurück in den Rund-und-weich-Modus. Gleichzeitig sagt Spieler C Wörter, auf die A sofort assoziieren muss.

Zu beachten: Spieler B sollte die Wechsel unvorhersehbar machen, in einem Abstand von 10-30 Sekunden. Spieler C soll nicht selber auf A assoziieren, sondern diesem dissoziativ neue Begriffe anbieten. Um hier Nachdenk-Lücken zu vermeiden, nimmt man dafür am besten Wörter, die mit dem letzten Buchstaben des zuletzt genannten Wortes beginnen, zum Beispiel:

C: Tiger
A: Dschungel
C: Lüge
A: Gericht
C: Trümmer …

2.8.4 Training

Im Kinderbuch *Der kleine Angsthase* von Elizabeth Shaw rät Onkel Heinrich dem ängstlichen Hasen-Protagonisten: „Du musst deine Angst überwinden. Sei einfach nicht mehr ängstlich."

So wenig wie der Hasen-Onkel kann ich erwarten, dass der Leser dieser Seiten sich sagt: „Alles klar! Ich brauche einfach bloß keine Angst mehr zu haben." Zwar ist es wichtig, dass wir das Problem verstehen, aber es verschwindet nicht durch das Lesen eines Impro-Buches. Lesen und Nachdenken können helfen, das Problem zu identifizieren und Strategien zur Bewältigung zu erkennen, aber angehen müssen wir es in der Praxis. Wenn wir sehen, dass ein Teil unserer Schwierigkeiten im Improtheater mit Angst verknüpft ist, wissen wir immerhin, wo wir den Hebel ansetzen müssen. Training ist hier der entscheidende Punkt. Wir können uns bei Proben den angstbesetzten Themen nähern. Proben mit guten Kollegen und Workshops in einem angenehmen Umfeld bieten einen ausgezeichneten Rahmen. Vor allem haben wir hier die Option, größere Risiken einzugehen. Hier haben wir keinem Publikum etwas zu beweisen (und hoffentlich auch keinen Kollegen oder Lehrern). Gebt euch gerade bei Proben selbst die Möglichkeit, sehr riskant zu spielen und grandios zu scheitern. Geht heiter mit dem Scheitern um.

Wenn ihr Improtheater als eine *gemeinsame* Suche versteht, wenn ihr gemeinsam lacht und euch auf demselben Pfad befindet, dann müsst ihr nicht verschweigen, wenn die Szene mies war. Denn die gemeinsame Freude am Versuch und am Prozess erleichtert den Weg von der Angst hin zum Mut.

Der geschützte Raum des Probens erlaubt uns, Grenzen zu überschreiten, ohne sich unmittelbar dem Publikumsurteil stellen zu müssen. Die Routine auf der Bühne wird uns nach einer Weile die Sicherheit geben, dass unser Leben nicht zugrunde geht, wenn wir mal eine Szene oder gar eine ganze Show in den Sand setzen.

2.8.5 Mut zu Neuem

Improtheater hat etwas Befreiendes. Fast jeder, der einen halbwegs anständigen Impro-Workshop mitgemacht hat, bestätigt das. Wir verlieren schon durch die Praxis des Improvisierens eine ganze Reihe von Ängsten. Diesen Schwung der Selbstbefreiung gilt es zu erhalten. Und das wird schwieriger, je länger wir uns mit Improtheater beschäftigen, da wir uns immer wieder in Sicherheiten wiegen. Wir glauben irgendwann, verstanden zu haben, wie der Hase läuft, wir halten uns für „fortgeschritten", für „professionell", für „erfahren". Wir glauben zu wissen, wie man eine Impro-Show aufführt. Aber im Grunde bauen wir uns nur neue Schutzwälle auf. Den Mut zu haben, sich immer wieder auf Neues einzulassen – neue Themen, neue Formate, neue Formen der Interaktion mit dem Publikum – und immer wieder neue Freiheitsgrade zu entdecken, das ist die große Herausforderung im Improvisationstheater.

2.8.6 Hab Spaß

Mit Improtheater wird man nicht gerade reich. Der Ruhm, den man im Improtheater ernten kann, ist in der Regel auf eine sehr überschaubare Subkultur beschränkt. Also warum macht man das alles? Zum Spaß und zur Freude. Die Quellen dieser Freude sind beim Improtheater, wie wir am Anfang dieses Buchs gesehen haben, mannigfaltig. Und sie können sich im Laufe der Jahre verändern. Man kann Freude daraus ziehen, mit Freunden auf der Bühne ungehemmten Quatsch zu produzieren. Man kann Freude im Ertüfteln und Bewältigen einer filigranen Langform finden. Die Figuren, das Miteinander, die Storys können Grund zur Freude sein. Es kann Zeiten geben, in denen diese Freude verschwindet – in künstlerischen Krisen, wenn es Gruppenzwist gibt, wenn ein Projekt in den Sand gesetzt wurde. Aber egal, was drumherum geschieht, auf der Bühne solltest du die maximale Freude suchen. Selbst wenn ihr nur vor drei Zuschauern spielt, selbst wenn du mit dem Format nicht viel anfangen kannst, selbst wenn die Szene abstürzt – schätze dich glücklich, improvisieren zu dürfen. Wenn dir ein Spiel oder ein Format nicht gefällt – stürze dich dennoch mit einem kräftigen Hurra hinein und setze deine ganze Kraft dafür ein, dass schöne Szenen entstehen.

Hadere nicht mit deinen Mitspielern. Erwarte wenig, aber vertraue ihnen. Was du von ihnen erwarten kannst, ist, dass sie dir Angebote machen, die dich überraschen, dass sie blockieren oder unverständlich sind, so wie auch du blockierst oder unverständlich bist. Schau ihnen in die Augen und wisse: Dieser Moment ist einmalig, wir improvisieren gerade eine Szene. Suche nicht nach den Fehlern deiner Mitspieler. Deine Aufgabe auf der Bühne ist es nicht, deine Mitspieler zu bewerten, sondern aus ihren seltsamen Angeboten eine großartige Szene zu zaubern.

Angst verfliegt,
wo Freude siegt.

3 HÖR ZU

3.1 Hör deinem Partner zu

Dem Partner zuhören? Diese Aufforderung klingt vielleicht fast ein bisschen banal. Wohl jeder Impro-Spieler glaubt, seinem Partner zuzuhören. Die wenigsten tun es wirklich. Ich weiß, viele Leser werden nun denken, das sei übertrieben. Wie kann man ein Impro-Spiel wie „Erster Satz/Letzter Satz“[18] spielen, ohne zuzuhören? Wie kann man überhaupt eine sinnvolle Story spielen, ohne zuzuhören?

Die Antwort ist: Man kann schon *irgendwie* improvisieren, ohne richtig zuzuhören. Man kann hübsche Spiele und Storys spielen, wenn man *einigermaßen* zuhört. Aber volle, reife, subtile Szenen können wir erst erschaffen, wenn es uns gelingt, mit

[18] Bei diesem Mini-Format werden von zwei Duos abwechselnd zwei Storys gespielt, bei denen das eine Duo immer dessen letzten Satz als Start für die eigene nächste Szene nutzt

allen Sinnen zuzuhören, wenn wir die Worte in uns aufnehmen, aber auch das, was zwischen den Zeilen schwebt – das wirklich Gemeinte, den Sinn, den emotionalen Gehalt – , wenn wir auch mit unseren Augen „zuhören", mit unserem Körper, mit unserem Herzen.

Aus dem Alltag kennen wir die Menschen, die uns oberflächlich zuhören, die uns in Gesprächen unterbrechen, um das zu sagen, was sie selber zu dem Thema assoziieren, bei denen man das Gefühl hat, man könnte genauso gut zu einer Tasse Kaffee reden. Und dann gibt es jene Gesprächspartner, bei denen man spürt, dass sie sich für das, was man sagt, interessieren, dass sie daran emotional beteiligt sind, dass sie nicht nur die Worte aufnehmen, sondern dass sie genau verstehen, was man sagt. Sie lassen einen ausreden, sie lassen sich Zeit mit ihrer Antwort. Im Improtheater erleben wir ebenfalls diese zwei Typen, und außerdem tausende Impro-Spieler, die sich irgendwo auf einem Skalenpunkt zwischen diesen beiden Extremen befinden.

Viele Impro-Anfänger sind im Alltag eigentlich recht passable Zuhörer, aber auf der Bühne verlässt sie diese Tugend, weil sie ein etwas verqueres Konzept von Improvisation haben. Sie glauben, in der Improvisation ginge es darum, möglichst originelle, schlaue oder witzige Dinge auf der Bühne zu sagen. Wenn ihr Bühnenpartner spricht, beginnen sie schon zu überlegen, was sie als nächstes sagen könnten. Sie glauben, sich auf diese Weise das Improvisieren zu erleichtern, in Wirklichkeit erschweren sie es sich. Denn die Szene findet nicht im Kopf statt, sondern auf der Bühne. Die entscheidenden Informationen kommen nicht aus deinem Kopf, sondern aus dem Mund deines Partners, aus seiner Emotionalität, aus seiner Körperlichkeit.

Lausche und reagiere naheliegend!

Dein Spielpartner ist das Wichtigste, was sich auf der Bühne befindet. Wie willst du genuin reagieren, wenn du nachdenkst, während er spricht? Nimm alles auf:

- was er sagt,
- wie er es sagt,
- wie er es meint,
- was er dabei fühlt,
- was er darüber hinaus kommuniziert.

Ihr baut die Szene *zusammen*. Du kannst nur auf dem aufbauen, was von deinem Partner kommt. Wenn ihr gemeinsam die Szene erschafft, wirkt alles mühelos und einfach. Wenn jeder für sich selbst in der Szene herumwurschtelt, wirkt sie kompliziert, zusammenhanglos, gewollt, konstruiert und unelegant.

Das Spielen selbst wird einfacher, wenn wir zuhören. Hör zu und reagiere natürlich auf das Gesagte! Wie entlastend! Ich brauche mir also nichts auszudenken.

Die Antwort lautet: Zuhören ist im Prinzip einfach, aber die meisten von uns sind nicht daran gewöhnt, es mit der nötigen Intensität dauerhaft zu betreiben. Unsere Alltagsreflexe führen dazu, dass wir, während unser Partner spricht, schon überlegen, abwägen, nachdenken und bewerten. Aber aktives und offenes Zuhören lässt sich trainieren, und zwar leichter als so manch andere Fähigkeit, wie Pantomime, Singen oder Tanzen.

Wie hören wir also unserem Partner verstehend zu?

Nimm Blickkontakt auf.

Die Augen sind die Pforte zur Seele, heißt es. Geschwister, Liebende und gute Freunde verstehen einander oft ohne Worte. Sie wissen, wie es dem anderen geht, was er sagen will, ohne dass er es ausgesprochen hat. Wenn mein Partner bereit ist, mit mir *echt* zu kommunizieren, mir also das Gemeinte emotional mitzuteilen, dann habe ich große Chancen, dem Gesagten auch das Gemeinte zu entnehmen.

Höre auf die Worte, und verbinde das Gesagte mit eigenen Emotionen.

Wir wissen aus der Lernpsychologie, dass man sich Gehörtes besser merkt, wenn man es mit Emotionen verbindet. Kleine Kinder bewerten alles extrem emotional und sind deshalb so gute Lerner. Erwachsenen, die eher schon in Kategorien zu denken gelernt haben, gelingt das weniger gut. Wir erhöhen also die Aufnahmefähigkeit, wenn wir uns emotional voll auf das Gesagte einlassen.

Achte auf den Tonfall deines Partners.

Wie spricht er seinen Satz aus? Welche emotionale Bedeutung gibt er ihm? Ist sein Satz nonchalant dahergesagt oder schwingt eine Bedrohung mit? Sagt er es liebevoll oder verzweifelt? Stammelt, flüstert oder schreit er? Welche Resonanz will er bei dir als Spieler auslösen? Welche Resonanz will er bei deiner Figur auslösen?

Wie begleitet mein Partner das Gesagte gestisch?

Um nicht missverstanden zu werden: Ich meine natürlich *nicht*, dass wir als Spieler wie kühle analytische Beobachter die Bewegungen unserer Partners im Kopf notieren sollen. Vielmehr geht es um das *emotionale* Aufnehmen dieser Gesten wie im alltäglichen Leben: Fährt er sich mit der Hand nervös durchs Gesicht? Stemmt er die Hände in die Hüften? Welchen sprachlichen und gestischen Status[19] kommuniziert mein Partner?

---

[19] „Status“ bezeichnet im Theater nicht den sozialen Status, sondern, verkürzt gesagt, das subtil körperlich kommunizierte Dominanz-Unterwerfungs-Verhältnis zweier Figuren. Ausführlich zum Thema Status: *Improvisationstheater. Band 2: Schauspiel-Improvisation.*

*

Als idealer Mitspieler meines Partners muss ich bereit sein, alles aufzusaugen, jedes kleine Detail, vom Sprech-Tempo bis zur Bewegung durch den Raum. Nur das versetzt mich in die Lage, das Kommunizierte aufzunehmen.

3.2 Hör dir selbst zu

Wenn ich Schülern rate, sich selbst zuzuhören, ernte ich manchmal unverständliche Blicke: „Wie kann man sich denn *nicht* zuhören?"

„Wenn du dir selbst zugehört hast, wie kann es dann sein, dass du den Namen der Figur deines Mitspielers vergessen hast, die du selbst etabliert hast?"

Gerade im Improtheater wird zu viel geredet, ohne etwas zu sagen. Die Worte bleiben Geschwätz und emotionales Wischiwaschi. Wenn ich wirklich meine, was ich sage, wird mir das nicht so schnell entfallen.

Wir haben schon besprochen, wie wichtig der Partner für unser Spiel ist. Daher gilt auch umgekehrt: Wir sind wichtig für unseren Partner – unsere improvisierten Sätze, Gesten und Emotionen.

Wir hören uns selbst nicht zu,

- wenn wir Namen, Orte und Tatsachen, die wir selber etabliert haben, vergessen,
- wenn wir unsere Figur schauspielerisch verlieren, zum Beispiel weil uns der Tonfall, der gestische Habitus oder der Dialekt entfallen,
- wenn unsere Gesten und Worte für uns selber nur wenig Bedeutung haben.

Das Namen-Vergessen ist die wohl augenfälligste Form des Sich-nicht-selber-Zuhörens.

A: „Ich habe das Beil mitgebracht, Herbert."

B: „Ich heiße eigentlich Horst, aber du kannst gern Herbert zu mir sagen."

A: „Ja, Horst-Herbert, nicht wahr?"

So sicher, wie der verzweifelte, kraftlose Lacher des Publikums für das Zurechtbiegen der Figur, so langweilig ist diese millionenfach gespielte Sequenz des Zwei-Namen-Kombinierens. Manchen scheint es banal und nicht so wichtig – man könne es ja immer noch rechtfertigen, und letztlich sei es ja egal, ob die Figur Herbert oder Horst heißt. Aber das ist es eben nicht. Wir verbinden als Zuschauer Emotionen mit ihnen. Also gib deinen Mitspielern Namen, die dir etwas bedeuten.

Je spezifischer man ist, umso leichter bleibt das Etablierte im Gedächtnis. Stellen wir uns zum Beispiel einen alten rauchenden Mann vor, der sitzend liest. Der emotionale Gehalt dieses Bildes bleibt wahrscheinlich ziemlich vage. Wenn wir uns nun aber vorstellen, dass er sich immer wieder die Brille zurechtrückt, dass er einen Zigarillo raucht, dass er in einem Schaukelstuhl sitzt und eine Zeitschrift über Motorboote liest, dann haben wir ein wesentlich farbigeres Bild vor uns, das uns sofort anspricht. Dabei habe ich lediglich die Attribute Alter, Rauchen, Sitzen, Lesen spezifiziert.

Ich höre mir zu, wenn ich die Figur ernst nehme, wenn der Dialekt mehr ist als nur ein hingeworfener Gag fürs Publikum, wenn ich ihre Gewohnheiten und ihre Sicht auf die Welt verinnerlicht habe, wenn sie mir wichtig geworden sind.

3.3 Hör auf den Sinn

Die einfachste Sinn-Ebene ist die der Wörter und Wortzusammenhänge auf einer Fakten-Ebene. Wenn unser Protagonist auf einem Esel reitet, dann ist es ein Esel, kein Pferd und kein Kamel. Der Esel und das Reiten des Esels können je nach szenischem Kontext, noch eine weitere Sinn-Ebene haben.

Wie wir schon am Beispiel der Namen gesehen haben, können uns Spezifizität und emotionale Verknüpfung helfen, das Gehörte zu erfassen und in unserem Gedächtnis abzuspeichern.

Eine weitere Möglichkeit des Memorisierens ist, ein Schlüsselwort des Gegenübers zu wiederholen, indem man es in einen eigenen Satz einbaut. Das mag mechanisch klingen, aber wir finden diese Technik auch in Filmen und selbst bei Shakespeare. Sogar wenn bei Shakespeare zwei Todfeinde einander bekämpfen, hören sie zu, verlassen nie die präzise Sprache und gehen stets auf das Gehörte ein. Nehmen wir die zweite Szene des ersten Akts aus *Richard III.*, in der Gloster (der spätere Richard III.) die Witwe des von ihm getöteten König zu bezirzen versucht.

> **Anna:** „Bube, du kennst kein göttlich, menschlich Recht:
> Das wilde Tier kennt doch des Mitleids Regung."
>
> **Gloster:** „Ich kenne keins und bin daher kein Tier."
>
> **Anna:** „O Wunder, wenn ein Teufel Wahrheit spricht!"
>
> **Gloster:** „Mehr Wunder, wenn ein Engel zornig ist ...
> Geruhe, göttlich Urbild eines Weibes,
> Von der vermeinten Schuld mir zu erlauben
> Geflissentlich bei dir mich zu befrein."
>
> **Anna:** „Geruhe, giftger Abschaum eines Mannes,
> Für die bekannte Schuld mir zu erlauben,
> Geflissentlich zu fluchen dir Verfluchtem!"

Beide Sprecher beziehen sich stets auf das soeben Gesagte. Sie nehmen Sinn und einzelne Wörter auf und einzelne Metaphern. (Wäre die Szene improvisiert, könnte man hinzufügen: Die Spieler verstärken das zugrunde liegende Spiel von Bezirzen versus Verfluchen.)

Schon wenn wir auf der einfachsten Ebene, der Wortwiederholung anfangen, wirkt es auf die Zuschauer wie ein geniales Zusammenspiel und ein geschmeidiges Aufeinandereingehen. Wenn es uns darüberhinaus gelingt, auch Sinnbilder aufzunehmen statt sie (wie es gerade in dramatischen Konfliktsituationen oft reflexartig geschieht) fortzuwischen, gelangen wir zu einem mühelosen Zusammenspiel mit unserem Partner, dessen Eleganz vom Publikum wahrgenommen wird.

Der Sinn geht also über die Wortbedeutung hinaus. Das wird noch deutlicher, wenn wir bedenken, dass jedes verbale Angebot, ja selbst die Art und Weise, wie jemand dasteht, atmet, handelt, eine emotionale Komponente in sich trägt. Stellen wir uns als Anfangssatz einer Szene folgenden Satz vor:

> „Natürlich, ich gehe heute zur Chefin und bitte sie um eine Gehaltserhöhung."

Neutral gesprochen verstehen wir, dass der Sprecher beabsichtigt, heute genau das zu tun, was er sagt. Der Satz könnte eine nonchalante Antwort auf die Bitte sein, sich um die Verbesserung des Haushaltseinkommens zu kümmern. Aber stellen wir uns vor, der Satz wird mit einem ironisch-süffisanten Unterton geäußert. Schon hat das Angebot eine andere Bedeutung. Die eigentlich kommunizierte Botschaft ist nun vielmehr:

> „Ich kann doch nicht so mir-nichts-dir-nichts zu meiner Chefin gehen und sie um eine Gehaltserhöhung bitten."

Daraus könnte man schließen, dass die Handlung an sich absurd ist, vielleicht weil der Sprecher Beamter ist oder dass es in dem Satz eigentlich um die Chefin geht, mit der man über solche Dinge gar nicht reden kann.

Was aber wäre, wenn der Sprecher seiner Partnerin den Kopf streichelt und diese Worte in tröstendem Tonfall äußert? Schon wieder eine komplett neue Szene. Der emotionale Gehalt könnte nun suggerieren, dass die Haushaltslage des Paares verzweifelt ist und der Sprecher nichts unversucht lassen wird, um daran etwas zu ändern.

Im Alltag tun wir genau das: Wir interpretieren aus Tonfall und Stimmlage eine *emotionale Botschaft,* für die zwar manche von uns aufnahmebereiter sind als andere, die aber generell mitgehört wird. Einigen Studien zufolge nehmen wir in Alltagsgesprächen sogar den Hauptteil des Gesagten emotional auf. Missverständnisse in Paarbeziehungen laufen oft genau auf die Differenz von Wortbedeutung und emotionaler Interpretation hinaus.

> **Sie** *(kommt mit Kopfschmerzen ins Zimmer)*: „Kannst du mal bitte das Fenster schließen?"
>
> **Er:** „Natürlich! Deshalb brauchst du doch hier nicht so rumzumaulen."
>
> **Sie:** „Warum hasst du mich?"

Auf der Bühne scheinen Impro-Spieler manchmal taub zu sein für die emotionalen Feinheiten. Sie hören nur an der Oberfläche des Gesagten zu oder bleiben oberflächlich bei dem, was sie sagen. Das Zuhören auf der Ebene der Emotionen gelingt uns genau dann, wenn wir *uns selber* emotional öffnen. Lass den Kanal von deinen Ohren zu deinem Herzen offen und du wirst sensibilisiert für die Feinheiten der Botschaften.[20]

3.4 Höre auf das Spiel-Angebot

Ich habe es im Kommentar zur Shakespeare-Szene bereits erwähnt: Wenn wir mit allen Sinnen wahrnehmen, dann „lesen" wir nicht nur die Wörter, die Sinnzusammenhänge und das

[20] Der Dialog „Streit mit schönen Worten" von Karl Valentin und Liesl Karlstadt zieht genau aus dem Widerspruch zwischen Gesagtem und Gefühltem seine Komik: Man hört die schönen Worte, aber glaubt eher dem Ton, in dem sie geäußert werden.

szenisch-dramatische Angebot unseres Partners, sondern auch das angebotene Spiel[21]. Wenn wir uns die Szene noch einmal als Impro-Szene vorstellen würden, sehen wir Spiel-Angebote von „Anna“ gleich auf mehreren Ebenen, die ein aufmerksam zuhörender Spieler sofort erkennt:

- **Die Sprech-Ebene:** Wir hören, die Sprache ist etwas altertümlich („Bube“, „göttlich Recht“).
- **Die stilistische Ebene:** Uns werden fünfhebige Jamben als Versmaß angeboten. Das heißt, dass wir uns wahrscheinlich in einem klassischen Drama befinden. Hier in Alltagssprache zu antworten, wäre ein krasser Bruch.
- **Die Ebene des inhaltlichen Spiels:** Anna verflucht ihr Gegenüber. Wenn dies die ersten Zeilen der Szene wären, hätte der Gloster-Spieler noch eine ganze Reihe von Optionen. Er könnte zum Beispiel zurückfluchen, er könnte sie verspotten oder bestrafen. In der konkreten Szene aber versucht er, die Schuld von sich zu weisen und Anna Komplimente zu machen. Da „Anna“ ebenfalls zuhört, ergibt sich ab ihrem nächsten Satz das Spiel, das von beiden fortgeführt wird.

Wenn wir gut zuhören und unser inneres spielendes Kind freisetzen, gelingt es uns nicht nur, ein Spiel zu erkennen, sondern auch selbst aus einem einfachen Angebot ein Spiel zu *erschaffen*. Worauf müssen wir also achten? Auf alles! Im Prinzip kann jedes Detail zum Spiel werden. Das Spiel wird zum Spiel ab der zweiten Wiederholung. Wenn sich Anna und Gloster also einmal beschimpfen und einmal bezirzen, dann würde man es noch nicht als Spiel bezeichnen, würden sie es zwei Mal tun, wäre es

---

[21] Gemeint ist natürlich „Spiel“ im weiteren Sinne, nicht beschränkt auf klassische Impro-Spiele. Dazu ausführlicher *„Improvisationstheater. Band 4: Finde das Spiel“*.

eine Wiederholung. Erst die Variation lässt das Spiel als Spiel hervortreten.[22]

Spiel-Angebote sind also nicht unbedingt immer so eindeutig und klar erkennbar wie die verbale Vorgabe „Lass uns in fünfhebigen Jamben sprechen." Sie liegen eher latent in der Luft, und die Frage ist, was wir daraus machen.

- Wenn mein Partner im Tiefstatus auf die Bühne kommt, könnte ich daraus das Spiel „Hochstatus versus Tiefstatus" oder einen „Tiefstatuskampf" etablieren.
- Wenn mein Partner mich in der ersten Szene mit „Tränor Xerröm" anspricht, könnten wir uns in der Zukunft befinden, in einer Fantasy-Story, in einem obskuren Land oder vielleicht habe ich lediglich einen seltsamen Namen. Ich muss auf jeden Fall wachsam sein für das dahintersteckende Spiel oder ich etabliere es selbst.
- Wenn ich in extremem Hochstatus und mit edlen Manieren meinen Partner als Handwerker in meiner Wohnung definiere und er spricht in krassem Dialekt und Techniker-Jargon, so könnte das Spiel-Angebot heißen: „Lass uns eine Zwei-soziale-Welten-missverstehen-sich-Szene" spielen.
- Wenn mein Partner auf der Bühne sehr physisch agiert, könnte genau das das Spiel-Angebot sein. Wie genau unser Körper-Spiel später aussehen wird, weiß ich noch nicht, aber ich weiß, dass ich auf unsere Körperlichkeit achten kann, um das Muster zu verstärken, sobald eines hervortreten sollte.

[22] Auch Filme und Geschichten nutzen dieses Mittel. Man denke an den dreimaligen Besuch der verkleideten Stiefmutter in *Schneewittchen.* In *Pulp Fiction* sehen wir solche Spiele auf der Handlungs-Ebene: So sehen wir den Gangster Vince drei Mal auf der Toilette, und jedes Mal, wenn er von dort zurückkommt, erwartet ihn Unheil.

3.5 Erinnern und Wiedereinführen

Handlungsmotive, Namen von Orten, kleine Gegenstände, geäußerte Gedanken und sonstige Details muss man sich ebenso merken wie die Namen von Personen

Alles ist unser Material. Mit allem können wir spielen.

Unser Zuhören ist erst dann genau, wenn wir uns wirklich erinnern. Wir brauchen das Erinnern für die sinnvolle Fortsetzung der Szenen. Wenn ich mich nicht erinnere, ob die Heldin als Single oder verheiratet etabliert war, ob sie Ärztin oder Köchin war, ob sie alt ist oder jung, wie soll ich dann die Story sinnvoll fortsetzen?

Aber es geht auch um Strukturen, Formen und Muster. Storys wirken (zumindest im westlichen Kulturkreis) erst als abgeschlossen, wenn genügend Motive wiedereingeführt wurden. Selbst eine mittelmäßige Geschichte wirkt „geschlossen", wenn das Ende dem Anfang ähnelt.[23] Setze den Protagonisten am Ende möglichst verändert an die gleiche Stelle, von der er am Anfang gestartet ist, und schon wirkt eure Impro-Geschichte beinahe genial. Eine Story ist mehr als die Aneinanderreihung verschiedener aufeinanderfolgender Handlungen. Eine Story ist die sequenzielle Wiedergabe von Handlungen, deren ausgewählte Verknappung ihnen Sinn verleiht.[24]

Bei Storys ist die Notwendigkeit des Wiedereinführens von Elementen augenfällig. Aber auch bei nicht-narrativen Forma-

---

[23] Auch hier lohnt es sich, bekannte Filme nach dieser „Ende = variierter Anfang-Technik" abzuscannen. Im bereits erwähnten *Pulp Fiction* bewegen sich Jules und Vincent sowohl zu Beginn als auch am Schluss durch die Stadt, aber eben völlig verändert – äußerlich als auch innerlich. In *Der Pate* sehen wir, wie zu Beginn dem alten und am Ende dem neuen Mafia-Chef im selben Zimmer auf traditionelle Weise die Ehrerbietung per Handkuss entgegengebracht wird. Adson van Melk und William von Baskerville reiten sowohl zu Beginn als auch am Ende von *Der Name der Rose* auf ihren Eseln. Aber das in der einen Woche Erlebte hat sie für immer verändert.

[24] Siehe *Improvisationstheater. Band 5: Impro-Storys.*

ten, wie dem *Roten Faden*[25] oder dem freien *Harold*[26] ergeben sich Muster, denen wir die Regie überlassen können. Je freier die Form, umso aufmerksamer müssen wir sein für die Emergenz von Strukturen und Mustern. Und Strukturen, Formen und Muster wiederum lassen sich nur dann entfalten, wenn wir bereit sind, zu erinnern und wiedereinzuführen.

Übung „… was uns zurückführt"[27]

Erzählspiel. Zwei Spieler als Erzähler.
Jeder spricht immer nur einen Satz. Jeder Satz baut möglichst auf dem vorhergehenden Satz auf und fügt eine neue Information hinzu.
Der Spielleiter kann jederzeit rufen: „was uns zurückführt zu …", woraufhin einer der Spieler ein bereits eingeführtes Element wieder aufgreifen muss.

[25] Zur Langform *Roter Faden* siehe Seite 240

[26] Der Harold ist eine Langform, die kollektiv unter der Leitung von Del Close entwickelt wurde. Kern des Formats ist, dass ein vom Publikum vorgegebener Begriff in verschiedenen Szenen und Spiele „untersucht" wird. Der Harold wird inzwischen in Hunderten verschiedenen Varianten gespielt. Ausführlich dazu: *Improvisationstheater. Band 6: Freie Formen und Collagen*

[27] Wir verdanken dieses Spiel Andrew Hefler aus Budapest.

4 AKZEPTIERE

4.1 Akzeptieren als Grundhaltung

Wenn es etwas gibt, auf das sich alle Improtheater-Spieler irgendwo auf dieser Welt einigen können, dann ist es die oft als Regel formulierte Aufforderung – Akzeptiere! Der Grundgedanke dabei ist einfach: Nur wenn wir uns im Spiel auf das einlassen, was der andere etabliert hat, gelingt es uns, Szenen zu entwickeln.

Akzeptieren zu lernen ist für die meisten Spieler die erste größere Herausforderung ihrer Impro-Karriere, da es eine Umstellung alltäglicher Muster erfordert. Den evolutionär wichtigen Instinkt des Zweifels und der Vorsicht gilt es auszutricksen. Und das ist oft leichter gesagt als getan.

Jedes Nein schließt eine Tür und gibt uns Sicherheit. Jedes Ja öffnet eine Tür und mutet uns eine Unsicherheit zu. Die gute Nachricht lautet: Unser Hirn ist den Unsicherheiten im Improvisationsmodus gewachsen, denn sobald wir ja sagen, wird unser Kreativitätsmechanismus angeregt. Eine kleine Übung mag das demonstrieren:

Übung Handschale

Setz dich hin und forme die Hände zu einer Schale. Schau hinein, was sich darin befinden könnte. Schüttle dabei den Kopf und wiederhole mehrmals: „Nein! Ich hab wirklich keine Ahnung, was das soll."

Schüttle nun das Nein körperlich von dir ab. Schau dich im Raum um und bestaune ihn, als sähest du ihn zum ersten Mal. Wiederhole: „Ah! *Das* ist ja interessant!" Lass dich überraschen von deiner Umgebung. Forme die Hände zu einer Schale, schau hinein und stell dir vor, jemand habe etwas hineingelegt. Wiederhole „Ah! *Das* ist ja interessant!"

Mit großer Sicherheit wirst du nun einen Gegenstand erkennen, während du in der ersten Phase der Übung nur deine Hände gesehen hast.

Akzeptieren wird für den Impro-Spieler zur zweiten Natur, zur Grundhaltung. Wir öffnen uns für die Gedanken des anderen und für fiktive Welten. Der kritische Geist hat sicherlich seinen Platz auf dieser Erde. Aber im Prozess des Schaffens hat er zu schweigen.

4.2 Akzeptiere das szenische Angebot

Wenn wir im Improtheater vom „Akzeptieren" reden, meinen wir üblicherweise: Das freudige Aufnehmen dessen, was unsere Partner in die Szene einbringen, nämlich das Angebot. Die Grundzüge davon haben wir bereits am Anfang dieses Abschnitts kennengelernt. Wir nehmen freudig das an, was als szenische Wahrheit etabliert wurde. Wir müssen die etablierte Wahrheit weder wegwischen noch originell verdrehen oder zurückrudern. Beginnen wir mit einem szenischen Angebot:

> Ruben kniet und flüstert seinem Mitspieler zu: „Herr Pfarrer, ich habe gesündigt."

Schauen wir uns nun ein paar Blockaden an:

> 1)
> „Sie müssen mich verwechseln, ich bin kein Pfarrer."
> *(krasses Blockieren der etablierten Realität.)*
>
> 2)
> „Ich habe den Beruf des Pfarrers niedergelegt und bin jetzt Arzt."
> (Der Mitspieler geht zwar noch verbal kurz auf das Angebot ein, wischt es aber sofort weg, um seine eigene Idee zu etablieren.)
>
> 3)
> „Ist es wegen der paar Blumen, die du im Park gepflückt hast? Das ist doch noch keine Sünde."
> *(Die Situation wird zwar akzeptiert, aber das Handlungsangebot* Beichte *wird blockiert.)*
>
> 4)
> Dritter Spieler betritt die Bühne und ruft einer imaginären vierten Person zu: „So, ihr könnt jetzt Wasser ins Schwimmbecken füllen, wo die beiden Kinder da gerade Beichte spielen."
> *(Die Szene wird zugunsten eines Gags verdreht. Das Publikum lacht kurz über die Zerstörung, ist aber all der Lacher beraubt, die aus dem Etablierten hätten folgen können.)*
>
> 5)
> „Ich muss Ihnen ebenfalls etwas beichten: Ich habe mit Ihrer Frau geschlafen."
> (Der Spieler hat Angst, nun auf etwas Emotionales reagieren

zu müssen und versucht, ohne auf sein Gegenüber einzugehen, etwas Extremes in die Szene einzubauen.)

Jedes Blockieren bewirkt im Grunde, dass man von vorne anfangen muss, dass der Baustein, den man gesetzt hat, nichts zählt. Der Spieler, der zur Antwort gab, er sei nun Arzt, wird das gewiss damit begründen, dass seine Idee ja besser war, dass er schon eine Vorstellung davon hatte, wie es weitergehen könnte.

Ideen sind nicht per se schlecht oder gut. Es ist immer die Frage, was ihr gemeinsam daraus macht. Deine Aufgabe im Improtheater ist es nicht, mit tollen Ideen auf die Bühne zu kommen, sondern aus den durchschnittlichen, zufälligen Ideen von dir und deinem Mitspieler etwas entstehen zu lassen.

4.2.1 Im Zweifel sag einfach Ja. Akzeptieren dynamisiert die Szene

Manchmal wird die Realität zwar nicht verneint, wohl aber *die Dynamik der Szene.*

A: „Mama, gehen wir nachher schwimmen?"

B: „Ronnie, ich habe Kopfschmerzen. Das wird heute nichts."

Selbst wenn die Spielerin das Angebot „Lass uns Schwimmen gehen" abwehrt, lässt sich die Szene durchaus noch weiterspielen. Leider wissen wir an dieser Stelle zwar nur, was *nicht* getan wird, aber wir wissen immer noch nicht, *was* getan werden soll. Statt Schwimmen müssen wir nun etwas anderes finden. Das ist nun nicht unbedingt ein Problem, da es in Szenen so gut wie nie um die Handlung per se geht, sondern um das, was sich zwischen den Figuren abspielt. Aber das Gegenangebot „Kopfschmerzen" katapultiert die Mama-Figur ins Abseits, so dass es schwierig sein wird, überhaupt eine Tätigkeit zu finden.

Und dennoch behaupte ich, dass, wenn dieses Angebot nicht aus Angst heraus gemacht wurde, die Szene oder Story durchaus interessant werden könnte. Stellen wir uns vor, Ronnie geht nun als Konsequenz mit seiner Freundin Lisa schwimmen und wird auf dem Weg dahin entführt. Die Mutter bekommt einen Erpresseranruf vom Entführer und beginnt nun, nach ihrem Sohn zu suchen und ihn zu befreien – mit Kopfschmerzen! Und wenn wir dann am Ende erfahren, dass sie eigentlich nicht seine richtige Mutter, sondern seine Stiefmutter ist, dann könnte die Szene noch mal einen emotionalen Dreh bekommen.

Wenn ich es als Faustregel formulieren sollte, würde ich sagen: Lasst es erst mal laufen! Geh mit dem Flow, gerade wenn die Szene beginnt. Das erste Angebot ist so gut wie jedes andere. Probleme kann man immer noch später einführen.

Übung Akzeptier-Kreis

5-20 Spieler im Kreis.

Der erste Spieler geht auf irgendjemanden im Kreis zu und macht ein einfaches Angebot, zum Beispiel: „Schatz, ich habe das Fahrrad repariert.“ Die Aufgabe des so angesprochenen Spielers ist es, das Angebot einfach anzunehmen und möglicherweise eine Information hinzuzufügen, die darauf aufbaut: „Oh, dann können wir ja am Wochenende doch noch unseren kleinen Ausflug machen.“

Anmerkung: Diese Übung lässt sich nach und nach verfeinern. Auf der einfachsten Stufe geht es zunächst nur darum, die angebotene Tatsache zu akzeptieren (anstatt zu sagen: „Was denn für ein Fahrrad?“). Im zweiten Schritt kann man darauf achten, dass etwas hinzugefügt wird.
Für viele Schüler ist der erste Schritt – das Angebot aus dem Nichts –schwerer als das Akzeptieren. Denke dir nichts aus. Gehe auf deinen Spielpartner zu und erfasse die emotionale Situation. Lass dir Zeit.
In den ersten Phasen dieses Spiels werden häufig Fragen gestellt oder das Äußere thematisiert („Wo bekommt man

denn ein T-Shirt mit so einem Aufdruck?"). Nach mehreren Durchgängen kann man diese Muster allmählich eliminieren.

4.2.2 „Nein" als Ja und „Ja" als Nein

„Sag einfach Ja!" ist natürlich keine mechanisch auszuführende Anweisung, sondern eine Geisteshaltung. Wir sagen vor allem *innerlich* Ja zu dem, was vor uns liegt. Das korrespondiert in vielen Fällen mit einem äußerlichen Ja:

1) Unser neben uns sitzender Partner mimt, ein Auto zu steuern. Also sind wir Beifahrer.
2) Vier Spieler stehen einem fünften gegenüber. Einer von ihnen beginnt „Happy birthday to you" zu singen. Also stimmen die anderen drei ein.
3) „Kapitän, sind wir bereit zur Landung?"
„Ja."

Man sieht, wie einfach es ist, einfach zu bleiben. Geh mit dem Flow. Es gibt keinen Grund, die Handlung aufzuhalten, wenn sie einmal etabliert wurde. Schon gar nicht zu Beginn der Szene.

Die Frage ist aber: Worum geht es gerade in der Szene? *Was ist das Spiel?*

A: „So, Freundchen, wir haben lange genug mit dir Geduld gehabt. Jetzt werden wir mal sehen, wie lange du es im Kühlhaus aushältst."

B: „Au ja! Ins Kühlhaus!"

Ganz ehrlich – bei solch einem „Ja" fühlen sich Mitspieler und Zuschauer ordentlich veralbert. Wenn, wie im Beispiel, angedroht wird, dass deine Figur ins Kühlhaus gesperrt wird, dann wird sie sich selbstverständlich dagegen „wehren". Und natürlich wehrt sich nur die Figur, nicht du als Spieler der Opfer-

Figur, da du hoffentlich verstanden hast, dass das Spiel gerade heißt „Schurke-sperrt-sich-wehrendes-Opfer-ins-Kühlhaus".[28]

4.3 Akzeptiere dich selbst

4.3.1 Akzeptiere deine Ideen und Impulse

Solange du einigermaßen wach bist, wird dir immer etwas einfallen. Unser Problem ist nicht, dass uns nichts einfällt, sondern dass wir unseren Ideen und Assoziationen nicht vertrauen. Wir fürchten, dass sie zu dumm, zu banal, zu offensichtlich, zu obszön sind.

Der Witz ist nur: Wir brauchen überhaupt nicht schlau, originell, witzig überraschend oder brav zu sein. Wir müssen einfach nur auf das reagieren, was vor uns liegt.

> In einem Kurs gebe ich den Spielern folgende Solo-Aufgabe: „Betritt die Bühne und wasche dir die Hände. Tu das bitte in einem bestimmten Beruf. Dieser Beruf muss nicht für uns erkennbar sein. Er soll lediglich für dich stimmen. Dabei hast du eine bestimmte Emotion, weil dir kurz zuvor jemand etwas gesagt hat."
>
> Drei Spieler spielen nacheinander die Übung. Dann ist Ellen dran. Sie zögert. Nach zwanzig Sekunden betritt sie resigniert die Bühne: „Mir fällt nichts ein."
>
> „Was war dein erster Gedanke, als du ‚Beruf' gehört hast?"
>
> „Krankenschwester."
>
> „Dann spiel eine Krankenschwester."
>
> „Aber Ayshe hatte schon ‚Ärztin'."

[28] Manche Spieler wehren sich dann tatsächlich mit Händen und Füßen, weil ihre Identifikation mit der Figur so weit geht, dass sie deren Angst übernehmen, eingesperrt zu werden.
Andere Spieler fliehen als „Opfer" mühelos und berauben die Szene der Spannung, da ja der gefährliche Schurke dann so gefährlich nicht gewesen sein kann.

„Na und?“

„Ist das nicht zu nah dran?“

„Finde ich nicht. Und selbst wenn du ebenfalls eine Ärztin gespielt hättest – es wäre ja interessant, wie *du* die Ärztin darstellst.“

„OK“, sagt sie, immer noch ein wenig resigniert.

„Und welche Emotion kam dir in den Sinn?“

„Traurigkeit.“

„Großartig. Wusstest du, warum die Krankenschwester traurig ist.“

„Ähm, weil ... Nein.“

„Du wusstest es, aber es schien dir zu banal?“

„Ja.“

„Warum?“

„Sie wird entlassen.“

„Das ist alles andere als banal.“

„Aber ich will nicht entlassen werden.“

„Du wirst ja nicht entlassen, sondern du spielst eine Figur, die entlassen wird. Probiere es mal mit genau diesen Eigenvorgaben.“

Die darauf folgende Solo-Szene war weder schlau noch dumm. Sie war einfach und mit Hingabe gespielt. Und wenn wir als Zuschauer eine kleine gespielte Wahrheit wiedererkennen, sind wir unmittelbar berührt, wir freuen uns. Ob wir dann darüber vor Freude lachen oder wegen der Tragik weinen, ist dann oft nur eine Frage des szenischen Kontextes und der darstellerischen Nuance.

Selbstblockaden entstehen durch eine negative geistige Haltung: Unser kritischer Geist bemäkelt, was wir äußern. Dann werden Gedanken-Keimlinge zerstört, bevor sie überhaupt wachsen können. Schriftsteller auf der ganzen Welt kämpfen täglich mit Schreibblockaden. Sie starren auf das weiße Blatt und den leeren Bildschirm und halten jeden Beginn für sinnlos.

Auch die Vernunft hindert uns. „Wozu soll das gut sein?“, fragt sie uns immer wieder. Aber der spielerische Prozess ist von der Vernunft nur schwer zu fassen. Spiel und Kreativität haben einen Wert für sich. Ob aus einem kleinen Satz ein großer Roman, aus einem kleinen Pinselstrich ein berührendes Gemälde, aus drei Tönen ein großes Musikstück werden kann wissen wir nicht, wenn wir dem Prozess keine Chance geben, sondern bewertend ein- oder vorausgreifen.

> Im Jahre 1959 betrat ein Jazz-Sextett die Columbia Records Studios in New York. Der Trompeter hatte den Musikern ein paar kleine musikalische Ideen auf Zettel gekritzelt, nach denen sie zusammen improvisieren sollten. Keiner wusste, worauf das Ganze hinauslaufen sollte. Das erste Stück des so entstandenen Albums beginnt fast wie ein Einstimmen einer Band. Aber aus den kleinen Phrasen und dem langsamen Zusammenfinden der Musiker schält sich ein Thema heraus, eigentlich nicht einmal das, sondern nur eine rhythmische Phrase aus zwei Tönen.
>
> Das Stück heißt „So what!", und das Album „Kind of Blue" vom Miles Davis Sextett ist eines der meistverkauften Jazz-Alben aller Zeiten. Man stelle sich vor, die Musiker hätten nach jedem unerwarteten Ton, oder unkonventionellen Start abgebrochen und angefangen zu diskutieren. Die Welt wäre um eine gewaltige Klangerfahrung ärmer.

Wenn wir den kreativen Prozess starten, kann es sein, dass wir etwas Großes schaffen oder dass wir scheitern werden. Aber das können wir nicht beurteilen, während wir spielen, und schon gar nicht, bevor wir überhaupt angefangen haben.

Um uns selbst akzeptieren zu können, müssen wir uns nehmen, wie wir sind. Wir müssen uns frei machen von Vorurteilen über uns selbst und von allem, was uns an Konzepten über

„Kunst", „Improvisation", „Professionalität" oder „Qualität" durch den Kopf geht und somit zwischen uns selbst und dem Schaffensprozess steht. Wir müssen bereit sein zu scheitern. Und wenn wir das Scheitern heiter nehmen, wird die Wahrscheinlichkeit des Scheiterns geringer.

4.3.2 Akzeptiere deine Persönlichkeit

Sich selbst zu akzeptieren, betrifft nicht nur die Ideen und Inhalte, die wir produzieren. Wir müssen auch unsere eigenen Fähigkeiten umarmen und Begrenzungen hinnehmen, die wir mit auf die Bühne bringen. Manche Begabungen, wie zum Beispiel schauspielerisches oder erzählerisches Talent, können im Laufe des Trainings freigelegt werden. Manche Begrenzungen, wie zum Beispiel eine zu leise Bühnenstimme kann und sollte man durch dauerhaftes Üben überwinden. Aber wenn ich klein, schmächtig und dünnhaarig bin, werde ich nicht über Nacht zu einem hünenhaften, lockigen Prachtburschen werden. Das heißt aber nicht, dass ich mich nicht auf der Bühne ins Zeug legen soll.

Manche Unzulänglichkeiten verschwinden, indem wir ihnen einfach keine große Beachtung schenken. Ich hatte zum Beispiel in den letzten Jahren immer wieder Stotterer in meinen Impro-Workshops. Bei manchen war das Stottern stärker, bei manchen weniger stark ausgeprägt. Manche stotterten in der Vorstellungsrunde, in den Pausen, beim Feedback oder nach den Workshops. Aber kein Einziger stotterte in den improvisierten Szenen. Sie hatten die Müssens-Erwartungen (zum Beispiel die Erwartung, kommunizieren zu müssen) hinter sich gelassen. Alles was zählte, war der Moment und der Fokus des Spielens.[29]

[29] In den Jahren meines Impro-Unterrichtens und Spielens bin ich auf Spieler mit enormen körperlichen Einschränkungen gestoßen – Hüftschäden, Stimmlippenknötchen, starke Gehbehinderung, Schwerhörigkeit und Sehbehinderung. In jedem Fall

Dieses Kapitel ist keine Aufforderung dazu, sich gehen zu lassen, nicht zu trainieren, sich nicht zu verbessern. Im Gegenteil: Ich denke, man sollte sich auf allen Gebieten des Improtheaters immer weiter bilden, sich nie mit dem Erreichten zufrieden geben und keine fatalistische Haltung zu seinen Schwächen einnehmen. Singe, schreibe, erzähle, mach Pantomime, tanze, spiele Kurz- und Langformen. Erkenne deine Stärken und deine Schwächen. Und lasse weder diese noch jene sich zwischen dich und deine Kreativität stellen.

4.4 Akzeptiere deine Partner

Im Grunde gilt für unsere Partner dasselbe wie für uns selbst: Wir können uns ihre Stärken und Schwächen nicht aussuchen. Wir haben die Partner, die wir haben. Wir können uns nicht aus Zeit und Raum fortbeamen, wir können uns keine Ersatzwelt schaffen. Hier stehst du mit deinen Kollegen, ihren künstlerischen Stärken und ihren Schwächen, ihrer menschlichen Größe und ihren Macken.

Jeder Spieler hat seine Stärken, die man miteinander genießen sollte. Jeder Spieler hat seine Schwächen, an denen man bis zu einem gewissen Maße arbeiten kann. Wir haben oft unterschiedliche soziale Hintergründe – bedingt durch unser Alter, unsere nationale Herkunft, unser Elternhaus und unsere persönlichen Interessen. Und so kann ich mich bei unterschiedlichen Spielern auf unterschiedliche Gemeinsamkeiten verlassen. Bei einigen meiner Mitspieler weiß ich, dass ich auf historische Referenzen lieber verzichte, da sie sofort ins Schwimmen geraten. Wenn ich mit ausländischen Gastspielern auf der Bühne stehe,

fand sich ein Weg für die Spieler, über die Behinderung hinauszuwachsen. Das Stottern erwähne ich hier besonders, weil es fast immer psychisch bedingt ist und Improvisationsschauspiel ganz offenbar für viele eine heilende Wirkung hat.

werde ich kulturspezifische Anspielungen wie Sandmännchen oder Konrad Adenauer vermeiden.

Mitspieler zu akzeptieren heißt auch, in gewissem Maß ihre Flausen zu akzeptieren.

> Vor einigen Jahren hatte ich die Gelegenheit, bei einer befreundeten Impro-Gruppe eine Show mitzuspielen. Wir hatten genügend Vorbereitungszeit, die Technik war in Ordnung, alle hatten gute Laune. Und trotzdem sprang eine der Spielerinnen überdreht hin und her zwischen Backstage, Technikpult, Einlasstür, Toilette und trieb ihre Mitspieler an, als würde in zwei Minuten die englische Königin eintreffen.
> Ein Kollege nahm mich zur Seite und flüsterte: „Sie hat jedes Mal ungeheures Lampenfieber. Das ist ihre Art, damit umzugehen."
> Die Improvisiererin erwies sich dann auf der Bühne und nach der Show als äußerst aufmerksam, großzügig und spielfreudig.

Die Flausen der Mitspieler zu akzeptieren bedeutet natürlich nicht, dass man sich auf Dauer Grobheiten oder unsoziales Verhalten von seinen Mitspielern gefallen lassen muss. Unterschiedliche Erwartungen und gemeinsame Regeln müssen fair besprochen werden.[30] Aber wenn wir unser Herz öffnen und Großzügigkeit und spielerisches Miteinander zulassen, können wir gut und gern ein paar Schrullen ertragen.

4.5 Akzeptiere das Spiel

Allmählich schält sich heraus, was generell hinter der Forderung des Akzeptierens liegt: Akzeptiere das Spiel, das in der Luft liegt!

Wenn das Spiel heißt „Mutter und Sohn gehen an den Strand", dann sollte „Mama" nicht mit Kopfschmerzen ankommen oder gar mit der „besseren Idee", Bergsteigen zu gehen.

---

[30] Siehe *Improvisationstheater. Band 8: Gruppen, Geld und Management.*

Wie aber erkennen wir das Spiel der Szene?[31] Das Spiel kann auf verschiedenen Ebenen ablaufen, zum Beispiel:

- **Stilistisch:** Wenn mein Mitspieler die Szene in Reimen beginnt, sollte ich gefälligst darauf einsteigen. Wenn er Slapstick vorlegt, dann ist eben das das stilistische Spiel.
- **Story-technisch:** Wenn es sich abzeichnet, dass es darum geht, dass die Mutter ihren Sohn befreien will, dann würde ein Sub-Plot über die psychischen Probleme der Großmutter eher ablenken.
- **Figuren:** Wenn deine Mitspieler ein cooles Handwerkerpaar darstellen, dem nichts zu schwer ist, dann spring auf die Bühne und gib ihnen Aufgaben, deren Ausführbarkeit immer schwieriger wird, damit sie sich an ihnen stellen können.
- **Handlungssequenzen:** Wenn wir erst sehen, wie ein Büroangestellter sich auf Arbeit ungeschickt anstellt und er danach auch bei einer Alltagshandlung wie dem Kauf eines Fahrscheins versagt, dann verlangt unser sequentielles Gefühl danach, aus der Doppelsequenz des Versagens ein Spiel zu machen.

4.6 Akzeptiere die Situation

Nicht nur für Impro-Spieler, überhaupt für jeden, der irgendwann irgendwo auf der Bühne steht, gibt es Situationen, in denen man vor Verzweiflung schreien könnte:

- Ein Scheinwerfer fällt aus.
- Das Publikum besteht zur Hälfte aus Dänen, die dachten, ihr Deutsch sei gut genug, die Show zu verstehen und die sich nun gegenseitig das Gesagte laut dolmetschen.

---

[31] Ausführlich dazu *„Improvisationstheater. Band 4: Finde das Spiel"*

- Man sagt etwas auf der Bühne, von dem man kurz darauf merkt, dass es als sexuelle Zweideutigkeit verstanden werden kann.

Als Impro-Spieler haben wir gegenüber anderen Bühnenschauspielern den großen Vorteil, dass wir improvisieren können. Das heißt, wir können Unvorhergesehenes umdeuten, neu interpretieren, als Inspiration werten. Die Technik, die uns das ermöglicht, ist das Akzeptieren.

Natürlich sollte man eine Show technisch sorgfältig vorbereiten. Aber wenn die Show läuft, dann läuft sie, dann nimmt sie ihre eigene Dynamik an, dann stellen wir uns in ihren Dienst. Warum soll man mit einem kaputten Scheinwerfer hadern, der jetzt, in diesem Moment, da die Szene läuft, nicht mehr zu reparieren ist? Also nehmen wir sein Erlöschen als Inspiration.[32]

4.7 Akzeptiere die Gruppe

Was ich zum Thema „Mitspieler akzeptieren“ sagte, gilt in einem allgemeineren Sinne auch für die eigene Improgruppe. Jede Gruppe ist, wie wir wissen, größer als die Summe ihrer Teile. Gruppen entwickeln ihre Eigendynamik, ihren eigenen Stil, ihre eigene Sprache. Und wenn das in einem vertrauensvollen Verhältnis, spielerisch und fokussiert geschieht, kann berührendes Drama oder erschütternde Comedy entstehen.

Dabei hat jede Gruppe natürlich ihre Stärken und ihre Begrenzungen. Eine gute Gruppe wird innerlich wachsen und sich

---

[32] Vor Jahren trat ich in einer gemischten Show auf, bei der sowohl lesende Autoren als auch Impro-Spieler auf der Bühne standen. Plötzlich gab es einen kompletten Stromausfall. Dreihundert Zuschauer sahen nur noch die durch das spärliche Kerzenlicht hervorgerufenen Schatten. Es geschah etwas Wunderbares. Die Autoren lasen im Kerzenlicht. Die Impro-Spieler improvisierten Erzählungen und Lieder. Leider fanden die Techniker nach zwanzig Minuten die Hauptsicherung, und wir gingen zur „normalen“ Show über

permanent entwickeln und (was natürlich Rückschläge und Irrwege nicht ausschließt)[33]. Als Teil einer Gruppe wirst du die Gruppe mitprägen, wenn auch sie nie völlig verändern können. Du prägst sie mit, selbst wenn du ein Neuling bist, der nur jede vierte Show mitspielt. Und du wirst sie nicht völlig verändern, selbst wenn du der künstlerische Leiter bist.

Akzeptiere die Gruppe im Sinne einer zärtlichen Hingabe. Schätze die Unterschiedlichkeit ihrer Spieler. Schätze ihre unterschiedliche Herkunft, ihre verschiedenen Fähigkeiten, ihr unterschiedliches Alter, ihre unterschiedlichen Fähigkeiten.

Akzeptanz der Gruppe bedeutet nicht, dass man alles tolerieren muss. Vor allem in größeren Gruppen sollte man immer wieder dafür sorgen, dass es zwischenmenschlich stimmt.[34] Die Gruppe zu akzeptieren bedeutet: Nicht beim kleinsten Konflikt und Problem die Flinte ins Korn zu werfen. Akzeptiere, dass andere Spieler andere Talente haben als du. Feiert die Gemeinsamkeiten und respektiert die Unterschiede. Nehmt Probleme nicht persönlich, sondern geht sie sachlich an. Wenn das jetzt ein bisschen nach Ehe-Ratgeber klingt, ist das wohl kein Zufall. Mehr als in vielen anderen Kunstbereichen sind Impro-Spieler unmittelbar aufeinander angewiesen. Gute Impro-Spieler öffnen sich, machen sich verletzbar, gehen aufeinander ein, zeigen ihre Schwächen und Fehler. Die Kehrseite dieser Öffnung des In-

---

[33] Und diese Irrwege sind oft wichtige Schritte auf dem Weg zu neuen Durchbrüchen und Selbsterkenntnissen. Mein Lieblingsbeispiel aus der Musik ist das Rolling-Stones-Album „Their Satanic Majesties Request" – ein Versuch, die Beatles mit ihrem „Sgt. Peppers"-Wunder zu übertrumpfen. Es ist Konsens, dass sie mit diesem Versuch gescheitert sind. Aber eigentlich nur, wenn man ihn an seinem ursprünglichen Anspruch misst. Für sich genommen ist es ein wunderbares, spielfreudiges Werk, das Psychedelic und Blues mixt. Die Stones lernten daraus, dass der Blues immer noch das Herz der Band ist. Und doch haben sie nie das Experimentieren aufgegeben und immer wieder verschiedene Stile in ihre Musik einfließen lassen.

[34] Zum Thema Impro-Gruppen und ihre Dynamik siehe *Improvisationstheater. Band 8: Gruppen, Geld und Management..*

nersten heißt, dass es tatsächlich Verletzungen geben kann, die man anerkennen sollte, um mit ihnen behutsam umzugehen.

Und Akzeptanz kann auch bedeuten, dass man die Gruppe verlässt, weil man glaubt, anderswo als Impro-Spieler seine Kunst angemessener ausdrücken zu können. Man tue das nicht leichtherzig, sondern wäge stets genau ab, ob man auf lange Sicht nicht gerade mit dieser Gruppe die beste für sich erwischt hat.

4.8 Akzeptiere das Leben

Manche Impro-Spieler strahlen eine Aura aus, als hätten sie vom Kelch der Weisheit getrunken. Sie sind in der Lage, die Lehren, die man aus der Praxis des Improtheaters zieht, auf das Leben zu übertragen. Und die wichtigste Lehre ist für viele eben das Akzeptieren. Die Welt ist nicht perfekt. Manches können wir feiern, manches müssen wir hinnehmen, und gegen manches sollte man sich zur Wehr setzen. Entscheidend ist, zu erkennen, welches „Spiel" gerade zu spielen ist – die Feier, das Hinnehmen oder das Kämpfen – und damit nicht zu hadern.

In diesem Sinne bedeutet Akzeptieren vor allem, die Situation so zu nehmen, wie sie ist. Im kleinen Maßstab heißt das: Jammere nicht über den Regen, sondern zieh dir den Regenmantel an. Im großen Maßstab kann das bedeuten: Zürne nicht über politische Zustände, sondern verhalte dich in ihnen – entweder engagiere dich oder entscheide dich, mit der neuen Situation klarzukommen.

> Als beim kleinen Sohn der Impro-Spieler Christiane und Deniz Döhler frühkindlicher Autismus diagnostiziert wurde, waren die beiden, wie wohl die meisten Eltern in einer ähnlichen Situation zunächst sehr bedrückt. Sie fanden schließlich nach einiger Recherche einen akzeptierenden Ansatz, der

das Kind mit all seinen Charakteristika annimmt und auf es eingeht.[35]

Akzeptanz kann uns also auch in Extremsituationen helfen.

Dem großen Impro-Lehrer Del Close wurde plötzlich beschieden, er habe nur noch wenige Tage zu leben. Dieses Sterben zog er zu einer großen Feier (im Krankenhaus!) auf, von der alle, die daran beteiligt waren, mit Staunen berichten.
Randy Dixon, der ihn bis zum Schluss begleitete, erzählt: „Del fragte wie immer: ‚Was ist die Situation?' Nun, die Situation war, Del wird sterben. Und die letzte große Lektion, die er uns lehrte war: Wie stirbt man? Del blieb Lehrer bis zum Schluss."

Akzeptieren heißt, mit dem Gegebenen kreativ umzugehen. Es genügt nicht „Ja" zu sagen. Wir müssen auch „Und" sagen. Es genügt nicht zu akzeptieren. Wir müssen auch hinzufügen.

---

[35] Zur Erfahrung der Döhler-Familie und ihrem akzeptierenden Ansatz, siehe: Christiane und Deniz Döhler: *AuJA – Autismus akzeptieren und handeln: Ein Leitfaden von Eltern für Eltern.*
Mehr zum Thema Therapie und Improvisation in *Improvisationstheater. Band 11: Impro überall*

5 FÜGE HINZU

Wenn wir uns kollektive Improvisation als den Bau eines Turmes vorstellen, so legen wir immer abwechselnd Steine aufeinander, die gerade zur Hand sind. Wir akzeptieren das bereits Erschaffene und fügen Neues hinzu. Wie kann das aussehen?

Szene 1
A: „Ich habe den Tisch gedeckt.“
B: „Danke.“

Szene 2
A: „Ich habe den Tisch gedeckt.“
B: „Danke, Schatz.“

Szene 3
A: „Ich habe den Tisch gedeckt.“
B: „Danke. Mein Vater wird sich freuen.“

Szene 4

A: „Ich habe den Tisch gedeckt."
B: „Danke, Schatz. Mein Vater wird sich freuen, dass du dir solche Mühe gemacht hast für seinen 70. Geburtstag. Du weißt, er ist in solchen Dingen immer ganz schön pingelig: Eine falsch gefaltete Serviette und er rastet aus wie ein Stier."

Wenn wir uns die vier Szenen anschauen, werden wir verschiedene Maße des Hinzufügens finden.

In ***Szene 1*** geschieht nicht viel mehr, als dass der Mitspieler einfach akzeptiert. „Danke." Und es gibt Szenen, in denen genügt das auch. Selbst am Beginn einer Szene kann der Tonfall, in dem dieses eine Wort gesagt wird, schon sehr viel transportieren: Ist es ein gelassenes „Danke", wie es ein Kellner zu seinem Kollegen sagt? Oder steckt tiefempfundene Dankbarkeit dahinter, wie bei jemandem, der erkennt, dass das der gedeckte Tisch ein riesiger Geburtstagstisch mit liebevoll angeordneten Geschenken ist? Ist das „Danke" sarkastisch ausgesprochen? Geht aus dem Tonfall hervor, dass die beiden sich kennen? Wenn ja, wie gut kennen sie sich? Dennoch lässt das einfache „Danke" noch Platz für ein bisschen mehr Information. „Danke" ist ein schöner, aber ziemlich kleiner Stein in der Mauer des Turms.

In ***Szene 2*** wird offenbar, dass es sich um ein Paar handelt. Wir haben den Partner definiert, ein neues Angebot geschaffen, das unserem Partner Raum zum Spielen gibt. Die Zärtlichkeit in der Stimme, ein Luftkuss oder die intime Nähe der Spieler kann ebenfalls das Verhältnis klären.

Szene 3 fügt nun tatsächlich neuen Inhalt hinzu und gibt der Szene Schwung. Wir erfahren nun, für wen der Tisch gedeckt wurde. Der Vater bzw. Schwiegervater wird erwartet, in vielen familiären Kontexten eine sensible Situation. Wie komme ich nun auf den Besuch des Vaters? Es ist nichts weiter als meine Assoziation auf einen gedeckten Tisch.

In ***Szene 4*** reagiert B mit einem *Überangebot*. Der Mitspieler fügt immer mehr Informationen hinzu, ohne dem Partner Raum zu geben. Der Überanbieter ist der Zwillings-Bruder des Gar-nichts-Anbieters. Bei beiden reagiert die Angst. Jetzt kann man sich fragen, was daran ängstlich sein soll, wenn man so viel zur Szene beiträgt. Du bist ängstlich, wenn du nicht die Kontrolle abgeben kannst oder willst, wenn du deine Ideen nicht loslassen kannst, wenn du Angst hast, die Szene könnte in eine andere Richtung abdriften. Permanentes Reden ist ein Mittel der Ängstlichen, die Situation im Griff zu behalten. Aber es gibt nichts im Griff zu behalten. Wir bauen unseren kleinen Impro-Turm nicht alleine. Unser Werk entsteht gemeinsam. Gib deinem Partner die Gelegenheit, auf dein Angebot zu reagieren. Klammere dich nicht an deine Ideen. Wenn du aufmerksam bleibst, den Moment erfasst und aufrichtig antwortest, bist du auf „Ideen" gar nicht angewiesen.[36]

Während die meisten Impro-Schüler das Akzeptieren als Konzept recht leicht begreifen und als Prinzip anerkennen, neigen Einige dazu, das Hinzufügen misszuverstehen. Sie glauben, es ginge darum, abwechselnd Ideen in die Szene zu werfen.

Szene 5

A: „Ich habe den Tisch gedeckt."
B: „Gut, und ich habe das Motorrad repariert."

Spieler B erkennt zwar die etablierte Realität von Spieler A an, reagiert aber nicht darauf, sondern erfindet etwas Neues. Das ist

[36] Es gibt allerdings Szenen, die vertragen auch mal längere Monologe. Wenn mehrere Sätze hintereinander ein bewusstes Angebot sind und Teil des Spiels sind – wunderbar! Wenn die Sätze nur ein Schwatzen sind oder ein Durchdrücken von Ideen auf Kosten des gemeinsamen Entstehenlassens, müssen wir daran arbeiten.

für den Szenenanfang noch nicht unbedingt problematisch – man kann aus dieser Ausgangssituation durchaus noch etwas weiterspinnen. Aber es könnte problematisch fürs Improvisieren werden. Auf Spielern, die glauben, etwas erfinden zu müssen, lastet ein ungeheurer Druck. Dieser Druck hält sie entweder zurück, überhaupt etwas zu sagen. Oder sie geben ihrem Ego Zucker und ignorieren auf Dauer ihre Mitspieler. Sie nehmen die Angebote vielleicht noch wahr, aber nicht ihr *emotionales, symbolisches oder szenisches Potential.* Die Szene muss nicht schlecht werden. B wirft hier den Ball sehr weit. Die Frage ist: Bleiben wir im bei unseren Mitspielern oder geht es uns lediglich darum, unsere eigene Idee durchzudrücken?

Gottseidank ist Hinzufügen wesentlich einfacher. Als Improvisierer muss ich mir keine Ideen „ausdenken“. Ich muss lediglich die Assoziationen auf das, was vor mir liegt, zulassen und mit diesen spielen. Ein kleines Steinchen für die Mauer reicht schon aus. Nicht das Steinchen wird originell sein, sondern der gemeinsam gebaute Turm, dessen Form ihr nicht vorausberechnen konntet.

5.1 Assoziieren

Freie Assoziation ist eine der wichtigsten Techniken in der Improvisation, und das betrifft nicht allein die theatrale Improvisation, sondern auch musikalische und erzählerische Kreativität. Diese Technik ist außerordentlich leicht, da es hier kein Richtig und kein Falsch gibt. Was immer du assoziierst, ist eben deine Assoziation, so seltsam sie für andere erscheinen mag.

> Ein Beispiel: Während ich diesen Text schreibe, steht auf meinem Tisch eine Tasse. Ich beginne mit dem Begriff „Tasse“ meine Assoziationskette:

> Tasse – Henkel – Ohren – Spock – Vögler – Rohre – Bundeskanzleramt – Wahlen – Fußgängerüberweg – necken – gedemütigt.

Einige Schritte dieser Assoziationskette werden für den Leser naheliegend sein. Aber wie komme ich von Spock auf Vögler? Was ist das überhaupt für ein seltsames Wort? Wie hängt das Bundeskanzleramt mit Rohren zusammen? Für Außenstehende mag das „originell" erscheinen. Tatsächlich sind das *meine* Assoziationen, die teilweise durch visuelle oder kulturelle Muster klischiert sind (Henkel – Ohren, Ohren – Spock), aber durch meine ganz persönliche Erfahrungswelt und meine biografischen Erinnerung geprägt sind.

Für unsere Szene bedeutet das: Ich muss im Grunde lediglich auf das Angebot meines Mitspieler assoziieren. Je nachdem, worum es in der Szene geht, welches Spiel wir gerade spielen, sind andere Assoziations*kanäle* gefragt. Wir assoziieren nämlich auf verschiedenen Ebenen: Wir assoziieren bildhaft (zum Beispiel Henkel – Ohren) oder sinngemäß-abstrakt (Bundeskanzleramt – Wahlen) oder auch ereignishaft-biografisch (Fußgängerüberweg – necken) und emotional (Necken – gedemütigt).

Konkret kann das so aussehen: Wenn du mit meinem Partner eine Büro-Szene etablierst und vor deinem inneren Auge ein Büro entstehen lässt, dann nimm einfach ein Büro, das du kennst. Wenn man an dieser Stelle nämlich rein ereignishaft oder abstrakt assoziiert, also zum Beispiel überlegt, was so in ein Büro gehört, dann wird man das Büro schwerer vor sich *sehen*. Das Naheliegende erleichtert das Spiel

Anders ist es bei Charakteren: Wenn ich etwa von meinem Partner als Typ etabliert werde, von dem sich die Frauen immer wieder trennen, dann kann ich durchaus abstrakt assoziieren: Wenn es stimmt, dass ich von Frauen verlassen werde, was stimmt dann noch über mich? Darüberhinaus assoziiere ich biografisch und emotional: Wie habe *ich* mich gefühlt, als ich mal verlassen wurde?

Wir sind zu jeder Assoziation jederzeit in der Lage. Entscheidend ist, dass wir sämtliche Assoziationskanäle öffnen. Und das lässt sich üben: Nur bildhaft assoziieren. Nur abstrakt. Nur emotional. Nur biografisch.[37]

Spiel: „Ich bin ein Baum" (Bildhaft assoziieren)

Dieses Spiel eignet sich wunderbar zum **bildhaften Assoziieren** und bringt die Gruppe zusammen.

3-16 Spieler im Kreis.

Ein Spieler geht in die Mitte und stellt körperlich einen Gegenstand dar, zum Beispiel einen Baum, und erklärt dies laut: „Ich bin ein Baum."
Ein zweiter Spieler fügt diesem Objekt ein weiteres hinzu, etwa: „Ich bin ein Vogelnest."
Das Bild wird abgeschlossen durch einen dritten Spieler, der ein drittes Objekt darstellt: „Ich bin ein hungriges Küken."
Der erste Spieler bestimmt, welches der beiden anderen Objekte im Kreis bleibt, zum Beispiel: „Das Küken bleibt.", und nun wird, ausgehend vom Küken, ein neues Dreier-Bild dargestellt.

Bei diesem Spiel sind ein paar Kleinigkeiten zu beachten: Erstens, die außenstehenden Spieler sollten die „Gegenstände" in der Mitte des Kreises beobachten und die dazugehörigen Bilder vor ihrem inneren Auge wachsen lassen (anstatt nur zuzuhören und sich etwas im Kopf dazu auszudenken). Zweitens, es genügt nicht, das neue Objekt nur zu benennen, man muss es wirklich körperlich darstellen.

[37] Offensichtlich überschneiden sich diese Assoziations-Ebenen. Und wem es Spaß macht, kann auch noch weitere Ebenen hinzufügen – klangliche, geruchliche, kulturell-überformte.

Übung: Emotional assoziieren

Ein Spieler steht auf der Bühne, die Mitspieler im Halbkreis vor ihm. Der erste Mitspieler tritt vor ihn und macht ein einfaches, möglichst unspektakuläres Angebot, zum Beispiel: „Ich bin um zehn Uhr wieder da." Die Aufgabe des Angesprochenen ist nun, darauf möglichst groß und emotional zu reagieren und möglichst ein wenig Inhalt hinzufügen. Danach bekommt der Spieler von einem zweiten Mitspieler *denselben Satz* als Angebot, reagiert aber diesmal mit einer anderen Emotion. Er gibt fünf bis zehn verschiedene emotionale Reaktionen auf immer dasselbe Angebot von möglichst verschiedenen Mitspielern.

Übung: Biografisches Assoziieren

Auf ein Stichwort hin erzählt ein Spieler eine kleine Erinnerung, möglichst knapp. Zehn Sekunden genügen, maximal jedoch 60 Sekunden.
Bei mangelnder Übung fällt Impro-Schülern oft nichts ein: „Was soll ich denn schon zu Kaffee erzählen!" Hier hilft als erster Schritt ins biografische Assoziieren „Mein erstes Mal". Man erinnert sich oft noch an frühe Erlebnisse, an die erste Konfrontation mit einem Objekt oder einer Erfahrung.
Zum Beispiel Assoziation auf das Stichwort Kaffee: „Als ich das erste Mal Kaffee probiert habe, habe ich nur einen Tropfen auf einem Stück Würfelzucker gekostet."
Man will aber im Improtheater nicht nur Kindergeschichten á la „Mein erstes Mal" hören, also ist der naheliegende zweite Schritt „Mein letztes Mal."
Zum Beispiel: „Als ich das letzte Mal Cappuccino getrunken habe, war das in einem scheinbar piekfeinen Brandenburger Hotel, wo man mir eine Portion Kaffeesahne auf die Untertasse legte."

Für uns ist es in Szenen und Storys wichtig, diese Assoziationskanäle möglichst weit offenzuhalten, um künstlerisch beweglich zu bleiben.

5.2 Prototypen und Klischees

Jeder hat seine eigenen Assoziationsklischees. Und dazu kommen noch die allgemeinen, von allen geteilten Klischees, die Teil unseres psycho-kulturellen Gedächtnisses sind: Wir neigen dazu, in semantischen Prototypen zu assoziieren:

> Nenne mir ein Werkzeug! – Hammer.

Das ist normal und zunächst nicht weiter schlimm, wenn nur nicht die Klischees in der Improvisation dominieren. Wir umgehen die Klischee-Falle, nicht indem wir versuchen, superoriginell, schlau oder witzig zu sein, sondern indem wir es wagen, mehrere Assoziationskanäle anzuzapfen. Wenn ich aber, um bei dem Beispiel zu bleiben, biografisch bleibe, könnte ich zum Beispiel daran denken, welches das letzte Werkzeug war, das ich in die Hand genommen habe:

> Nenne mir ein Werkzeug! – Inbusschlüssel.

Ich könnte an das schwerste Werkzeug denken, das ich je in der Hand hatte (Vorschlaghammer), an das nervigste (Feile), an das unhandlichste (die kleine Schere an meinem Taschenmesser) und so weiter.

Wenn ich die Assoziationskanone zu weit feuere, kann es sein, dass mein Partner das Angebot nicht einordnen kann oder das Publikum sich veralbert vorkommt.

Vergleichen wir:

> **Szene 1**
>
> Sarah kommt zur Tür herein.
>
> **Dirk:** Endlich. Wo warst du denn die ganze Zeit?
>
> **Sarah:** Bei der Elefantenpediküre.

Sarahs Antwort ist nicht absurd, wirkt aber ziemlich aus der Luft gegriffen, ausgedacht und forciert originell.

Szene 2

Sarah kommt zur Tür herein.

Dirk: „Endlich. Wo warst du denn die ganze Zeit?"

Sarah: „Bei den Elefanten."

Dirk: „Ach so, heute ist ja wieder der Erste des Monats – Dickhäuterpflege."

Sarah: „Ja. Du weißt ja, wie lange bei denen die Pediküre jedes Mal dauert."

Die zweite Szene erscheint organischer, zumindest, wenn wir bisher noch nicht wissen, dass Sarah Tierpflegerin ist. Das Geben und Nehmen und das Fortführen mit „Elefantenpediküre" erscheint natürlicher und nicht forciert ulkig.

5.3 „Nutze deine Intelligenz!" versus „Sei nicht so sehr im Kopf!"

Von Del Close stammt die vielzitierte und vielinterpretierte Aufforderung: „Nutze beim Spielen deine Intelligenz!" Kurz gesagt ist damit gemeint, nicht unnötig dumme Charaktere zu spielen, lauwarme Inhalte zu produzieren oder halbherzige Entscheidungen zu treffen. Oft verstecken sich Spieler hinter etwas dümmlichen Figuren, in der Hoffnung, diese seien dann per se irgendwie komisch. Sie tun das aus Angst, das eigene Wissen, die eigene Intelligenz, das Einbringen von Wahrhaftigem könnte etwas über sie selbst preisgeben oder sie könnten den Ansprüchen des Publikums nicht genügen. Man hat Angst, nicht schlau genug zu sein und spielt dann paradoxerweise lieber jemanden, der doof ist oder zieht die spanungsgeladene Szene ins Lächerliche:

Christian *(aufgeregt)*: Schnell, Schatz! Pack alles zusammen! Sie sind hinter uns her!

Jenny *(packt die Koffer)*: Ja! Ich bleibe bei dir, was auch immer geschieht.

Christian *(verzweifelt)*: Ich hätte es nicht tun sollen! Oh Gott!

Jenny: Was! Was hast du getan?

Christian *(entspannt)*: Ich, äh ..., ach nichts Besonderes. Ich habe das letzte Gummibärchen aus der Tüte gegessen.

Intelligent spielen bedeutet, den Einsatz zu erhöhen, statt ihn herabzusetzen. Es bedeutet, nicht auf den dümmsten angenommenen Zuschauer zu setzen, sondern sich auf die emotionale Unsicherheit einzulassen.

Das heißt nun aber nicht, dass wir auf der Bühne die ganze Zeit angestrengt nachdenken sollen, um ja nicht zu dumm zu spielen. Die vermeintlich entgegengesetzte Aufforderung „Sei nicht so sehr im Kopf!" bleibt dennoch gültig. Sie widerspricht nur scheinbar der Aufforderung, die eigene Intelligenz zu nutzen. Denn intelligent zu spielen, bedeutet nicht, permanent nachzudenken und abzuwägen, um dann die schlauste Option zu äußern, sondern sich den *Zugang* zum eigenen Wissen, zur eigenen Biografie und zur eigenen Lebensweisheit nicht zu verbauen.

„Sei nicht so sehr im Kopf!" ist nicht die Aufforderung, das Gehirn auszuschalten. Es ist die Aufforderung, die eigenen Assoziationen *nicht zu bewerten!* Das ist manchmal leichter gesagt als getan, denn wir sind es im Alltag gewohnt, abzuwägen und das eigene Handeln und das der anderen zu bewerten und auf diesen Bewertungen neue Entscheidungen aufzubauen. Auf der Bühne aber gibt es keine „richtigen" und „falschen" Entscheidungen. Gewiss sind manche Entscheidungen organischer, schöner oder passender als andere. Aber das können wir nicht während des Spiels beurteilen. Eine Improvisation wird kaum die Dichte einer Komposition oder einer Dichtung haben, sie lebt vielmehr vom Flow.

Es geht bei der Improvisation nie um Perfektion, das widerspräche ihrem Wesen. Im Nachhinein könnten uns zwar an vielen Stellen „Verbesserungen“ einfallen. Wir können uns aber nicht im Moment des Spielens korrigieren, das wäre wie mit angezogener Handbremse Vollgas zu fahren. Die generell positive Haltung zu dem, was wir selbst und unsere Partner hervorbringen, darf uns nicht verlassen. Unser assoziatives Hinzufügen bleibt also frei von jedem Zögern.[38]

Wir nehmen das, was uns naheliegend erscheint. Wir gestatten unserem Gehirn, auf unseren Erfahrungsschatz und unsere Intelligenz zuzugreifen. Wir nehmen das dabei assoziierte *scheinbar* Banale, Zweitklassige, Dümmliche in Kauf, da das immer noch hundertmal besser ist als das absichtlich Banale, Zweitklassige, Dümmliche.

5.4 Körperlich-affektives Assoziieren

So sinnvoll und erleichternd es ist, beim Assoziieren auf die eigenen Erfahrungen zuzugreifen oder sich dabei auf Ähnliches zu besinnen, so wenig hilft uns diese Technik, wenn wir rasch Inhalt produzieren müssen. Und übermäßiges Sich-Besinnen trägt die Gefahr in sich, dass wir zu sehr im Kopf sind statt bei unseren Partnern und der Szene. Improvisierern, die versuchen, auf rein geistige Weise neue Inhalte zu produzieren, merkt man an, dass sie sich gerade etwas ausdenken oder versuchen, sich zu erinnern.

Szenisches Assoziieren funktioniert nämlich weitestgehend affektiv. Wenn wir neue Inhalte erschaffen, sollten wir unsere Körper und unsere Emotionen mit auf Entdeckungsreise neh-

[38] Eine klassische Übung von Keith Johnstone: Spicke improvisierte Szenen oder Geschichten mit kräftigen Obszönitäten. Das Ziel dieser Übung ist letztlich nicht das Training, obszöne Szenen auf die Bühne zu bringen, sondern, das Gesagte nicht zu bewerten, sondern zuzulassen.

men: Was tut meine Figur hier? Was sagt sie als nächstes? Das kann sich manchmal seltsam unsicher anfühlen, da wir ja glauben, die eigene Figur zu kennen. Doch die Herausforderung für uns Improvisierer liegt darin, Unsicherheit zuzulassen und mit dem Publikum auf Entdeckungsreise zu gehen.

Wenn wir innerlich durchlässig bleiben, führt die körperliche Haltung zu einer geistigen Grundhaltung. Zum Beispiel kann ich mich durch straffe Schultern, geraden Rücken und steifes Gebaren in eine konservativ-autoritäre Figur verwandeln. Entscheidend ist aber nun, dass es bei diesem Ausstellen nicht bleibt. Als Improvisierer brauche ich den Zugang zu meiner eigenen emotionalen Welt, das heißt, ich muss Zugang zu meinem eigenen Stückchen Konservatismus, zu meinem eigenen Autoritarismus finden. Diese Grundhaltung kann die Figur schon eine ganze Weile tragen. Entscheidend ist aber, dass sie emotional auch elastisch bleibt: Wie äußern sich etwa bei jenem Konservativen all jene Emotionen, die nichts direkt mit Konservatismus zu tun haben, zum Beispiel Begeisterung, Angst oder Staunen bei dieser Figur?

Spiel: Überakzeptieren[39]

A macht ein banales Angebot, zum Beispiel: „Ich habe die Wäsche getrocknet."

B gerät daraufhin in einen Wortschwall. Dieser kann positiv oder negativ sein, entscheidend ist, dass er von einer starken Emotion getragen wird: „Du hast die Wäsche getrocknet? Ich fasse es nicht! Rupert! Nach all den Jahren, in denen du dich geweigert hast, die Wäsche auch nur zu berühren! Das bedeutet, die Therapie hat gewirkt? Hurra! Das bedeutet, du wirst nun Wäsche tragen und nicht mehr nackt herumlaufen. Das heißt, wir können wie andere Paare auch auf die Straße gehen und uns zeigen. Das heißt, ich kann dich meinen

[39] Unter dem Namen „Es ist Dienstag" von Keith Johnstone popularisiert.

Eltern vorstellen. Und wir können heiraten, Rupert! Ich liebe dich!"

Entscheidend ist das völlige Aufgehen in der Emotion. Spieler sollten auf ihren Atem zugreifen und mit dem ganzen Körper in die Emotion eintauchen.

5.5 Szenen auf Vorschlägen des Publikums aufbauen

Wenn wir mit Publikumsvorschlägen improvisieren (und derzeit tun das fast alle Improtheatergruppen), sollten wir diese Vorschläge so ernst nehmen wie das Angebot eines Mitspielers. Wenn wir uns vor Vorschlägen oder Vorgaben des Publikums fürchten, brauchen wir es auch gar nicht erst zu fragen. Und das Fragen nach einem Vorschlag ist natürlich nur dann sinnvoll, wenn dieser Vorschlag auch eine Auswirkung auf meine Improvisation hat.

Barbara: „Nennen Sie mir eine Hunderasse!"

Zuschauer: „Pudel!"

Szene: Barbara geht mit einem Hund spazieren.

oder

Barbara: „Nennen Sie mir eine Hunderasse!"

Zuschauer: „Schäferhund!"

Szene: Barbara geht mit einem Hund spazieren.

Die Spielerin wusste bereits, was sie tun will. Die Frage ans Publikum war lediglich noch eine kleine Verbeugung vor der Tradition.

Wenn ich die Vorschläge des Publikums wirklich ernst nehme, dann sollte ich auch so fragen, dass sie mich tatsächlich zu Neuem inspirieren, das heißt, dass sie bei mir genügend Irritation auslösen, um darauf aufzubauen.

Barbara: „Nennen Sie mir eine Hunderasse!"

Zuschauer: „Pudel!"

Szene: Barbara übernimmt körperliche Eigenschaften *dieser* Hunderasse – ihre Dominanz oder Unterwürfigkeit, ihre Beweglichkeit, ihre Zugewandtheit oder Aggressivität, ihr Statusverhalten.

Im zweiten Beispiel ist die Spielerin bereit, sich vom Vorschlag des Publikums verändern zu lassen, auf den Vorschlag einzugehen, ihn nicht nur zu akzeptieren, sondern auf ihm aufzubauen.

Prinzipiell kann man Vorschläge aus dem Publikum als Start für die Szene nutzen oder sie später einbauen, und es gibt verschiedene Meinungen, wie dies gehandhabt werden sollte. Je früher Publikumsvorschläge in die Szene eingebaut werden, umso mehr geben wird den Zuschauern das Gefühl, dass ihr Vorschlag etwas bedeutet, dass er respektiert wird und einen Einfluss auf die Szene hat.

Ähnlich wie mit den Angeboten meines Mitspielers kann ich mit dem Vorschlag des Publikums kreativ und metaphorisch umgehen. Die Transformation des Hunderassen-Vorschlags (s.o.) als Figur wäre so ein Beispiel. Wenn wir also mit Publikumsvorschlägen arbeiten, dann sollten wir sie wie die „Bausteine" unseres Spielpartners nutzen – wir akzeptieren sie nicht nur, sondern bauen auf ihnen ganz bewusst auf.[40]

---

[40] Ausführlich zum Thema Publikumsvorschläge: *Improvisationstheater. Band 9: Impro-Shows*

6 BEHAUPTE

Es ist schon ein wahnsinnig anmutendes Unterfangen: Man betritt die Bühne und hat nicht die geringste Ahnung, wovon die Szene handeln wird.

- Wird man nicht auf dem Schlauch stehen, wenn von Figuren und Handlungen die Rede ist, von denen man noch nie gehört hat?
- Was soll ich zum Beispiel tun, wenn ich mich in der Rolle eines AKW-Ingenieurs wiederfinde?
- Worauf soll ich mich beziehen, wenn ich auf einmal aus dem alt-testamentarischen Buch Habakuk zitieren soll?
- Was soll ich machen, wenn ich vor der Aufgabe stehe, eine Rumba singen oder tanzen müssen und nur sehr vage Vorstellungen davon habe, was eigentlich eine Rumba ist.

Die Antwort auf diese Fragen lautet: Behaupte! Behaupte, tanzen zu können. Behaupte, ein fähiger Ingenieur zu sein. Behaupte Passagen aus der Bibel. Behaupte, der beste Rumba-Sänger und Tänzer aller Zeiten zu sein.

6.1 Wisse Bescheid

Die folgende Szene wurde in einem meiner Workshops improvisiert.

> **Anke:** „Guten Morgen, Frau Rennecke!"
>
> **Katja:** „Guten Morgen!"
>
> **Anke:** „Bitte richten Sie Emilia aus, dass ich zur Taufe mit der Bahn fahren werde."
>
> **Katja:** „Wer ist Emilia?"
>
> „Du weißt es!", interveniere ich. „Reagiere noch einmal auf denselben Satz!
>
> **Anke:** „Bitte richten Sie Emilia aus, dass ich zur Taufe mit der Bahn fahren werde."
>
> **Katja:** „Emilia? Das ist doch, ähm, Ihre Schwester, wahr?"
>
> „Du weißt es!", sage ich noch einmal.
>
> **Katja:** „Emilia? Ja, ich richte es ihr aus. Und wer wird getauft?"
>
> „Du weißt es!", ruft die ganze Impro-Klasse.
>
> **Katja:** „Aber woher soll ich es denn wissen?"
>
> „Natürlich kannst du es nicht wissen, solange in der Szene davon keine Rede war. Aber deine Figur weiß Bescheid. Du musst lediglich so tun als ob."
>
> **Katja:** „Aber meine Figur wusste nicht, wer Emilia war."
>
> „Es ist aber deine Entscheidung, ob deine Figur inkompetent und unwissend ist oder ob sie Bescheid weiß."

Impro-Spieler verplempern zu Beginn einer Szene viel zu viel Zeit damit, nicht zu wissen, wovon die Rede ist. Angenommen, die obenstehende Szene ist eine Situation zwischen Chefin und

Sekretärin, dann ist es recht unwahrscheinlich, dass die Chefin den Namen Emilia und das Ereignis Taufe nennt, ohne dass die Sekretärin auch nur den blassesten Schimmer hätte.

Hier zu behaupten, Bescheid zu wissen, erfordert Initial-Mut, das Vertrauen darauf, dass sich aus den vagen Andeutungen immer mehr Konkretes herausschält.

Der springende Punkt am Behaupten ist nämlich: Sobald ich behaupte, Bescheid zu wissen, gehe ich in einen positiven geistigen Modus, die Assoziations-Kanäle werden geöffnet, und es wird immer wahrscheinlicher, dass ich mit dem Angebot etwas anfangen kann, dass ich aus den tausend Möglichkeiten (zum Beispiel wer Emilia sein könnte) mir nur *irgendeine* herauszupicken brauche. Behaupten wirkt also wie eine positiv verstärktes Feedback, eine selbsterfüllende Prophezeiung. Die begeisterte kleine Schummelei transformiert sich zu einer Tatsache: Ich weiß tatsächlich Bescheid. Und so ist die Schummelei schließlich keine Schummelei mehr.

Leider wirkt umgekehrt auch die Angst, nicht Bescheid zu wissen, selbstverstärkend. Wenn ich mir nichts zutraue und in Angst verharre, ist es relativ unwahrscheinlich, dass mir tatsächlich etwas einfällt. (Und unsere Emilia bleibt dann ein Phantom.)

Nicht Bescheid zu wissen oder Gegenstände nicht parat zu haben, ist ein Kanal, den sich unsere Angst immer wieder gern sucht, um sich zu manifestieren. Selbst bei fortgeschrittenen Spielern trifft man immer wieder mal auf dieses Phänomen, durch kleine Handlungsverzögerungen Zeit herauszuschinden:

> „Warten Sie. Ich schreibe es Ihnen gleich auf. Wo ist denn mein Kugelschreiber?“ *(Rennt zum anderen Ende der Bühne.)*

Die Spieler fürchten sich in Momenten wie diesen davor, etwas zu tun, weil sie nicht wissen, was danach kommt: Und inzwischen langweilen sich die Zuschauer, die einen Spieler einen imaginären Kugelschreiber in einem imaginären Schrank in einem imaginären Raum sucht, während die Szene um etwas anderes geht. Wisse, wo der Kugelschreiber liegt!

6.2 Behaupte Kenntnisse und Fähigkeiten

Jetzt könnte man sagen: „Gut, wir behaupten, zu wissen, wer Emilia ist. Und wir können den Kugelschreiber parat haben. Aber es ist doch praktisch unmöglich zu wissen, wie ein Chirurg eine Hirnoperation vornimmt. Wir können nicht den Beweis der Fermatschen Vermutung nachvollziehen. Wir können kein Keltisch sprechen. Und nur die wenigsten von uns können auf Anhieb in den Spagat fallen."

Das ist schon wahr. Die Frage ist nur: Was davon brauchen wir wirklich im Improtheater? Müssen wir *en detail* eine Hirnoperation sehen?[41] Können wir das überhaupt? Schon weil sich wohl kaum einer der Spieler tatsächlich den Schädel aufsägen lassen wird, werden wir höchstens eine pantomimische Andeutung zu sehen bekommen. Und hier ist die Abstraktionsfähigkeit des Improvisierers gefragt. Niemand im Publikum erwartet von dir, die Handgriffe wirklich zu kennen. Aber wenn du dann den Chirurgen *trotzdem* kompetent spielst, etwa indem du die Handgriffe routiniert statt linkisch darstellst, wird dich das Publikum lieben. (Für den Inkompetenten haben sie allenfalls einen kleinen Lacher übrig.)

Du musst kein Keltisch sprechen können, denn das Publikum kann es auch nicht. Wenn wir in eine Szene geraten, in der es darum geht, dass Keltisch gesprochen wird, dann steht „Keltisch" letztendlich für „irgendeine alte Fremdsprache". Also: Behaupte, Keltisch zu können. Sprich Kauderwelsch-Keltisch.

---

[41] Es ginge in dieser Szene ja auch nicht um die Hirnoperation. Es geht immer um die Beziehung zwischen den Personen oder den inneren Konflikt der Protagonisten. Siehe *Improvisationstheater. Band 3: Die Magie der Szene.*

Aber wie steht es mit tatsächlichen Bildungslücken, Fakten, über die ein Großteil des Publikums Bescheid weiß? Was, wenn wir kein Französisch können? Wenn wir nicht wissen, wie die Offiziersdienstgrade in der Bundeswehr lauten? Wenn wir nicht wissen, wie man ein Motorrad startet? Wenn wir nicht genau wissen, wie ein Türschloss ausgewechselt wird?

Behaupte es eben trotzdem! Sprich Französisch-Kauderwelsch, das Publikum wird mit dir mitgehen. Nutze die Geste des Motorradstartens, die Teilhandlungen des Türschlosswechselns, die du kennst und behaupte den Rest. Behaupte den Namen von Spezialmedikamenten. Behaupte den Namen von Spezialwerkzeugen.

Wenn es um Fach-Vokabular geht, sollte man sowieso munter drauflos behaupten. Man bedenke, dass auch Spezialisten dazu neigen, untereinander in einem Jargon zu reden, der Alltagsbegriffe anders verwendet. Mit Vergnügen lese ich immer wieder Testberichte oder Rezensionen aus Fachzeitschriften, mit denen ich rein gar nichts am Hut habe: Jagdwaffen, deren „hochwertiger Nußbaum-Ölschaft mit Edelholzabschlüssen" gelobt wird, Bagger „ohne Pratzen", E-Violinen „mit akustischem Shadow" und so weiter. Es bedarf nur wenig Übung, bis man solche Formulierungen wunderbar selbst erfinden kann.

Spiel: Experten-Interview

Zwei Spieler. Ein Experte und ein Interviewer.
Das Thema kann durchaus banal sein und sich langsam ins Spezifische steigern, bis es geradezu absurd wird.

A: Frau Flesch, Sie haben eine neue Sonnenblume gezüchtet. Was ist das Besondere daran?

B: Danke, Herr Baulich. Das Besondere an meinen Sonnenblumen ist, dass sie sich mit der Sonne drehen.

A: Entschuldigen Sie, aber das tut doch jede Sonnenblume.

B: Das schon, aber nicht in diesem atemberaubenden Tempo. Meine Sonnenblume, die Helianthus rotatiae, erreicht eine Geschwindigkeit von 1.600 Umdrehungen pro Minute und stellt damit herkömmliche Waschmaschinen in den Schatten.

A: Das ist ja unglaublich. Kann man das irgendwie nutzen?

B: Natürlich, ich stehe momentan mit den drei größten Energiekonzernen in Verhandlung. Ich sage Ihnen, gegen meine Sonnenblumen kann die herkömmliche Solar-Energie einpacken.

6.3 Behaupten und Authentizität

Wenn wir vom Behaupten reden, geht es natürlich vor allem um ein Sich-selbst-Behaupten. Behaupten ist *die* Technik, um sich aus dem Feld der Angst herauszukatapultieren. Die Amerikaner haben hier den schöne Ratschlag parat: „Fake it till you make it."[42]

Dem Fake, dem Schmu, der Täuschung haftet ein böses Image an, denn letztlich wollen wir alle ungeheuer „authentisch" sein. Aber Authentizität wird zuweilen überschätzt.[43] Unser Gerede vom und die Suche nach dem „wahren Selbst" führt oftmals in eine Abwärtsspirale. Unser Selbst ist nämlich kein fixes Objekt, sondern verändert sich schon in dem Moment, wenn wir uns mit der Frage nach dem Selbst und der Authentizität beschäftigen. Ich glaube dir also, wenn du sagst, dass du hier in diesem Moment authentisch Angst hast, unvorbereitet auf die Bühne zu gehen. Aber diese Angst ist kein fester Bestandteil deiner Persönlichkeit. Die Angst kann verschwinden, indem du

---

[42] „Tu so als ob, bis du es draufhast."

[43] Paradoxerweise wird Authentizität in anderen Bereichen, wie zum Beispiel der rein schauspielerischen wiederum *unter*schätzt. (Siehe *Improvisationstheater. Band 2: Schauspiel*)

sie überlistest und dir selbst ein „Hoppla, jetzt komm ich" zurufst. Die Furchtlosigkeit, in die du dich nun manövriert hast, kommt dir dann genauso authentisch vor wie die Angst wenige Augenblicke zuvor.

Der Trick funktioniert selbst dann, wenn man nur halb überzeugt ist. Das Erst-mal-Machen erzeugt eine eigene Aufwärtsdynamik. Besonders stark sehe ich das immer wieder, wenn ich Impro-Gesang unterrichte. Das Singen ist für viele noch stärker mit Angst beladen als das Schauspielen, da die Stimme einen nackt und unverstellt zeigt. Beim Singen transportiert sich jede emotionale Regung. Mehr noch als in anderen Impro-Trainings lobe ich hier die Teilnehmer bedingungslos. Und geradezu jedes Lob befeuert sie, noch mehr Angstfesseln abzuwerfen und frei heraus zu singen. Je weniger sie sich darum scheren, ob das „schön" ist, was sie da gerade machen, umso schöner klingt es tatsächlich.

6.4 Bricolage

Improvisation hat im alltäglichen Sprachgebrauch noch eine weitere Bedeutungsschattierung: Sich mit dem zu behelfen, was gerade zur Hand ist. So galten die Ostdeutschen zu den Zeiten der DDR, als Mangel an Material auf hohe technische Fähigkeiten traf, als große Improvisierer. In Kleingärten, am eigenen Auto, bei der Wohnungs-Dekoration und sogar in der industriellen Produktion wurde in diesem Sinne improvisiert.[44] Aus dem Französischen haben wir dafür das Wort *Bricolage* importiert.

Als Theater-Improvisierer brauchen wir einen Schuss Bricolage. Wir begnügen uns mit dem, was gerade vorhanden ist, mit unseren Partnern, unseren aktuellen (begrenzten) Fähigkeiten, unseren technischen Möglichkeiten, dem unklaren Angebot

[44] Siehe: Jochen Schmidt „Helden der Freizeit" (ZEIT online, 2.2.2017)

unseres Mitspielers, seinem Blockieren und seinen Eigenheiten. Wenn man den Szenen dann das Selbstgemachte, Unperfekte ansieht, so ist das keine Schande, sondern Teil dessen, was Improvisation überhaupt ausmacht. Das heißt nun nicht, dass wir einen Umkehrfehlschluss ziehen sollten und absichtlich schludrig spielen sollten, wie um zu „beweisen", dass wir improvisieren. Vielmehr nehmen wir die kleinen Stolperer, Versprecher und Missverständnisse freudig in Kauf. Sie sind Teil unserer Improvisation, so wie der Bastler weiß, dass der Ursprung seiner Bastelei noch sichtbar ist.

Theater (auch das gescriptete) ist nur eine künstlerische Repräsentation oder Interpretation des Lebens, nie aber seine reale Darstellung. Kein Zuschauer wird erwarten, dass die Schauspielerin, die eine schwangere Frau spielt, tatsächlich schwanger ist. Das vom Requisitentisch geschnappte Tuch, das sie sich unter die Kleidung stopft, wird von den Zuschauern als Schwangeren-Bauch durchaus akzeptiert, während wir in einer teuren Filmproduktion größeren Wert auf Genauigkeit legen würden.

Die Bricolage-Haltung, nämlich dass es nie um ein perfektes Werk geht, sondern dass wir etwas Wunderbar-Unperfektes erschaffen, kann uns beim Spielen befreien. Wir müssen nicht perfekt singen, tanzen oder dichten können. Wir sollten stets in Richtung perfekter Eleganz streben, aber auch wissen, dass wir sie in der Improvisation nie erreichen werden.

6.5 Behaupten in der Szene

Als Improvisierer wissen wir natürlich nicht, was für eine Szene als nächstes gespielt wird – wir kennen nicht das Setting und schon gar nicht den Verlauf. Die Frage ist nur, wie wir mit diesem Nichtwissen umgehen. Wenn ich unterspannt die Bühne betrete und mir selbst suggeriere: „Ich habe keine Ahnung, was das soll und was jetzt kommt", dann ist die Wahrscheinlichkeit ziemlich gering, dass ich irgendetwas Sinnvolles zustande bringen werde, denn ich verschließe mich innerlich. Ähnlich ergeht es Spielern, die mit verschränkten Armen am Bühnenrand verharren und sich der Situation verweigern.

Wenn ich aber innerlich davon überzeugt bin, dass mein spielender Geist die Szene schon erkennen wird, dass ich sie nur auszuführen brauche, dann gestatte ich meinem Hirn, zahllose Assoziationen und Bilder zu produzieren. Dann sehe ich nicht mehr nur eine leere Bühne, sondern nehme wahr, wie sich Bühnenbilder und Stimmungen manifestieren und wie sie sich verändern. Dann ist meine Bühnenpartnerin nicht mehr nur eine Frau mit schwarzem Outfit, mit der ich nach der Show ein Bier trinken werde, sondern sie verwandelt sich in eine fröhliche Nonne auf einem Riesenrad, eine eifersüchtige Ärztin in einem Ferrari, eine verängstigte Schülerin auf dem Abi-Ball.[45]

Auf diese Weise können wir uns selbst in einen positiv behauptenden Modus manövrieren. Wenn man ein Nachlassen des Impro-Antriebsmotors bemerkt, hilft es, sich szenisch mit einem Satz zu befeuern, der als selbsterfüllende Prophezeiung funktioniert:

> „Wissen Sie was, dafür gibt es doch eine wunderbare Lösung …"
>
> *oder*
>
> „Ich werde Ihnen mal was sagen, Sie aufgeblasener Frosch …"
>
> *oder*

[45] Die Impro-Spielerin Stefanie Winny *(Foxy Freestyle)* erzählte einmal, wie sie erschrecke, wenn sie Tage später Videoaufnahmen von ihren Impro-Shows sehe: „Wo sind denn all diese lebhaften Charaktere, die prachtvollen Kostüme und Mobiliare, der Geruch des Bürokopierers?" Die Unmittelbarkeit der Live-Situation lässt für Spieler (und Zuschauer) eine fiktive Welt plastisch entstehen. Durch die zeitliche und mediale Distanz wirkt das Ganze dann eher trocken.

> „Schauen Sie sich dieses prachtvolle Palais an! Allein dieser Wandgobelin stammt aus der Zeit ..."

Man legt sich selber die Latte absichtlich hoch. Aber gerade dadurch erhöhen wir paradoxerweise nicht die Wahrscheinlichkeit des Scheiterns, sondern wir geben uns eine kleine Aufmerksamkeits-Injektion.

6.6 Resonanz

Wenn man in eine Gitarre singt, bringt man ihre Saiten zum Klingen. Je voller der gesungene Ton ist, umso stärker ist die Resonanz und umso mehr Saiten schwingen mit. Anstrengung hilft da nicht unbedingt. Die Fülle des Tons ergibt sich nicht allein aus der Lautstärke, sondern aus seinem Reichtum an Obertönen. Man muss die eigene Vibrationsfähigkeit ausnutzen, um Vibration zu erzeugen.

Unser Publikum ist die Harfe, die wir zum Klingen bringen. Es genügt nicht, eine Szene „abzuarbeiten". Es genügt auch nicht, uns auf unseren Mitspieler zu fokussieren. Viola Spolin[46] verglich die Theater-Improvisierer mit einer Mutter, die ihrem Kind eine Gute-Nacht-Geschichte erzählt: Es geht nie um die Geschichte an sich, sondern um die Wirkung, die sie auslöst. Wir können zwar nie hundertprozentig wissen, *welche* emotionale oder geistige Wirkung genau eine Geschichte, ein Musikstück oder ein Theaterstück beim Publikum auslöst, aber die Chancen sind hoch, dass sie den unseren gleichen. Einem Improvisierer, der sich vor dem Unbekannten fürchtet, sieht man die Furcht an, und sie erzeugt beim Zuschauer Unbehagen. Ein Spieler, der auf der Bühne Freude empfindet, überträgt dieses Gefühl auf die Zuschauer.

---

[46] Viola Spolin gilt als die Patin des modernen Improtheaters. Sie fand, erfand uns systematisierte viele der heute gebräuchlichen Impro-Übungen und Spiele.

Natürlich ist unser Publikum keine Trivialmaschine, bei der man einen Knopf drückt, der eine entsprechende Reaktion auslöst, dafür sind die Geschmäcker einfach viel zu unterschiedlich. Das Genre Horror zum Beispiel ist für viele Zuschauer ziemlich spannend, andere ertragen den Angstkitzel ganz und gar nicht. Theatersport begeistert Hunderttausende Zuschauer auf der ganzen Welt. Und dennoch gibt es immer wieder Zuschauer, die mit der kurzformatigen Skizzenhaftigkeit und dem (manchmal ironisierten) Bombast-Stil dieser Shows nur wenig anfangen können, aber für andere Impro-Formate durchaus zu gewinnen sind.

Wir erzeugen Resonanz, wenn wir klar, deutlich und laut sprechen. Wir erzeugen emotionalen Widerhall nicht nur bei unseren Mitspielern, sondern auch beim Publikum, denn die Stimme selbst trägt den emotionalen Reichtum mit.

Wir erzeugen auch Resonanz, wenn wir die emotionale Bandbreite in einer Szene ausnutzen. Egal ob Komödie oder Drama, ob physisches oder Sprech- oder Musik-Theater – wir brauchen die emotionale Vielfalt, damit das Publikum (und wir selber) nicht abstumpfen.[47]

Wir erzeugen Resonanz, wenn wir nachvollziehbar bleiben, ohne uns anzubiedern, wenn wir klug assoziieren, ohne ins gewollt Originelle zu kippen.

Und schließlich erzeugen wir Resonanz, wenn wir Resonanz behaupten. Wenn ich behaupte auszustrahlen, habe ich schon die Hälfte der Ausstrahlung gewonnen, die andere Hälfte kann

---

[47] Der Komiker Charlie Chaplin fand sehr schnell heraus, dass die Komödie erst dann nachhaltige Resonanz hinterlässt, wenn ihr ein Schuss Tragik beigemixt wird. Und schon die Klassiker Shakespeare und Goethe garnierten ihre Tragödien stets mit komischen oder humoristischen Figuren und Szenen. Man denke an den Pförtner in „Macbeth", Rosenkranz und Güldenstern in „Hamlet", Mephistos komische Parts in „Faust".

gar nicht anders als sich von der inneren Haltung überzeugen zu lassen.

7 SPIELE!

7.1 Verspieltheit

Vor einiger Zeit besuchte ich den Improvisations-Philosophen und Musiker Stephen Nachmanovitch[48] in Virginia. Nach einem Spaziergang drückte er mir seine neuste Anschaffung in die Hand: Einen Kaossilator, ein kleines kurioses elektronisches Gerät, auf dessen quadratischer Fläche man mit einem Stift in der einen Richtung die Tonhöhe und in der anderen die Tonfarbe verändert. Zehn Minuten saß ich fasziniert vor dem kleinen Ding und versuchte herauszukriegen, wie es denn genau funktionierte. Stephen betrachtete mich irritiert und fragte:

[48] Autor von *Free Play. Kreativität geschehen lassen.*

„Warum spielst du nicht einfach damit?“ Fast beschämt, dass ich, der ich mich als sein Schüler begriff, seine Lehre nicht intuitiv umzusetzen vermochte, begann ich zu spielen. Und nach wenigen Sekunden hatte ich „verstanden“, nicht nur Stephen, nicht nur den Kaossilator, sondern ich hatte das Wesen von „Spiel“ viel tiefer erfasst.

Spiel ist der Kern der künstlerischen Tätigkeit. Nicht das „Richtigmachen“, nicht die korrekte Umsetzung von Regeln macht die Kunst aus. Spiel sortiert Begriffe, Strukturen und Bedeutungen neu. Spiel hebt den Ernst auf. Spiel ist immer ein Als-ob. Wenn wir spielen, werden wir lebendig, denn Spiel atmet. Es ist selbst lebendig. Und sogar in den großen Werken der bildenden Kunst, deren Erschaffer schon längst verstorben sind und von deren lebendigem Schaffen nur noch ein unbewegtes Bild oder eine Skulptur übriggeblieben ist, erkennt man den spielerischen Prozess.

Vor Jahren hörte ich ein Konzert einer mittelmäßigen Jazz-Sängerin. Nach dem Konzert kam eine Zuhörerin auf sie zu und lobte sie: „Toll! Man hört, dass du eine Gesangsausbildung hast.“ Und zu meinem Erstaunen freute sich die Sängerin sogar über dieses lauwarme Lob. Mir aber wurde nun klar, was ich während ihres Vortrags vermisst hatte: Das persönliche Spielen mit der Musik, der Emotion und dem Text. Ihrer Interpretation hörte man noch den Gesangslehrer an, der wie ein mahnender Geist neben ihr stand: „Nutze beim Singen auch die Resonanzräume der Nase. Schließe die Augen.“ Sie wollte Jazz richtig singen und vergaß dabei das Wichtigste: Man kann Jazz nicht „richtig“ singen.

Jedes Spiel hat seine Regeln und seine Grenzen. Aber es ist nicht die buchstabengetreue Einhaltung der Grenzen, die das Spiel spielerisch werden lassen. Beim Fußball lautet eine Regel, dass man den Ball nicht über die Begrenzung des Spielfelds schießen darf. Wenn aber ein Spieler sein Hauptaugenmerk darauf legt, auf gar keinen Fall den Ball ins Aus zu schießen, außerdem nie einen Gegner zu rempeln, niemals ins Abseits zu geraten, wenn er überhaupt nur noch alles „richtig“ machen will, dann hört er auf zu spielen. Und umgekehrt bewundern wir ja einen Fußballgott wie Lionel Messi nicht dafür, „richtig“ zu spielen, sondern die Grenzen des Spiels kreativ auszuloten.

Der Pianist Glenn Gould hockte auf seinem Klavierhocker wie Gollum und hätte jedem Klavierlehrer einen Herzinfarkt und jedem Physiotherapeuten einen prallen Geldbeutel beschert, aber seine unkonventionelle Herangehensweise ermöglichte ihm ein derart verfeinertes Spiel, um das ihn viele Musiker beneiden.

Unkonventionalität ist natürlich kein Wert für sich.[49] Wenn ein Künstler spielt, gerät das Spiel wie auch beim Fußball außer Kontrolle. Und anders als beim Sport bekommt dann nicht der Gegner den Ball, sondern wir scheitern *oder* es entsteht etwas Neues.

Als Impro-Anfänger werden wir in den ersten Monaten mit allen möglichen Regeln konfrontiert: Regeln, die uns Lehrer geben, Regeln eines Impro-Spiels oder -Formats und Regeln und Konventionen, die das Theater selbst verlangt. Wichtig ist für uns, dass wir hier nicht verkrampfen und zu Impro-Robotern werden. Diese Verkrampfung entsteht oft dann, wenn wir überladen sind mit Wissen und andererseits zu wenig Gelegenheit haben, dieses Wissen in die Tat umzusetzen, das heißt, wenn wir uns zu wenig im Spielmodus bewegen. Zwar brauchen wir das theoretische Impro-Wissen, aber dieses Wissen bleibt

---

[49] Eine unrühmliche Ausnahme dürfte hier die moderne bildende Kunst sein, in der es zum Wert für sich geworden ist, sich von anderen zu unterscheiden. Technisches Können, Korrespondenz von Inhalt und Form, haben ihren Wert zugunsten von Originalität eingebüßt, die sich auf diesem Markt in siebenstelligen Dollarbeträgen misst.

schal, wenn es nicht in die Praxis überführt wird. (Und so wäre es auch trügerisch zu glauben, man könne ein Buch wie dieses lesen und anschließend ein besserer Spieler sein, ohne das Beschriebene auch auszuprobieren, zu testen und auch abzuwandeln.)

Der spielerische Geist ist der Kern jeder Improvisation. Verspielte Menschen haben oft ein großes Improvisationstalent. Andere, die zum Teil in Berufen gelandet sind, in denen von ihnen perfektionistisches Funktionieren in der Arbeitswelt gefordert wird, müssen diesen im Laufe des Erwachsenwerdens verlorenen spielerischen Zugang zu sich und der Welt wieder neu entdecken. Der Spieltrieb kann in jedem von uns reanimiert werden.

Egal ob wir gerade unsere ersten Schritte in der Improvisation machen oder ob wir alte Impro-Hasen sind, wir werden immer wieder vor neuen künstlerischen Herausforderungen stehen. Diese Herausforderungen wirken manchmal überwältigend, und manchmal scheint es, als sei Aufgeben die beste und stures Befolgen der Regeln die zweitbeste Lösung. Aber wenn du schon verzweifelst, dann verzweifle spielerisch. Wenn du überhaupt keinen Zugang zu einem Spiel, einem Format oder einer anderen Herausforderung findest, dann sei dein Spiel eben für einen Moment „Sture Regelbefolgung“. Wenn du wach und heiter an die Sache herangehst, wirst du schnell sehen, dass dein Spielinstinkt dir folgt. Finde die Ecke, an der dein Spiel-Hebel ansetzen kann.

7.2 Spiele mit der Figur!

Für einen Schauspieler ist das Spielen mit der Figur praktisch die Job-Beschreibung. Tatsächlich wird das im Improtheater erstaunlich oft vergessen. Oft lassen sich Impro-Spieler von äußeren Dingen wie dem Story-Plot, dem Format oder dem Genre ablenken. Aber unsere Aufgabe ist zuvörderst, eine Rolle zu spielen. Gute Storys entwickeln sich primär aus den Figuren, nicht umgekehrt.

Wenn du mit der Figur spielst, kannst du sämtliche Register ziehen: Stimme, Körperhaltung, Emotionen, Bewegungsqualitäten, Status, Sichtweisen, Anschauungen, Entscheidungen.[50] Durch das Spiel mit diesen Elementen wird die Figur lebendig, und umgekehrt dynamisieren sich diese Elemente automatisch, wenn die Figur lebendig angelegt wird.

Wenn ich also etwa einen feigen Lehrer spiele, so könnte ich zunächst diese zwei Aspekte 1) Lehrer, 2) Feigheit ausdeklinieren: Wir sehen den Lehrer feige gegenüber dem Rektor, gegenüber der Ehefrau, gegenüber einer Schülerin. Und wenn es mir gelingt, wirklich in die Figur einzutauchen, den feigen Lehrer glaubhaft darzustellen, ihn lebendig werden zu lassen, habe ich schon viel erreicht. Aber das große Spielen geht noch einen Schritt weiter: Niemand ist eindimensional. Niemand ist *nur* feige. Und niemand ist *nur* Lehrer. Wenn wir menschlich glaubwürdig spielen (und das tun wir, wenn wir aus dem Klischee ausbrechen), dann bleibt nicht nur die Feigheit nachvollziehbar, sondern sie kann als überwindbar gezeigt werden. Vor allem, wenn wir Hauptfiguren spielen, ist es wichtig, sie dynamisch anzulegen und nicht bei einer unveränderlichen Eigenschaft zu bleiben.

Wir spielen mit dem Charakter, wenn wir die Balance halten zwischen Konsistenz und Unvorhersehbarkeit. Wenn wir verschiedene Charaktere aufeinanderprallen lassen, wird dieser Zusammenstoß sie verändern. Schon die kleinste Irritation kann einen Charakter sich wandeln lassen. Die Balance zwischen Konsistenz und Unvorhersehbarkeit erreichen wir, wenn wir

---

[50] Siehe *Improvisationstheater. Band 2: Impro-Schauspiel*

unserer Figur erstens eine Grundhaltung mit auf den Weg geben und zweitens innerhalb dieser Grundhaltung emotionale Veränderung zulassen. Eine Grundhaltung drückt sich einerseits körperlich aus (zum Beispiel schlaksiges Gehen) und andererseits durch eine Perspektive („Mir kann keiner etwas anhaben.") Die emotionale Veränderung innerhalb einer Szene kann sich innerhalb der gewöhnlichen Bandbreite der Figur befinden oder diese aus ihrer Komfort-Zone herausschleudern. Manche Schauspieler wehren sich gegen inhaltliche Zumutungen: „Meine Figur würde so etwas nie tun." Wenn wir aber unsere Figur durch Vorurteile abgrenzen, berauben wir uns der Freude, sie wirklich zu entdecken. Selbst der hochmütige Zirkusdirektor wird sich vielleicht eines Tages bei jemandem entschuldigen. Auch der friedfertige Gärtner wird vielleicht eines Tages zum Mörder. Die Frage ist dann nicht so sehr, *ob* er es tut, sondern *wie*. Die Folgen sind dramatisch oder komisch.[51] Und gerade die ungewöhnlichen Veränderungen sind es, deretwegen wir eine Szene oder Story überhaupt auf die Bühne bringen.

Je besser ich meinen *Körper* zu nutzen weiß, umso feiner bin ich zu spielen in der Lage. So könnte die Feigheit des Lehrers nur durch kleine, isolierte, etwas hektische Augenbewegungen angedeutet werden, die verschwinden, wenn der Lehrer seine Feigheit überwindet. Kaum jemand im Publikum wird sagen können, woran genau es lag, aber jeder wird die Veränderung zumindest unbewusst wahrnehmen.

---

[51] Ein schönes Beispiel ist hier Stan Laurel. Seine Figur ist in fast allen Laurel & Hardy-Filmen ein ängstlicher Phlegmatiker. Aber wir erleben auch immer wieder emotionale Oszillationen – Ausbrüche von Lebensfreude (positiv) oder auch Gewalt (negativ). Dabei bleibt Laurel aber innerhalb seiner Grundhaltung. Als Tiefstatus-Charakter würde er nie jemandem mit der Faust ins Gesicht schlagen. Stattdessen piekst er Hardy mit dem Finger ins Auge.

7.3 Spiele mit Rhythmus!

Das Spiel mit dem Rhythmus halte ich für eine der wichtigsten Fähigkeiten des Improvisierers. Leider wird auf diese Fähigkeit beim Training der Improvisation derzeit wenig wertgelegt. Wenn Zuschauer im Improtheater unruhig werden, liegt das häufig am zerfaserten Rhythmus der Szenen. Widersprüche eines Plots nimmt das Publikum meist eher hin als verschludertes Timing.

Um mit Rhythmus spielen zu können, müssen wir ein Gefühl für Tempi entwickeln. Viele Impro-Spiele fördern das schnelle Reagieren und favorisieren das hohe Tempo. Und das ist zunächst völlig in Ordnung. Denn Spontaneität heißt auch, rasch Entscheidungen zu treffen. Die Kehrseite ist nur, dass Impro-Spieler, die überwiegend auf Tempo angelegte Spiele aufführen, gelegentlich zu atemloser Hektik neigen. Paradoxerweise wirkt aber Hektik langsam, denn sie suggeriert, man habe etwas aufzuholen, man hetze der Szene hinterher.

Andere Impro-Spieler, die glauben, „anspruchsvolle“ Impro-Szenen müssten langsam sein, wirken auf der Bühne, als hätten sie Kaugummi an den Sohlen, als würden sie sich nicht entscheiden können, was sie tun oder sagen sollen. Sie kehren in das Sich-nicht-entscheiden-können-Stadium blutiger Anfänger zurück.

Wenn wir uns aber der Möglichkeit des *Spiels* mit Rhythmus bewusst werden, entwickeln wir fast automatisch Antennen dafür.

Das beste Beispiel dafür sind Szenenübergänge. Anfänger, die eine Szene „abklatschen“[52], warten oft noch 2-3 Sekunden, bis sie auf die Bühne schlendern und einen der Spieler antippen

[52] Diese Form des Szenenübergangs wird auch „Tag Out“ genannt. Ausführlich zu den Themen „Szenenübergang“ und „Timing“ in *Improvisationstheater. Band 3: Die Magie der Szene.*

und dann hektisch anfangen zu handeln und sprechen, noch bevor ihr Mitspieler überhaupt die Chance hatte, sie wahrzunehmen.

Unsere Psyche bevorzugt Abwechslung. In schnellfüßigen Film-Komödien gibt es daher zum Beispiel neben den typisch schnellplappernden Hauptcharakteren auch immer einen langsamen, oft begriffsstutzigen Typ. In Actionfilmen, die ebenfalls auf hohes Tempo setzen, wird unseren Sinnen immer wieder durch Szenen Ruhe gewährt, in denen Helden und Zuschauer die Möglichkeit zum Verschnaufen und Rekapitulieren haben.

7.3.1 Spiele mit Sprachrhythmus

Klassische Dramatiker wie Shakespeare und Schiller, aber auch modernere wie Brecht und Beckett bieten hier vergnügliches Studienmaterial. Entscheidend ist, dass wir uns vom alltäglichen Smalltalk verabschieden und uns an einer Klarheit der Sprache orientieren. Selbst wenn wir vielleicht nie die Dichte eines Shakespeares oder die soziale Präzision eines Tennessee Williams erreichen, so darf man ja wohl noch Ziele haben.

Wenn wir von Sprachrhythmus reden, sind verschiedene Ebenen gemeint:

- Wort-, Vers- und Satzrhythmus
- Länge der gesprochenen Sätze
- Tempo der gesprochenen Sätze

Um mit Wort- und Versrhythmen spielen zu können, sollten wir uns zumindest annäherungsweise mit ihnen vertraut machen. Wie funktionieren fünfhebige Verse bei Shakespeare und wie wirken sie auf den Hörer?

> **Julia:** Willst du schon gehn? Der Tag ist ja noch fern.
> Es war die Nachtigall, und nicht die Lerche,
> Die eben jetzt dein banges Ohr durchdrang.

Oder Knittelverse bei Goethe:

> **Mephisto:** „Die Kirche hat einen guten Magen,
> Hat ganze Länder aufgefressen
> Und doch noch nie sich übergessen."

Freies Maß bei Brecht

> **Shen Te:** „Oh ihr Unglücklichen! Euerm Bruder wird Gewalt angetan, und ihr kneift die Augen zu! Der Getroffene schreit laut auf, und ihr schweigt? Der Gewalttätige geht herum und wählt seine Opfer. Und ihr sagt: Uns verschont er, denn wir zeigen kein Missfallen."

oder bei Quentin Tarantino:

> **Speck:** „Wer irrt da holpernd und stolpernd durch die Nacht? Sag', was Du willst, oder Du bekommt 'ne Kugel verpasst!"
>
> **Dr. King Schultz:** „Immer mit der Ruhe, Gentlemen, ich will keinem was Böses. Ich bin einfach ein ermatteter Reisender, wie Sie. Einen schönen, kalten Abend, Gentlemen. Ich bin auf der Suche nach zwei Sklavenhändlern mit dem klangvollen Namen Speck-Brüder. Wäre es möglich, dass Sie das sind?"
>
> **Speck:** „Wer will das wissen?"
>
> **Dr. Schultz:** „Meine Wenigkeit. Ich bin Doktor King Schultz und das ist mein Pferd Fritz."

Das Spiel mit dem Rhythmus der Sätze *untereinander* erlaubt es uns, knapp zu bleiben oder längere Monologe oder lange Passagen in Dialogen zu sprechen und dabei Spaß zu haben. Spiele wie zum Beispiel *Letzter/Erster Buchstabe*[53] orientieren sich am Rhythmus *Ich-ein-Satz-du-ein-Satz,* was besonders für Anfänger ein guter Einstieg ist, um in das Miteinander der Improvisation zu kommen. Dieser etwas simple Rhythmus wird *Zug um Zug* genannt, wobei man freilich auch längere Passagen als „Zug"

---

[53] Hier muss jeder Spieler seinen Satz mit dem letzten Buchstaben seines Mitspielers beginnen.

bezeichnen kann. „Zug um Zug“ wird von manchen Lehrern als starre Regel begriffen. Was aber, wenn beide Spieler gleichzeitig reden? Nicht dass ich das für jede Szene empfehlen möchte, aber warum nicht mal ausprobieren, ob es uns gelingt, gleichzeitig zu sprechen und zuzuhören?

Ein hübsches kleines Spiel, das mit Sprachrhythmus spielt ist *Wortzahl.* Zwei Spieler bekommen jeweils eine Zahl zwischen Eins und Zehn zugeordnet, und jeder ihrer Sätze muss entsprechend viele Wörter enthalten.[54] Der rhythmische Effekt ist erstaunlich. Man vergleiche diese Beispiele und achte auf die unterschiedliche Intensität und die unterschiedliche Gangart der Szenen.

1) A hat drei, B hat acht Wörter.

A: Sind sie weg?

B: Ja, ich glaube, du kannst langsam wieder herauskommen.

A: Wirklich Schwein gehabt.

B: Ich hätte dich beschützt vor diesen miesen Bullen.

A: Glaub ich nicht. (...)

2) A hat vier, B hat zwei Wörter

A: Sind sie jetzt weg?

B: Komm raus!

A: Noch mal Schwein gehabt.

B: Mieses Bullenpack!

A: Ich vertraue dir nicht. (...)

Nicht nur unterscheidet sich das Tempo dieser Szenen, sie vermitteln auch ein unterschiedliches Gefühl von szenischer Span-

---

[54] Wie jedes schöne Spiel hat auch dieses mehrere Funktionen: Es ist 1) ein Anti-Schwatz-Spiel. 2) Es verhindert, dass die Spieler vorausdenken. 3) Es trainiert Rhythmus.

nung, von innerer Dynamik. Und obwohl sich die beiden Beispiele inhaltlich gleichen, empfinden wir ein unterschiedliches Statusverhalten zwischen A und B.

Schließlich erlaubt das Spiel mit dem Rhythmus der Sprache auch ein Spiel mit dem Sprechtempo, wobei wir als Faustregel sagen können, dass Komödien zum höheren Tempo neigen. Man denke an die Schnellquatscher Eddie Murphy, Louis de Funès, Jim Carrey, Otto Waalkes.[55] Aber selbst die Schnellsprecher gönnen sich die Kunstpause, in der die Spannung aufgebaut wird oder der Lacher sich setzen kann, während auch die Slowburner sich flotte Passagen leisten wie zum Beispiel Helge Schneiders „kucken, kacken, packen, picken“ aus „Praxis Dr. Hasenbein“.[56]

Das Spiel mit Sprachtempo beschränkt sich natürlich nicht auf Komödien, sondern trifft auf jedes andere Genre zu. Jedes Genre, jedes Stück und jede Szene hat ein Grundsprechtempo. Aber sie brauchen auch ihre Tempo-Wechsel, das Spiel mit Ruhe und Schnelligkeit, sonst empfinden wir als Zuschauer bald Monotonie. Der Wechsel der Tempi hält die Aufmerksamkeit aufrecht. Spielt nach dem Allegro ein Adagio und daraufhin ein Menuett, dem ein Presto folgt.

7.3.2 Spiele mit dem Rhythmus der Bewegung

Physisches Theater lebt vom Spiel mit den Körpern im Raum. Das heißt, wir können mit dem Bewegungstempo und mit Pausen spielen. Zum Beispiel werden in Sitcoms die Darsteller beim

---

[55] Allerdings ist hohes Tempo kein Comedy-Muss, wie man bei Laurel & Hardy, Karl Valentin oder Helge Schneider sieht.

[56] Wie entscheidend das Timing gerade in der Komödie ist, zeigte der Komiker Klaas Heufer-Umlauf in seinem legendären Fake-Auftritt im Quatsch Comedy Club, bei dem er nicht nur halbgare Witze ablieferte, sondern auch an den unmöglichsten Stellen die Pausen in die Länge zog, aber über die einzige halbwegs brauchbare Pointe seiner Nummer ohne Punkt und Komma hinwegging.

Dreh dazu aufgefordert, nach jedem Gag nicht nur eine Sprechpause einzulegen, sondern auch körperlich innezuhalten und den Lacher abzuwarten. Der naheliegende Grund ist, dass alles, was nach der Pointe passiert, vom Gag ablenken könnte.

Forcierte Mobilitätsveränderung kann einen ungeheuren dramatischen Effekt haben. Das augenscheinlichste Beispiel sind Slapstick-Komödien: Der auf der Bananenschale ausrutschende Polizist, der gegen die Laterne laufende Smartphone-Starrer. Aber auch Dramen ziehen ihr Potential aus dem Spiel mit Rhythmus: Hamlet spricht ruhig mit seiner Mutter, und bevor wir es uns versehen, tötet er (ausgerechnet er, der Zweifler) in einer raschen Action-Sequenz den Polonius.

Bewegungsrhythmus können wir im Grunde musikalisch-tänzerisch verstehen. Und wenn wir spielerisch damit umgehen, heißt das, wir verfolgen das Spiel, das in der Luft liegt, zum Beispiel:

- Wir bewegen uns beide ruhig und gemächlich, bis einer von uns plötzlich das Tempo erhöht.
- Wir bewegen uns beide ruhig und erhöhen gleichzeitig das Tempo.
- Du bewegst dich im Staccato und ich im Legato, und allmählich nähern wir uns an.
- Wir bewegen uns beide in hohem Tempo und halten immer wieder in der Bewegung inne.

Wenn wir uns der vielfältigen rhythmischen Bewegungs-Optionen im Klaren sind oder wenigstens unsere Antennen dafür sensibilisieren, dann lassen sie sich für unsere Theaterzwecke wunderbar nutzen.

7.3.3 Spiele mit dem Rhythmus in und zwischen Szenen

Ruhige Szenen können sich mit schnellen abwechseln, schwere mit leichten. Das gilt nicht nur für improvisierte Storys, die sich aus mehreren Szenen zusammensetzen, sondern auch bei Formaten wie Theatersport. Wenn man als Zuschauer einen Drei-Minüter nach dem nächsten sieht, ist man irgendwann froh, eine Szene zu sehen, die sofort zum Punkt kommt und nur 20 Sekunden dauert.

Um ein Gefühl für den Rhythmus der Szene zu bekommen, muss man ein Gefühl für die Zeit entwickeln. Der Spieler auf der Bühne unterschätzt fast immer die Zeit. Lass zwei Spieler eine einminütige Szene spielen, und sie werden selten vor 1:20 Minuten fertig sein.[57]

Ob Spieler ein Rhythmus-Gefühl entwickeln, hängt vor allem damit zusammen, ob sie in der Lage sind, Szenen zu *beenden*. Szenen-Anfänge kann man natürlich viel leichter üben als Szenen-Enden. Ein Szenen-Ende erfordert Mut und – wir haben es schon geahnt – Gefühl für Rhythmus. Das mag tautologisch klingen, aber wir trainieren den Rhythmus durch das Beenden, und wir trainieren das Beenden durch das Entwickeln von szenischem Rhythmus.

Szenen stehen nicht nur zueinander in rhythmischem Verhältnis, sondern haben auch einen *inneren* Rhythmus, der durch jede Mini-Sequenz, jeden *Beat* bestimmt wird:

- durch die Länge der Sätze
- durch das Tempo der Sätze
- durch die Bewegungstempi und ihr Spiel mit ihnen.

---

[57] Vor vielen Jahren spielte ich mit Stefanie Winny eine Duo-Show, deren zwei Hälften jeweils 45 Minuten dauern sollten. Leider war kein Bühnenuhr vorhanden. Nach der ersten Hälfte, die wir nach unserem Gefühl um ca. 5 Minuten überzogen hatten, donnerte der Applaus los. Und als wir den Zuschauern dann sagten, dass wir ihnen eine angenehme Pause wünschten, reagierten sie, als würden wir scherzen. In der Garderobe sahen wir dann: Die gefühlten fünfzig Minuten waren in Wirklichkeit achtzig Minuten gewesen. Auch wenn ich seitdem mein Zeitgefühl immer weiter trainiere, gehe ich nie mehr ohne Uhr auf die Bühne.

Lasst euch nicht einreden, es gebe nur einen „richtigen" Rhythmus. Improvisationstheater muss nicht notwendigerweise „schnell" sein, auch wenn Schnelligkeit immer wieder gelobt wird. Ernstes Improtheater ist nicht notwendigerweise ruhig, auch wenn allenthalben die „Tiefe" der langsamen Improvisation gepriesen wird.

Szenen, Sprache, Bewegungen – alles unterliegt rhythmischen Mustern. Als Zuschauer nimmt man diese Rhythmen wahr, ob bewusst oder unbewusst. Also tun wir als Schauspieler gut daran, unsere Wahrnehmung für Timing zu schärfen, um es bewusst als künstlerisches Mittel nutzen zu können.

7.4 Spiele mit Raum!

Laien, die über Improvisationstheater ihre ersten praktischen Theatererfahrungen machen, bringen durchaus darstellerische und musikalische (rhythmische) Fähigkeiten mit. Aber oftmals sind sie es nicht gewohnt, den Raum als Spiel-Element zu nutzen. Im ärgsten Fall führt das Nichtbeachten des Raums zu einer Abfolge von geschwätzige Szenen, in denen sich kaum jemand bewegt, außer ab und zu mal mit den Händen zu wedeln oder sich zur Seite zu drehen.

Die Bühne, unsere Position auf der Bühne und die Veränderung dieser Positionen sind wesentliche Elemente des Spiels, die von Impro-Spielern oft nur unbewusst genutzt werden. Wir brauchen keine Profitänzer zu werden, aber ich empfehle jedem Schauspieler ein bisschen Training in modernem improvisierten Tanz oder verwandten Disziplinen. Ansätze, die mit dem Improtheater sehr verwandt sind und die den Blick für den räumlichen Aspekt erheblich schärfen, sind *Body Mind Centering, Contact Improv, Action Theater* und *Viewpoints*.[58]

Um mit Raum spielen zu können, brauchen wir eine Vorstellung davon, mit welchen Elementen wir es überhaupt zu tun haben. Die Viewpoints-Theoretikerinnen unterscheiden zwischen

- **Architektur** – der physischen Umgebung des Spielers
- **Räumlicher Beziehung** – die Beziehung zwischen Gegenständen und/oder den Körpern der Spieler
- **Topographie** – die Bewegung über der gestalteten Bühne
- **Formen** – die Konturen der Körper und der Gegenstände im Verhältnis zueinander oder zum Raum
- **Gesten** – abstrakte, emotionale oder konkrete Gesten im Verhältnis zu anderen Körpern oder zum Raum

Wenn man einmal für den Raum sensibilisiert ist, ist das bewusste Ausnutzen räumlicher Effekte ein Quell nie versiegender Freude.

Tendenziell haben die verschiedenen Bühnentiefen unterschiedliche Wirkungen aufs Publikum. Einen Monolog wird man eher am vorderen Bühnenrand halten. Physisch fordernde Aktivität findet eher in der Bühnenmitte statt. Im hinteren Teil der Bühne werden Figuren langsam eingeführt oder es findet „ornamentale" Handlung statt.[59]

---

[58] Body Mind Centering schärft in tanznahen Bewegungsimprovisationen die Beobachtung für Körper und Geist. Ähnlich tut dies Contact Improv in der gemeinsamen Bewegung. Action Theater als präzises und abstrahierendes Theater wurde entwickelt von Ruth Zaporah. Der Ansatz *Viewpoints* entstand in der Arbeit von Tina Landau, Anne Bogart und Mary Overlie. (Siehe *Improvisationstheater. Band 6: Freie Formen und Collagen*).

[59] Ausführlich dazu in *Improvisationstheater. Band 2: Schauspiel-Improvisation* und *Band 3: Die Magie der Szene*

Übung: Räumliche Varianten

Zwei Spieler improvisieren eine kurze Szene (45-90 Sekunden). Wir wiederholen die Szene. Die Zuschauer beobachten, was sich verändert, wenn

- die Spieler in größtmöglicher Distanz miteinander sprechen.
- die Spieler extrem nah miteinander sprechen.
- sie beim Sprechen das Publikum anschauen.
- einer der Spieler den anderen umkreist.
- einer der Spieler sich in seinen Bewegungen von der Form eines für ihn sichtbaren Gegenstand inspirieren lässt.[60]

7.5 Spiele mit Sinn und Bedeutung!

Theater ist, selbst in seinen simpelsten Formen, eine Metapher. Als Zuschauer können wir gar nicht anders als das Theatrale symbolisch zu verstehen. Das mag etwas hochgestochen klingen. „Was soll ich denn mit Symbolen und Metaphern anfangen?“, mag sich der Theatersportler fragen, wenn er an seine unterhaltsamen Spiele denkt, seine Kauderwelsch-Szenen, seine Arm-Rede, seine Ein-Wort-Geschichten[61]. Aber jede kleine Geschichte entsteht in einem System von Sinn-Referenzen. Wir haben in unserem Leben Zigtausende von Geschichten gehört und erzählt, die unser Verständnis dafür, was eine Geschichte ist, was sie bewirkt und welchen Sinn sie hat, prägen.

---

[60] Man füge nach Belieben weitere Veränderungen hinzu. Für die Übung selbst belasse man es bei ein bis drei Variationen.

[61] Kauderwelsch-Szene (auch „Gromolo“): Eine Szene, in der die Spieler in einer Pseudo-Sprache reden.
Arm-Rede: Ein Spieler steht hinter dem Redner und leiht ihm seine Arme.
Ein-Wort-Geschichte: Zwei oder mehr Spieler erzählen gemeinsam eine Geschichte, wobei jeder Spieler immer nur ein Wort sagen darf. (Keith-Johnstone-Spiel)

Nehmen wir ein simples Spiel wie die Ein-Wort-Geschichte, bei der jeder Spieler nacheinander immer nur ein Wort sagt, so dass sich das Ganze am Ende (hoffentlich) zu einer unvorhergesehenen Story zusammenfügt. Die Entfaltungsmöglichkeit des einzelnen Spielers ist hier minimal, denn der Sinn dieses Spiels ist, dass die Improvisierer sich einfach dem Flow hingeben, dass sie nichts vordenken, nicht originell sind, sondern sich wie von einer höheren Macht steuern lassen. Diese Storys sind manchmal langweilig – ein endloses Gerede, Wiederholungen, sinnlose Aneinanderreihungen von Handlungsabfolgen ohne Konsequenzen. Das Ganze ändert sich erheblich, wenn man den Spielern eine zusätzliche Aufgabe gibt, zum Beispiel die Story als spannendes Märchen zu erzählen oder als anzügliche Anekdote. Wir geben dadurch keine Inhalte vor, aber wir ändern den Bedeutungs-Rahmen. Nicht der einzelne Spieler spielt nun mit Sinn, sondern das gesamte Team, weil es sich auf diesen Rahmen einlässt.

Jedes Kind erkennt eine Geschichte. Simple Formen wie „Das Gute besiegt das Böse“ liegen in uns als dickes kulturelles Sediment, auf das wir uns beziehen können und zu dem wir ein spielerisches Verhältnis entwickeln können.

- Das Böse besiegt das Gute.
- Wieviel Böses kann das Gute im Kampf gegen das Böse tun, um noch gut zu sein?
- Das Gute maskiert sich als böse, und das Böse maskiert sich als gut.
- Das Gute besiegt sich selbst.

Wenn wir von Sinn reden, berühren wir natürlich auch das Thema Sprache. Auf der einfachsten Ebene ist das Spiel mit Sinn hier das simple Wortspiel, für das schon kleine Kinder empfänglich sind und das auf einem höheren Level seinen Weg bis in die Hochliteratur gefunden hat.

Bedeutung entsteht auch durch das Spiel mit dem dramatischen Gestus des Gesagten. Schauen wir uns einen recht bekannten Film-Dialog an.

> Im Film „Spiel mir das Lied vom Tod" trifft der Held Harmonica am Bahnhof auf drei Mörder.
>
> **Harmonica:** „Habt ihr 'n Pferd für mich?"
>
> **Mörder 1** *(höhnisch)*: „Wenn ich mich hier so umsehe, dann sind nur drei da. Sollten wir denn tatsächlich eins vergessen haben?"
>
> **Harmonica** *(verneint kalt):* „Hm-hm. Ihr habt zwei zu viel."

Wie man leicht sieht, geht es nur auf der Oberfläche um ein Pferd. Das Pferd ist nur ein Symbol, in diesem Fall das Symbol fürs Überleben. Wieviel flacher wäre der Dialog, wenn das Töten direkt angesprochen würde! Wenn wir uns nun diese Western-Szene als improvisiert vorstellen, wäre das ein großartiges Spiel: Das inhaltliche Angebot im ersten Satz wird aufgenommen und metaphorisch umgedeutet, und durch den dritten Satz, der die Metapher aufgreift und wiederum inhaltlich umdreht, wird das Spiel mit dem Sinn komplett.

Shakespeare treibt das Spiel mit Bedeutungen sehr weit. Zum Beispiel macht Hamlet sich einen ins Zynische gehenden Spaß daraus, das Gemeinte immer wieder zu konterkarieren. Selbst im Angesicht des Todes (zum Beispiel in den Kampfszenen von Macbeth) gehen die Charaktere stets auf die Metaphern des Gesprächspartners ein, selbst wenn er ihr Feind ist.

In der Improvisation brauchen wir Mut, seltsamen Wendungen und einzelnen Sätzen Raum zu geben, um ihre metaphorische Wirkung zu entfalten. Um Metaphern blühen zu lassen, darf man sie nicht zu sehr forcieren, und schon gar nicht sollte man sie erklären.

Metaphorisches Denken lässt sich trainieren. Eine schöne Übung, die man für sich allein, aber auch in der Gruppe spielen kann, ist „X ist wie Y“.

Übung: Metaphern X ist wie Y

Man behaupte eine Gemeinsamkeit von X und Y und begründe sie mit der offensichtlicheren Eigenschaft von Y. Wähle möglichst willkürlich und ohne die Metapher vorher im Kopf zu haben

X = Der russische Präsident und

Y = Der Mond

Nun behaupte man improvisierend:

„Gleicht nicht der russische Präsident dem Monde? Selbst wenn man ihn kaum sieht, wirkt seine Kraft auf der gesamten Erde.“

Nun kann man nicht gerade behaupten, dass diese Metapher Eingang in die Schatzkästchen internationaler Aphorismen finden wird. Aber wenn man auf diese Weise zwanzig, dreißig herausfeuert, wird man erstaunt sein, wie viele doch einigermaßen sinnvoll erscheinen und wie viele sich als ziemlich gelungen herausstellen.

Es funktioniert am besten, wenn X eine Person oder ein etwas sperriges, zu erklärendes Konzept ist und Y ein deutliches, emotional aufgeladenes Bild, zum Beispiel:

X	Y
Dankbarkeit	Gänseblümchen
Sterben	Wolken
Günter Jauch	Fuchs
Rockmusik	Prostitution
Vertrauen	Wintersonne
Geld	Gespenst
...	...
...	...

Fühle dich frei, diese Beispiele zu nutzen, nach Belieben zu kombinieren und in müßigen Momenten, etwa beim Warten an der Bushaltestelle ad infinitum zu ergänzen.

Metaphorisches Denken ermöglicht uns eine kräftigere Gestaltung nicht nur unserer Sätze und Formulierungen, sondern auch einzelner Szenen und ganzer improvisierter Stücke.

7.6 Spiele mit Sprache!

Gewinne ein Gefühl für Sprache! Wie geht das am besten? In dem man selber mit Sprache spielt. Schon kleine Kinder, die sprechen lernen, finden Gefallen an Wortspielen. Und würden sie nicht mit Sprache spielen, dann könnten sie sie auch nicht lernen. Schon das erste Gepruste und Gebrabbel ist ein heiteres Ausprobieren von Lauten und Ton-Aneinanderreihungen. Bis zum Alter von vier Jahren können Kinder jede Sprache der Welt erlernen, ohne dass man ihnen später Unsicherheiten in Grammatik und Aussprache anmerkt. Leider verlieren wir das Ohr und den unmittelbaren Spiel-Impuls im Laufe der Zeit. Wir lernen Fremdsprachen meist eher rational, und je fremdartiger die grammatischen Strukturen und die Lautbildung ist, umso schwieriger ist es für uns, die Sprache wirklich zu erfassen. Wenn es Fremdsprachen-Schülern gelingt, die spielerische Haltung zu bewahren – zum Beispiel den Klang der Sprache nachzuäffen, mit Wörtern herumzuspielen, sie zu strapazieren, ohne sich um Richtig und Falsch Gedanken zu machen – dann haben sie auch einen leichteren Zugang zur Sprache.[62]

All das trifft auch für Sprache im Improtheater zu, und zwar nicht allein für unsere lustigen Kauderwelsch-Spiele, sondern für den Stil von Sprache.

[62] Impro-Kauderwelsch-Spiele eignen sich wunderbar fürs Fremdsprachenlernen.

Wir haben bereits das Spiel mit dem Sprach*sinn* besprochen, das mit Wortspielen beginnt und zu Metaphern führt. Aber Stil geht darüber hinaus: Wie gewählt drückt sich eine Figur auf der Bühne aus? Ein Arzt hat in der Regel einen anderen Duktus als ein Kleinkrimineller. Freundinnen reden anders untereinander als zwei fachsimpelnde Handwerker. Um mit diesen Soziolekten zu spielen, brauchen wir natürlich ein offenes Ohr für unsere Umgebung, aber auch den Willen, diese Sprach-Ebenen einzusetzen, zu behaupten und daneben zu liegen. Das Behaupten ist hier wie immer der erste Schritt: Behauptete Eloquenz führt zu echter Eloquenz.

Der Sprach-Stil richtet sich aber auch nach dem Stil, in dem wir uns befinden. Viele Impro-Spieler bleiben auf der Bühne mehr oder weniger bei ihrer Alltagssprache, ohne sich darum zu kümmern, wo, wann und wie die Szene spielt. Dann antworten sie in einer Szene, die 1850 am Hofe des russischen Zaren spielen soll, ein „Okay“ oder „Was geht!“ Natürlich kann das mal herausrutschen, denn kaum jemand ist sattelfest in der Sprache des 19. Jahrhunderts oder noch früherer Epochen. Entscheidend ist aber, die dahinterstehende Haltung: Versuche ich überhaupt, mein sprachliches Repertoire anzupassen?

- Wie fühlt es sich an, in gereimten Versen zu sprechen?
- Kann ich es nachempfinden, wie an Königshäusern gesprochen wurde?
- Wie reden Jugendliche auf dem Schulhof miteinander?
- Wie sprechen die Figuren in den Stücken von Shakespeare, Schiller und Beckett?
- Wie ist der Duktus in einem Film Noir, einer französischen Komödie, einem Tarantino-Film?

Um mit Sprache spielen zu können, müssen wir Sprache als etwas Bewegliches, Dynamisches verstehen. Sie ist nicht einfach gegeben, sondern flexibel. Jede Szene und jedes Stück haben ihren Ton.

7.7 Spiele das Spiel!

Die Aufforderung „Spiele das Spiel!“ mag tautologisch klingen, ist sie aber nicht. Denn bisweilen liegt die Versuchung nahe, das Spiel zu brechen oder zu „verbessern“, sich über das Spiel zu stellen, schlauer als das Spiel sein zu wollen oder sich ihm einfach zu entziehen. Wenn das geschieht, ist meistens unsere alte Bekannte nicht weit: Die Angst. Wir fürchten, im Spiel die Kontrolle über uns selbst und über die Situation zu verlieren. Wir fürchten, für dumm gehalten zu werden, wenn wir uns nicht über das Spiel erheben.

Anfänger neigen zum Beispiel dazu, selbst bei einfachsten Aufwärm-Spielen, ihre „Fehler“ zu kommentieren, statt das Spiel am Laufen zu halten. In Spielen, bei denen jemand ausscheidet, also „verliert“, nimmt das Kommentieren und „Ich hab doch aber“ dann noch zu. Dass sich Anfänger mit dem Scheitern noch schwer tun, ist auch nicht weiter schlimm, denn schließlich sind Anfänger-Kurse genau dafür da, um es Anfängern zu ermöglichen, das heitere Scheitern zu trainieren. Aber sobald man vor zahlendem Publikum steht, sollte man zumindest heiter scheitern und verlieren können.

Wenn wir das Spiel einmal gefunden haben, sei es das klassische Impro-Spiel oder ein Spiel, das sich aus der Szene heraus ergibt, sollten wir uns ihm voll widmen. Das kann konkret bedeuten: Wenn wir ein einfaches Emotions-Spiel spielen, lassen wir uns wirklich in die Emotionen ein, statt sie lediglich zu benennen oder sie zu ironisieren.

Die Angst vorm Spiel sucht sich beim fortgeschrittenen Spieler oft andere Kanäle. Eine typische Form, die man immer wieder findet, ist das Heraustreten aus der Rolle. Das Ego wird herausgefordert, wenn nur ein kleines albernes Impro-Spiel gespielt wird. Sie halten es nicht aus, sich zum Spielball der seltsamen Regeln machen zu lassen und neigen dann dazu, mit dem Publikum zu flirten, indem sie die Rolle oder das Spiel ironisieren. Damit verwandt ist das Gagging: Lieber will man lustig sein, als sich dem unvorhersehbaren Verlauf des Spiels hinzugeben.

Egal ob im Workshop, bei Proben oder auf der Bühne – Improvisierer finden Dutzende Gründe, ein Spiel zu unterbrechen.

> „Bin ich jetzt dran?"
>
> „Muss ich jetzt auf Silvia oder auf Marc reagieren?"
>
> „Wie heißt deine Figur noch mal?" usw.

Halte das Spiel am Laufen, statt auf die Fehler und Fehlerchen zu fokussieren. Man kann das mit einem Fußballspiel vergleichen: Wenn man einen Fehlpass gespielt hat, dann können die Spieler auch nicht plötzlich zu spielen aufhören und zu diskutieren anfangen. Es wird weitergespielt. Die Situation mag sich verändern, es können neue Hindernisse hinzukommen, aber das Spiel bleibt uns erhalten.

Fortgeschrittene Spieler sind manchmal in Langformen irritiert, wenn das Spiel der Szene in einem (scheinbaren) Widerspruch zum Meta-Spiel (z.B. dem Genre der Story) steht.

> Eine Grusel-Story begann damit, dass die Eltern des Kindes den Raum mit Luftballons für die Einschulungs-Feier schmückten. Eine der Spielerinnen stand mit verständnislosem Gesicht abseits. Als ich sie später fragte, meinte sie: „Ich habe nicht verstanden, warum Luftballons in einer Grusel-Story auftauchen sollten."
>
> „Das musst du in dem Moment auch nicht verstehen", sagte ich. „Es wird sich ergeben. Denn ihr wisst und das Publikum weiß, dass das zugrundeliegende Spiel Grusel ist. Es liegt also

etwas in der Luft. Vertraue darauf, dass sich das Meta-Spiel noch entfalten wird. Aber *im Moment* besteht deine Aufgabe lediglich darin, das Spiel zu spielen. Und dieses Spiel heißt jetzt: Luftballons aufblasen."

7.8 Temenos

Jedes Spiel hat seine Zeit und seinen Ort. Der Ort des Spiels gleicht dem *Temenos* im antiken Griechenland, dem abgegrenzten Stück Land, das rituellen Kulten vorbehalten war. Vor dem Ritual wird der Ort gereinigt und Überflüssiges von ihm entfernt.[63] Für uns Impro-Spieler sollte das bedeuten: Wir respektieren den Raum, in dem wir proben, den Raum, in dem wir uns aufwärmen, und wir respektieren die Bühne. Wir respektieren das Spiel.

Ich habe Improgruppen immer wieder an den unmöglichsten Orten proben sehen. Ich weiß, es ist in manchen Städten schwer, bezahlbare Probenräume zu bekommen. Aber bedenkt, dass der Probenraum der Ort ist, an dem sich eure Kunst entfalten kann und soll. Im Grunde kann man fast jeden Raum zu einem Temenos umfunktionieren, wenn man ihn entsprechend behandelt. Manche Situationen sind nicht so leicht zu ändern, also fügen wir uns ihnen. Aber wenn man schon mit einem von Neonröhren beleuchteten Seminarraum vorlieb nehmen muss, kann man sich auch die Zeit nehmen, um darauf zu achten, ob sich die Atmosphäre etwas angenehmer gestalten lässt: Müssen die Beine der hochgestellten Stühle nach oben in den Raum ragen? Müssen die Jacken respektlos herumliegen? Soll man Keksrollen und Kaffeebecher herumstehen lassen?

Man beachte, wie sorgfältig Yoga- und Zen-Meditations-Räume gepflegt werden. An ihnen sollte man sich ein Beispiel nehmen.

---

[63] Siehe Stephen Nachmanovitch: *Free Play. Kreativität geschehen lassen.*

Die Abgrenzung der Bühne durch den Rand, die Seitenaufgänge, die Beleuchtung und so weiter markiert nicht nur aus rein pragmatischen Gründen das Spielfeld, sondern auch rituell. Wir wissen, dass wenn das Licht angeht, der Jingle ausklingt, der Vorhang sich erhebt, die Zeit des Show-Rituals begonnen hat. Ebenso ist die Abgrenzung der Bühne wichtig: Hier oben findet das Spiel statt. Hier ist nicht Alltag, sondern Symbol, Story, Metapher, Kunst, das „Andere".

Für Impro-Shows, die durch Publikumsbeteiligung tendenziell die Bühne *ent*grenzen, ist die Gegenbewegung des *Be*grenzens wichtig, um dem Publikum wiederum auch Sicherheit zu geben. Die Entgrenzungen werden als solche eben auch nur dann erlebt, wenn der Gegenpol der Begrenzung auch wahrgenommen werden kann.

> Jedes Spiel hat seine Zeit und seinen Raum.
>
> Auftreten hat seine Zeit und seinen Raum.
>
> Aufwärmen hat seine Zeit und seinen Raum.
>
> Proben hat seine Zeit und seinen Raum.
>
> Feedback hat seine Zeit und seinen Raum.
>
> Planen hat seine Zeit und seinen Raum.
>
> Biertrinken nach der Show hat seine Zeit und seinen Raum.

Je klarer wir uns dessen bewusst sind, umso freudiger können wir uns auf das jeweilige Spiel einlassen, umso klarer tritt das Spiel hervor. Wir können dann die Vorbereitung und die Eröffnung des Spiels genau so zelebrieren wie das „eigentliche" Spiel selbst und den Abschluss.

7.9 Die Impro-Haltung in anderen Bereichen

Fast jeder, der eine Weile Impro spielt, und sei es auch nur für ein paar Wochen in einem Workshop, nimmt das als große Bereicherung fürs Leben wahr. Und doch leiden manche unserer

Tätigkeiten, die mit dem Improtheater am Rande zu tun haben, an einer unspielerischen Haltung.

Es lohnt sich, die spielerisch-achtsame Perspektive zu übertragen. So lassen sich zum Beispiel die Finanzen der Gruppe „spielerisch“ verwalten Wenn man mit Freude an die Aufgaben herangeht, wenn man aufmerksam auf die Details achtet, wenn man sich kreativ zeigt beim Erstellen von Tabellen und gleichzeitig sanft über diese Themen kommuniziert, dann ist das schon ein Gegensatz zur Haltung: „Finanzen? Dieser fade Mist, zu dem ich mich habe überreden lassen!“

Wie führen wir Gespräche innerhalb der Gruppe? Gelingt es uns, so achtsam miteinander zu sein wie auf der Bühne? Sind wir bereit, Fehler bei uns und anderen zu tolerieren? Sind wir bereit, Begrenzungen als Anreize unserer Kreativität zu sehen? Und vor allem: Sind wir bereit, auch mit unserer eigenen Unperfektheit heiter gelassen umzugehen?

Der spielerische Geist befreit sich von Algorithmen. Es gibt nicht die *eine* Art, mit einer Situation umzugehen. Wenn es uns gelingt, die spielerische Haltung in den Alltag – in die Liebes-Beziehung, die Kindererziehung, den Tages-Job – zu übertragen, gewinnt am Ende auch das Improtheater.

8 SEI IM MOMENT

Einfache Meditation

Sitze ruhig. Schließe die Augen. Achte auf deinen Atem. Auf nichts als auf deinen Atem.
„Ich atme ein, indem ich einatme. Ich atme aus, indem ich ausatme."
Wenn sich in dieser Zeit ein anderer Gedanke in deinen Kopf schleicht, lass ihn vorüberziehen und beginne die Übung von vorn.

Diese Übung scheint fast banal. Aber es gelingt nur wenigen Menschen, sich nur für drei Atemzüge nicht ablenken zu lassen. Die Aufgabe ist klar und alles andere als komplex. Aber unser zappliger Geist tendiert zum Vorausdenken, zum Planen, zum assoziierenden Abschweifen, zum Meta-Denken, zum Bewerten.[64]

[64] Der höhere Sinn dieser Meditation ist daher auch nicht, das ablenkungsfreie Atmen zur Perfektion zu bringen, sondern sich der Momente bewusst zu werden, in denen der Geist abdriftet und wieder zu sich findet.

Fast jeder Impro-Spieler, der sich schon eine Weile mit Improvisation beschäftigt, nimmt von sich wie selbstverständlich an, „im Moment" zu sein. Und doch ist kaum ein Spieler frei von abschweifenden Gedanken und Handlungen, die nichts mit dem Moment zu tun haben.

Was aber ist überhaupt damit gemeint, wenn wir davon reden, „im Moment" zu sein? Der Moment umfasst all das, was jetzt geschieht, unter anderem:

- der letzte Satz meines Mitspielers,
- die Präsenz der anderen Mitspieler auf und neben der Bühne,
- die Dynamik der bisher verlaufenen Szene, der Story und der Show,
- die Musik,
- das Licht,
- die Dynamik des Publikums,
- der emotionale Gehalt des Gesagten,
- die emotionale Dynamik meiner Figur,
- die Spannung zwischen allen auf der Bühne anwesenden Figuren.

Nicht zum Moment gehören Gedanken daran, ob das Publikum mich mögen wird, mit welcher Pointe ich die Szene später beenden werde, dass mein Mitspieler auch schon mal interessantere Angebote gemacht hat usw. Mit anderen Worten: Alles was bewertet oder in die Zukunft gerichtet ist, führt uns fort von dem, was gerade stattfindet.

8.1 Achtsamkeit und Wachsamkeit

Auf der Bühne stehen wir meistens nicht alleine. Unsere Spielpartner sagen Sätze, die wir nicht erwarten, die uns also irritieren können und sollen und auf die wir auch noch reagieren müssen. Meistens konzentrieren wir uns darüberhinaus noch auf irgendein Spiel oder ein Format, das vielleicht nicht ausformuliert ist sondern gerade entsteht, was die Angelegenheit ziemlich komplex erscheinen lässt. Das heißt: Wir brauchen unsere geistigen Kapazitäten für *diesen* Moment. Dieser Moment ist es nämlich, den die Zuschauer in diesem Moment erleben.

Der Moment, den du jetzt planst, wird ohnehin anders sein als du glaubst. Und wenn der Moment gekommen ist, wirst du wieder mit deinen Gedanken woanders sein, nämlich beim nächsten Plan.

Je mehr ich hier im Moment bin, umso mehr kann ich von dieser Situation aufsaugen und verwenden. Geistesabwesende oder planende Spieler wirken auch nie wirklich echt auf der Bühne. Die, die über die Reaktion des Publikums nachdenken, wirken panisch oder scheu. Die planenden Spieler wirken fahrig und neigen dazu, ihre Mitspieler zu überrollen. Und die nachdenkenden Spieler wirken lahm, abwägend und unspontan.

Wenn wir uns dem Moment hingeben, wenn es uns gelingt, ins Spiel einzutauchen und uns freizumachen von Bewertungen und Sorgen, dann wirken wir nicht nur freier, sondern dann ist auch die Wahrscheinlichkeit größer, dass sich etwas von diesem befreienden Gefühl auf die Zuschauer überträgt.

- Unsere Pantomime findet jetzt statt.
- Die emotionale Wahrheit zwischen mir und meinem Mitspieler findet jetzt statt.
- Meine Sätze spreche ich jetzt.
- Unser kleines Spiel spielen wir jetzt.
- Unsere Story findet jetzt statt.

Achtsamkeit ist die Fähigkeit, sich für den Moment zu öffnen und alle ablenkenden Gedanken auszublenden. Wachsamkeit ist die Intensität, mit der ich das tue. Manche Impro-Spieler scheinen bewertungsfrei dahinzuschweben, aber ihre scheinbare Entspanntheit ist in Wirklichkeit Müdigkeit und Phlegma. Um künstlerisch etwas zu erreichen, brauche ich nicht nur Entspannung, die meine wilden Gedanken beruhigt und meine Alltagssorgen sediert, sondern ich brauche auch ein gewisses Maß von Spannung, das es mir ermöglicht, den Moment nicht nur zu erfassen, sondern auch reagieren und formbewusst agieren zu können.

8.2 Nicht vorausdenken

Planen zu können ist eine der wichtigsten menschlichen Eigenschaften. Wenn wir die Zukunft nicht in unser Leben einbeziehen, würden wir nicht unsere Zähne putzen, wir würden keine Versicherung abschließen und nicht einmal eine Impro-Show auf die Beine stellen können, die ja schließlich auch organisatorisch geplant werden muss. Planen gibt uns die Sicherheit, überhaupt etwas auf die Beine zu stellen. Es gibt also durchaus Zeiten des Planens. Ein Improvisierer zu sein, bedeutet nicht, niemals an die Zukunft zu denken.

Die Zeit fürs Planen ist aber nicht auf der Bühne. Und der Ort fürs Planen ist nicht die Bühne. Vor allem jenen, die dazu tendieren, in Kategorien von Sicherheit zu denken, fällt es schwer, von der Zukunft loszulassen und sich voll dem Moment zu widmen. Der Moment des Spiels ist jetzt. Ich kann nur zuhören und mich dem Spiel hingeben, wenn ich nicht darüber nachdenke, was ich als nächstes sagen könnte.

Vorausdenkende Spieler neigen zum manipulativen Spiel.[65] Sie versuchen, ihre Mitspieler in bestimmte Story-Richtungen zu drängen, statt der Story die Möglichkeit zu geben, sich selbst zu entfalten. Im schlimmsten Falle mischen sich Vorausdenken und Gagging: Während der Mitspieler spricht, denkt der Spieler

---

[65] Präzisierend füge ich hinzu: Nicht jeder planende Spieler manipuliert und nicht jeder manipulative Spieler plant.

schon darüber nach, wie er den nächsten Gag am besten einbaut.

Manche Spieler wiederum sind derart überrascht, wenn etwas nicht nach ihrem Plan läuft oder wenn etwas eingetreten ist, das sie nicht vorhergesehen haben, so dass sie paralysiert sind und nicht wissen, was sie tun oder sagen sollen.

Die schärfste Spannung zwischen Planen und Im-Moment-Sein, die man beim Improtheater immer wieder erlebt, entsteht beim Storytelling. Storys unterliegen bestimmten Gesetzmäßigkeiten. Diese Mechanismen zu lernen – rational und emotional – und sie in der Improvisation anzuwenden, ohne nachzudenken oder vorausschauend zu planen, ist eine große Herausforderung für fortgeschrittene Impro-Spieler. Storytelling ist eine der grundlegenden Fähigkeiten im Improtheater, so wie Schauspiel, Spontaneität, Bühnenpräsenz usw. Diese Fähigkeit muss gelernt und ausgebaut werden. Bevor wir Gelerntes routiniert einsetzen können, neigen wir dazu, darauf übermäßig zu fokussieren. Das ist auch in Ordnung, wenn wir uns dieser abgelenkten Gedanken bewusst werden und wieder zum Moment zurückzukehren.

Prinzipiell kann jeder Satz meiner Spielpartner weitergehende Story-Assoziationen auslösen, zum Beispiel:

- Heißt das, dass sie ihn die ganze Zeit belügt und gar nicht seine Mutter ist?
- Heißt das, dass es auf einen Showdown hinausläuft?
- Heißt das, dass meine Figur der positive Held ist und ich mich bald entscheiden muss?

Der entscheidende Schritt ist, sich nicht an diese Assoziationen und Gedanken zu klammern. Unser Gehirn wird ohnehin permanent von Assoziationen durchflutet. Eine ist so gut wie die anderen. Es gibt also keinen Grund, warum ich an einer festhalten sollte. Ich registriere sie wie Passagiere, die aus einem vorbeifahrenden Zug schauen. Vielleicht werde ich mich später noch mal bei einer dieser Assoziationen bedienen, vielleicht aber auch nicht.

Je entspannter das Verhältnis zu diesen Assoziationen ist, je selbstsicherer ich in Bezug auf Storytelling bin, je sicherer ich mir bin, dass ich *instinktiv* den richtigen narrativen Schritt gehen werde, umso leichter wird es mir fallen, diese Assoziationen und vor allem die mit ihnen verbundenen Pläne loszulassen und mich ganz auf den Moment zu konzentrieren.

Das folgende Spiel hilft, im Moment zu bleiben. Niemand kann die Szene forcieren, und dennoch ist jedermanns Engagement gefragt.

Spiel: Dreier-Synchronisation[66]

Drei Spieler spielen eine einfache Szene.
A synchronisiert B.
B synchronisiert C.
C synchronisiert A.
Wer die Stimme leiht, spricht laut, aber unauffällig beiseite. Wer synchronisiert wird, bewegt groß den Mund, ohne selbst einen Laut von sich zu geben. Wer synchronisiert, macht verbale Angebote. Wer synchronisiert wird, macht körperliche Angebote.

8.3 Vergangenheit als Teil des Moments

Wenn wir sagen, dass wir beim Im-Moment-Sein das Planen und Vorausdenken ausblenden wollen, wie steht es dann eigentlich mit der Vergangenheit? Sollen wir sie ebenso wie die Zukunft ausblenden?

Einerseits kann das Verharren in der Vergangenheit (zum Beispiel Schwatzen über Vergangenes) dazu führen, dass wir den eigentlichen Moment verpassen. Andererseits ist es recht offen-

[66] Synchronisations-Spiele sind schon Hunderte Jahre alt und gehören zu den Theaterspielen, die wahrscheinlich immer wieder neu erfunden werden.

sichtlich, dass der aktuelle Moment stark beeinflusst ist davon, was in der Vergangenheit bereits geschehen ist. Wenn ich in der ersten Szene einen Mann spiele, der sich in eine Frau verliebt hat, dann wird dies in der zweiten Szene immer noch Teil der szenischen Wahrheit und des szenischen Moments sein.[67]

Die Fähigkeit, sich des Vergangenen gut zu erinnern, ist eine Schlüsselfähigkeit des Impro-Erzählers. Es fängt schon mit den einfachen Dingen an: Merkt euch die einmal etablierten Details. Ihr braucht sie wieder und wieder. Jeder Satz, jeder Gegenstand und jede Implikation bieten die Möglichkeit, irgendwann wieder eingebaut zu werden. So lassen sich die Grundtechniken des improvisierten Storytelling reduzieren auf 1) freie Assoziation und 2) Wiedereinführen.

Man sollte aber nicht in die Falle tappen, sich beim Spielen die ganze Zeit nur zu überlegen, wie man das einmal Etablierte später einbauen kann. Das hieße ja wieder planen und wir verlieren den Moment. Wenn ich aber ganz und gar im Moment bin und zuhöre, *wirklich zuhöre,* dann kann es mir gelingen, mich an viel zu „erinnern", einfach weil ich es emotional so abgespeichert habe, dass ich es nicht vergessen kann. So schwingt die Vergangenheit immer mit.

---

[67] Die südamerikanischen Aymara haben in Bezug auf Vergangenheit und Zukunft eine Gestik-System, das sich von dem unseren deutlich unterscheidet: Auf künftige Ereignisse deuten sie hinter sich, Vergangenes liegt vor ihren Augen. Für uns Impro-Spieler ist das ein herrliches Bild. Wir können nicht wissen, was die Zukunft bringt, das Vergangene haben wir aber deutlich im Blick.. Ähnlich vergleicht Randy Dixon den improvisierenden Story-Erfinder mit einem Menschen, der rückwärtsgeht: Man sieht nicht, was kommt, aber hat alles vor Augen, was bereits geschehen ist.

9 LIEBE DAS UNBEKANNTE

9.1 Das Unbekannte in der Szene
9.2 Unbekannte Charaktere
9.3 Unbekannte Muster
9.4 Offenheit für unbekannte Formen und Einflüsse

Es ist schon eine verzwickte Angelegenheit. Der Mensch fürchtet sich am meisten vor dem, was er nicht kennt – dem Unbekannten. Aber gleichzeitig ist in unser genetisches Programm auch die Neugierde eingebaut – die freudige Suche nach dem Unbekannten. Diese Freude gilt es zu nähren. Als Impro-Spieler suchen wir gerade die Geschichten, die wir noch nie gespielt haben, Charaktere, in die wir noch nie geschlüpft sind, Situationen, in denen wir noch nie standen.

Wenn das Unbekannte uns auf der Bühne nervös werden lässt, sollten wir unser Verhalten entgegensteuern und unsere Reflexe neu kodieren. Das Großartige am Improtheater ist nämlich: Eine improvisierte Szene wird *gerade dann* besonders gut, wenn du dich auf die Scheingefahren auf der Bühne einlässt.

Aber nicht nur auf der Bühne sollten Impro-Spieler dem Unbekannten freudig begegnen, sondern auch dann, wenn es darum geht, ausgetretene Bahnen zu verlassen. Einige versuchen, möglichst viele Impro-Spiele „in den Griff" zu bekommen, sie „richtig" zu spielen und erkennen nicht, dass für einen Impro-Spieler ein Spiel eigentlich uninteressant wird, wenn man es so weit beherrscht, dass es einen nicht mehr überrascht. Die Liebe zum Unbekannten zu entwickeln ist also nicht nur eine Fähigkeit, die Anfänger erlernen müssen, vielmehr müssen wir sie uns als Künstler *erhalten*.

9.1 Das Unbekannte in der Szene

Die Angst vor dem Unbekannten zeigt sich in einer typischen Szene etwa so:

> Ein Pärchen findet nachts nach einer Autopanne eine unheimliche Villa. Sie betrachten sie, laufen um sie herum, rauchen erst mal eine Zigarette, diskutieren darüber, was sie den ganzen Tag über erlebt haben. Und so vergeht endlos Zeit, ohne dass das geschieht, was jeder im Publikum sehen will: Nämlich dass die beiden die verdammte Villa betreten und dort etwas Spannendes erleben.

Ein Signal dafür, dass es Zeit ist, mutiger voranzuschreiten, ist, wenn in der Szene immer wieder verschlossene Türen etabliert werden, Figuren eingesperrt, gelähmt, gefesselt oder angeleimt sind. Unser angstbeladene Geist ist dann nämlich immerhin noch so kreativ, Szenen zu erschaffen, die Bewegung, Veränderung oder auch nur Interaktion erschweren. Wir versperren uns dem Unbekannten nicht nur durch Blockieren, sondern auch durch physische Inaktivität, mangelndes Interagieren, mangelndes Behaupten. Das Beispiel der alten Villa zeigt, wie die Spieler sich weigern, in der *Story voranzugehen*. Sie entwickeln kein spielerisches Verhältnis zur „Villa", sondern nehmen sie als quasi echte Gefahr wahr.

Die Vorsicht überwinden wir, wenn wir das Unbekannte als Kompass für die Szene nutzen:

- Was weiß ich noch nicht?
- Was interessiert mich?
- Wo wird es gefährlich?
- Was ist für mich eine Herausforderung?

Dorthin gehe!

9.2 Unbekannte Charaktere

Die meisten Impro-Schauspieler sind auf zirka sechs bis acht Charaktere festgelegt: Je einen positiven und einen negativen Hoch- oder Tiefstatus. Dazu kommen noch eine Handvoll Lieblings-Charaktere und der Rest sind mehr oder weniger überzeichnete Varianten von Klischees: „Der Polizist", „die Lehrerin", „die Großmutter", „der genervte Jugendliche".

Wir halten an diesen Rollen fest, wenn wir uns in ihnen eingerichtet haben. Wir bekommen positives Feedback, die Szenen lassen sich geschmeidig spielen. Aber wir verpassen etwas, wenn wir auf dieser Stufe stehenbleiben. Das allzu Bequeme ist ein Feind der Kunst. Damit meine ich nicht, dass wir uns andauernd wie wild anstrengen sollen, denn schließlich ist Angestrengtheit hässlich. Aber um auf der Bühne entspannt *und* interessant zu bleiben, sollten wir uns auf die Suche nach neuen Charakteren begeben. Die beste Quelle dafür sind natürlich Menschen in unserer Umgebung: Wie reden sie? Was tun sie? Wie bewegen sie sich? Wie denken sie? Was kann ich davon aufnehmen in mein Spiel?

Ab und zu fragen wir bei *Foxy Freestyle* einander in den Proben: „Welche Rolle habe ich eigentlich noch nie gespielt?" Denn tatsächlich braucht man als Spieler manchmal das Feedback von Mitspielern oder künstlerischen Leitern, um darauf gestoßen zu werden, was man zu vermeiden neigt.

9.3 Unbekannte Muster

Was auf der persönlichen Ebene das Schauspiel ist, sind bei Gruppen die Szenen. Wenn man eine Weile Improtheater spielt, merkt man bald, dass es szenische Muster gibt, die immer wieder auftauchen – die Eifersuchts-Szene, die Der-Held-überwindet-sich-Szene, die Versöhnungs-Szene zwischen den Brüdern und so weiter. Welche Art von Szenen das genau sind, hängt von der Gruppe und ihrer Tendenz, Storys aufzubauen ab. Man spielt diese Szenen gern, weil sie dramatisches oder komisches Potential versprechen und weil man sie gut spielen kann. Wenn wir anfangen, um diese Art von Szenen zu kreisen, sie irgendwann auch immer wieder auf dieselbe Weise spielen und uns in unsere Selbstzufriedenheit einlullen, leidet unsere Improvisation.

Wir brauchen als Impro-Spieler die Neugierde. Improtheater ist keine Plattform, um sich für festgelegte Schemata feiern zu lassen. Vielmehr sind wir intellektuell gefordert, neue Pfade zu erkunden. Wenn die Gruppe ihre Neugierde verliert, erstarrt sie. Wir können es uns als Impro-Spieler nicht erlauben, den allzu bequemen Weg zu gehen. Genieße es, wenn du eine Grenze überwunden hast und lote das neu gewonnene Feld aus.

Die klassischen westlichen Storys haben oft ähnliche Strukturen.[68] Aber diese Strukturen sind grobe Gerüste, die noch nichts über den Verlauf der einzelnen Szenen aussagen. Wenn man sich zu sehr in ausgefahrenen Gleisen bewegt, hilft es manchmal, den „unlogischen" Weg zu gehen.

Manchmal führt auch die Beschäftigung mit Charakteren zu einer Starrheit der Storys, weil wir die Entscheidungen der Charaktere gewissermaßen charakter-konsistent treffen wollen. Aber die Zuschauer wollen eine Balance zwischen Konsistenz und

---

[68] *Improvisationstheater. Band 5: Impro-Storys*

Überraschung. Das heißt, die Figuren brauchen eine bestimmte Ausformung, damit wir ihnen überhaupt folgen können. Wir sollten dann auch ihre andere Seite kennenlernen und ihre Brüche genießen – den zornigen Ausbruch der liebenden Gattin, die Eitelkeit des mitfühlenden Chefs, die Kinderliebe des brutalen Gefängnis-Wärters.

Wir brauchen also einen Sensor für uns selbst. Wir müssen unsere Bequemlichkeit reflektieren. Verharren wir im Erwartbaren? Oder bleiben wir offen für Neues? Eine entscheidende Eigenschaft des Impro-Spielers ist dabei, der Figur und somit auch sich selbst die Verletzlichkeit zu erhalten und sich dadurch in den Szenen vom Mitspieler und seiner Figur verändern zu lassen. Denn wenn Figuren sich verändern, gehen sie unvorhersehbare Wege. Unsere Aufgabe ist nicht, die Story zu steuern, sondern die Figuren neugierig auf diesen unvorhersehbaren Wegen zu begleiten.

9.4 Offenheit für unbekannte Formen und Einflüsse

In den ersten Jahren meines Improtheater-Schaffens hielt ich die Beschäftigung mit Genres und Stilen für eine nette kleine Extravaganz, ein Bonbon für den Zuschauer, eine kleine manchmal ins Prahlerische neigende Demonstration der Fähigkeiten des Improvisierers. Heute sehe ich das wesentlich anders. Fremde Genres und Stile eröffnen uns neue Pfade. Formen sind zwar stets eine Abgrenzung. Aber gerade durch ihre eigenwillige Grenzziehung sind wir gezwungen, uns auf neue Art künstlerisch zu bewegen. Es scheint paradox: Die Grenzen, die ein neues Genre zieht, erweitern auf lange Sicht unsere Optionen, unsere sprachstilistischen Möglichkeiten, unsere Art, Geschichten aufzuziehen, Figuren aufeinanderprallen zu lassen.

Als Künstler lernst du nie aus. Damit meine ich nicht allein die technische Seite der Kunst, die Verfeinerung der Darstellung, die subtilere Zusammenarbeit und so weiter, sondern auch, dass es nötig ist, den Blick nach links und rechts offenzuhalten: Was findet im zeitgenössischen und im klassischen Regie-Theater statt? Welche Filme begeistern dich? Und kannst du davon etwas auf die Impro-Bühne holen? Lassen sich literarische Stile auf die Bühne transportieren? Wie funktioniert Tanztheater?

Sobald man ein professionelles Level erreicht hat, lauert die Gefahr der Trägheit. Viele sagen sich: „Wenn das Rezept funktioniert, warum sollte ich daran etwas ändern?" Ob du etwas an den Shows änderst, musst du selber entscheiden. Wichtig ist aber, dass du dich künstlerisch frisch hältst, und vor allem dass wir die Neugierde als künstlerisches Prinzip erhalten.

Um nicht missverstanden zu werden: Es geht nicht darum, wie wild alles Mögliche auszuprobieren, nur um des Ausprobierens willen. Wenn ihr ein Ensemble mittelalter Spieler seid, die mit Tanz bisher wenig am Hut hatten, wird es unter Umständen wenig Sinn ergeben, eine zweistündige improvisierte Tanzperformance zu konzipieren. Aber allein die Beschäftigung mit Tanztheater könnte euch helfen, neue körperliche Ausdrucksformen für eure Impro-Comedy auf der Bühne zu finden.

Wenn die künstlerische Neugierde einschläft, wird Improtheater zu einem bloßen Geschäft. Es gibt Gruppen, die seit einem Vierteljahrhundert dieselben Spiele aufführen. Sie haben eine herablassende bis resignierte Haltung zu ihrem Job entwickelt. Sie glauben, das Publikum zu kennen, sie wissen, wie der Hase läuft, und langsam aber sicher entwickeln sie ein zynisches Verhältnis zu ihrer Tätigkeit. Sie spielen mit professioneller guter Laune Spiele, die sie als idiotisch empfinden, weil die als idiotisch wahrgenommenen Zuschauer das angeblich so wollen.

Wenn es so weit gekommen ist, sollte man sich von Zeit zu Zeit darauf besinnen, weshalb man Improtheater überhaupt mal angefangen hat. War das nicht auch wegen des immer wieder Neuen? Ging es nicht darum, sich selbst zu überraschen?

Impro-Spieler sitzen an der Quelle der Kreativität, deren Sprudeln wir genießen sollten.

10 GIB VOLLEN EINSATZ

10.1 Voller Einsatz als Grundhaltung

Improvisation ist Arbeit. Aber Improvisation ist nicht Abarbeiten. Wenn wir im Improtheater an einen Punkt kommen, an dem wir merken, dass wir uns nur noch mit halber Kraft unserer Aufgabe widmen, dann haben wir ein Problem.

Für Spieler, die neben der Improvisation noch einem anderen Job nachgehen, kann es manchmal schwierig sein, sich direkt nach der Arbeit, die einen ja ebenfalls seelisch und körperlich fordert, aufs Improvisieren einzulassen. Sie kommen zur Show mit (durchaus nachvollziehbaren) Entschuldigungen, sie seien gerade heute müde und ausgelaugt und bitten um Verzeihung, falls sie heute nicht ganz so konzentriert seien. Das ist nicht schlimm, wenn es ein oder zwei Mal passiert. Aber wenn du permanent ausgepowert von der Arbeit kommst, solltest du dir vielleicht überlegen, ob du dir deine Tagesabläufe etwas anders organisierst, zum Beispiel irgendwo eine Viertelstunde einschiebst, wo du die Augen schließen, in deinen Körper finden und deinen Geist beruhigen kannst. Vielleicht gibt es sogar im Backstage die Möglichkeit für ein kleines Nickerchen mit Schlafmaske und Ohrstöpseln. Du brauchst schließlich Wachheit und körperliche Flexibilität, um überhaupt Theater spielen zu können. Und schließlich ist es auch für deine Mitspieler auf Dauer eine Zumutung, sich auf dich einzulassen, wenn du im Stand-by-Modus durch die Show surfst.

Und schließlich möchte ich noch die an Professionalismus Erkrankten nennen, die glauben, sie wüssten nach all den Jahren ohnehin, wie der Hase läuft. Sie haben Hunderte, wenn nicht Tausende Shows gespielt und verdienen damit ihr Geld. Impro sehen sie nicht mehr als Herausforderung an, sondern als schlicht abzuarbeitenden Beruf. Diese Impro-Spieler sind innerlich gealtert, ihre gute Laune ist künstlich-professionell, aber sie haben keine wirkliche Begeisterung mehr für das schöpferische Potential von Improvisation. Sie arbeiten strikt nach Plan. Alles, was nach zusätzlichem Aufwand riecht, wird abgeschmettert. Man rutscht in diese Falle schneller als man glaubt. Nämlich dann, wenn man meint, „gut“ zu sein, wenn man glaubt zu wissen, welche Hebel man bedienen muss, um eine Show hinzulegen, bei der das Publikum jubelt. Professionalisten kümmern sich nur noch um den rein performativen Aspekt. Aber sie haben kein Interesse mehr, ihre Kunst weiterzuentwickeln, sich dem wirklich Aufregend-Unbekannten zu stellen.

Man muss, wenn man Improtheater über längere Zeit spielt, immer wieder seine Haltung überprüfen: Gelingt es mir, die Wachheit und Neugierde des Anfängers für mich zu erhalten? Bin ich bereit, mich vollends auf das Improvisieren einzulassen? Kann ich mich selbst überraschen?

10.2 Nutze deine körperlichen Fähigkeiten

Da Theater eine physische Kunst ist, müssen wir unsere Körper permanent einsetzen. Wir nutzen unseren Körper, wenn wir

- unsere Charaktere physisch anlegen,
- den ganzen Körper in die Emotionalität einbeziehen,
- Pantomime präzise ausführen,
- die Bühne ganz ausnutzen,
- unsere Stimme in all ihren Facetten ausnutzen.

Je umfassender wir unseren Körper zu nutzen verstehen, umso reichhaltiger ist das theatrale Erlebnis für die Zuschauer. Das Problem in Improgruppen ist aber, dass sie oft zu Vereinheitlichung neigen, so dass die Fähigkeiten der Einzelnen manchmal unterzugehen drohen. Das ist nicht einmal ein bewusster Prozess, sondern ein unmerkliches Abschleifen: Wenn niemand auf der Bühne herumspringt, springe ich ebenfalls nicht. Wenn niemand sonst in der Gruppe singt, werde ich weniger motiviert sein, es selbst zu tun.

Entscheidend ist, dass man sich ab und zu seiner eigenen Fähigkeiten bewusst wird und sie bewusst einsetzt, selbst wenn es sich zunächst seltsam anfühlen mag. Dazu kann es hilfreich sein, ab und zu seinen Körper nach Fähigkeiten abszuscannen:

Fähigkeit	**Beispiel**
athletische und akrobatische Fähigkeiten	Heben, Springen, auf Händen laufen, gekonnt fallen, Spagat, sich verbiegen
sprachliche und stimmliche Fähigkeiten	klassischer Gesang, Dialekte, laut rufen, Stimm-Imitationen, Song-Genres usw., Geräusch-Imitationen
tänzerische Fähigkeiten	klassischer Tanz, Contact-Improv, Jazz-Dance

spezielle pantomimische Fähigkeiten	besondere Präzision bei bestimmten Handlungen, physische Imitationen
Kuriose Fähigkeiten	Pfeifgeräusche, anatomische Kuriositäten

Wenn man seine körperlichen Fähigkeiten einbringt, sollte man sich nicht davon abschrecken lassen, dass man in der Gruppe womöglich der Einzige ist, der diese Fähigkeit einzusetzen weiß. Jede genutzte Fähigkeit macht die Aufführung reicher.

Manche körperlichen Eigenheiten erscheinen womöglich zunächst als Nachteil, etwa wenn man eher klein gewachsen ist und in einem Ensemble von großen Spielern improvisiert oder wenn man zum Beispiel eher voluminös gebaut ist. Entscheidend ist, dass wir ein positiv-spielerisches Verhältnis zu unserem Körper aufbauen. So kann, wer klein ist, auch mal auf seine Mitspieler klettern,[69] kann mehr herumspringen, besser fallen usw. Große Spieler wiederum können leichter die Bühne im wörtlichen Sinne ausfüllen. Was kannst du mit deinen langen Haaren machen? Mit deiner Fähigkeit, die Nase mit der Zungenspitze zu berühren?

10.3 Nutze deine geistigen Fähigkeiten

Wie wir im Kapitel *Behaupte* gesehen haben, sind wir im Improtheater in der Lage, selbst größere Wissenslücken zu überspielen. Wir können Namen tansanischer Kleinstädte oder Bezeichnungen chemischer Verbindungen erfinden, wir können Vorgänge im Sicherheits-Bereich des amerikanischen Präsidenten genauso simulieren wie die Diskussion in der Chef-Etage eines Finanz-Consulting-Unternehmens.

---

[69] Hinweis zur Bühnen-Etikette: Bitte nur bei Spielern vom eigenen Team und auch diese vorher fragen. Zum Thema Grenzen setzen, siehe *Improvisationstheater. Band 2: Schauspiel-Improvisation*

Und umgekehrt muss man sich nicht dümmer stellen als man ist. Wenn du Bukoba oder Fettalkoholpolyglycolether kennst oder Waffentypen von Security-Firmen benennen kannst und dich mit dem Procedere von Mikrokrediten auskennst, schadet das der Improvisation sicherlich nicht, sondern bereichert sie.

Manche Impro-Spieler schämen sich, ihr Wissen gezielt auf der Bühne einzusetzen. Lieber bleiben sie selbst in Bereichen, in denen sie sich auskennen, auf der Ebene des Quatsch-Behauptens als auch nur einen Funken ihres Wissens einzusetzen. Sie glauben, ihr Wissen sei nicht so besonders, das Publikum würde sich nicht dafür interessieren oder ihre Allgemeinbildung würde nicht ausreichen. All das sind aber nur Ausreden. Erstens ist es den Zuschauern im schlimmsten Fall egal, ob du dir deine Bühnenwahrheit ausdenkst oder aus deinem Wissen schöpfst, im besten Falle aber erkennen sie es an und freuen sich darüber, etwas gelernt zu haben. Zweitens ist jedes Wissen ziemlich speziell und besonders. Wir neigen manchmal dazu, unser eigenes Alltagswissen als allgemeingültig einzuschätzen.[70] Drittens hat heutzutage jeder eine spezielle und besondere Bildung, das beginnt bei der extrem ausdifferenzierten Popkultur. Und es betrifft natürlich in größerem Maße noch unsere berufliche Ausbildung. Selbst wenn man in angeblich „langweiligen“ Jobs arbeitet, birgt allein schon das damit verbundene *soziale* Wissen einen großes komödiantisches Potential, wie der Erfolg der britischen Serie *The Office* und ihrer internationalen Ableger zeigt.

---

[70] Man erlebt das, wenn man zugibt, einen bestimmten Film nicht gesehen oder ein Buch nicht gelesen zu haben: „Waaas? Du hast keinen einziges Harry-Potter-Buch gelesen/Star Wars nicht gesehen/weißt nicht, was der zweite Satz der Thermodynamik ist?“ Aber umgekehrt ist man doch auch oft überrascht, wenn man hören muss, dass jemand eine vermeintlich allgemein bekannte Tatsache noch nie gehört hat.

Viel zu oft sind Impro-Spieler damit beschäftigt, sich Charaktere, Situationen und Gespräche auszudenken, statt auf das zurückzugreifen, was sie kennen. Die Wahrheit ermöglicht eine Qualität des Komischen, die das Ausgedachte oft übertrifft.

Nutze dein Alltagswissen: Wie sprechen Menschen in der eigenen Umgebung? Wie verhalten sie sich auf Arbeit, in der Familie, unter Freunden und in der Beziehung? Was sind glückliche Situationen? Was ist peinlich? Wie unterscheiden sich die Normalitäten in den eigenen verschiedenen Lebenswelten?

Nutze dein Fach- und dein Spezialwissen: Szenen, in denen wir unser Fachwissen einsetzen, werden vielleicht nicht ganz so häufig auftauchen wie jene, in denen wir unser Alltagswissen einbauen. Aber es tut der Szene gut, dieses Wissen *parat* zu haben und im Zweifelsfall zu nutzen. Wenn du also zum Beispiel aus der beruflichen Praxis gewohnt bist, Verkaufsgespräche zu führen, bereichert das spezifische Vokabular die Szene.[71] Als Zuschauer merkt man: Hier weiß jemand, wovon er spricht.

Spezialwissen ist das Wissen, das wir uns praktisch nebenbei erworben haben, weil unsere Lebensumstände oder unsere Hobbys und Interessen uns darauf gestoßen haben. Wenn man sich mit dem Vorkommen von Speisepilzen auskennt oder einen Schützenpanzer steuern kann, wenn man weiß, wie spanische Könige hießen oder was im Strafrecht der Unterschied zwischen Verbotsirrtum und Gebotsirrtum ist, so lässt sich das schön nebenbei einflechten. Zu beachten ist hier allerdings, dass man

---

[71] Eine Schülerin trug sich über Monate mit gewissen Hemmungen, bis ich herausfand, dass das nichts mit ihren (eigentlich glänzenden) Impro-Fähigkeiten zu tun hatte, sondern dass sie als Dachdeckerin gegenüber ihren studierten oder studierenden Impro-Mitschülern Komplexe hatte. „Wer", so fragte ich sie, „hat schon deine Erfahrungen? Wann wird ein Handwerker auf einer Impro-Bühne schon mal von einem Handwerker gespielt? Wer bringt schon die Erfahrungen mit, als Frau in einem typischen Männerberuf zu arbeiten? Und da haben wir von deinem Fachwissen noch gar nicht gesprochen."

sich nicht in den Details verlieren sollte oder sie zu einem zentralen Punkt des Impro-Angebots machen sollte. Man sollte nicht annehmen, dass die Mitspieler das gleiche Vorwissen haben. So kannst du zum Beispiel nicht automatisch davon ausgehen, dass deine Mitspieler wissen, dass zur Zeit der Entdeckung Amerikas Ferdinand II. König von Spanien war. Aber wenn wir eine Szene über die Entdeckung Amerikas spielen, bereichert es die Szene, wenn du nebenbei seinen Namen einbaust und bei dem einen oder anderen Zuschauer für ein Wiedererkennen sorgst.

10.4 Kompromisse

Zu künstlerischen Kompromissen gibt es für die Bühne eine einfache Faustregel: Macht keine! Mit vollem Einsatz zu spielen bedeutet nämlich auch, den Mut zu haben, die Konsequenz der Szene oder einer Figur auszuspielen und herauszufinden, wohin uns das Ganze führt. Wenn wir ein Spiel oder die Form einer Szene gefunden haben, die durchaus banal sein kann (zum Beispiel einfach, dass eine der Figuren nur schweigt), dann lasst uns dies bis in die letzte Konsequenz treiben.

Das gilt für die „hohe Kunst“ genauso wie für einfache Comedy. Ein Spiel wird erst interessant, wenn es voll ausgereizt wird. Wenn wir zum Beispiel ein Impro-Spiel aufführen, das seine Komik aus wechselnden Emotionen zieht (etwa „Gefühlsstuhl“ oder „Emotions-Felder“[72]), dann ist das Spiel nur halb ge-

[72] Gefühls-Stuhl: Zwei bis drei Spieler spielen eine Szene. Jedes Mal, wenn einer der Spieler den Stuhl (oder einen anderen großen Gegenstand) in der Szene berührt, muss er die Emotion (entsprechend der Vorgabe des Publikums) ändern.
Emotions-Felder: Die Bühne wird in vier gleich große Felder eingeteilt, die jeweils mit einer Emotion verknüpft werden. Solange ein Spieler sich in einem der Felder befindet, bleibt er in dieser Emotion, wechselt jedoch, sobald er ein anderes Feld betritt. (Die Wechsel spielt man am besten schnell und unberechnend. Man überrasche sich selbst.)

spielt, wenn wir die Emotionen nur andeuten oder sie vermischen. Hier gilt es, alles, was man hat, in die Waagschale zu werfen. Bei „gefundenen“ Spielen, die sich eher auf den Inhalt beziehen, ist es das Gleiche:

Die Kompromisslosigkeit betrifft auch den Inhalt selbst. Wenn ihr euch zum Beispiel einem politischen Thema nähert, weicht nicht davor zurück, es zu Ende zu denken, nur weil ihr befürchtet, jemanden damit vor den Kopf zu stoßen oder auf gedankliche Konsequenzen zu stoßen, die euch selbst unangenehm sind.[73]

10.5 Über-Engagement

Nun gibt es Spieler, die wunderbare Figuren spielen, ihren Mitspielern zuhören, einen Sinn für gute Storys haben und auch hinter der Bühne angenehme Zeitgenossen sind. Aber trotzdem zögert man, mit ihnen zu spielen, da ihr überbordendes Engagement den Mitspielern kaum Luft lässt. Kaum wird das Licht aufgeblendet, sind sie schon mit ihrer Idee auf der Bühne. Sie geben die Richtung der Story vor, spielen die merkwürdigsten Figuren und dominieren überhaupt das gesamte Geschehen. Wenn eine Szene zwischen zwei anderen Spielern gut läuft, finden sie einen Grund, sich noch irgendwie einzumischen.

Ob du zur Sorte der über-engagierten Spieler gehört erkennst du an folgenden Merkmalen:

Bei einer Szene, in der du nicht mitspielst, fragst du dich: „Wie kann ich mich daran beteiligen?“

- Du bist überwiegend derjenige, der die Szenen beginnt.
- Die Mitspieler scheinen dir zu langsam.

[73] Das gemeinsame Ziel der künstlerischen Kompromisslosigkeit kann dennoch bedeuten, dass man innerhalb eines künstlerischen Teams Kompromisse schließen muss oder auch dass man seine Vision an die materiellen und personellen Gegebenheiten (z.B. die Bühne oder Anzahl der Spieler) anpassen muss.

- Deine Ideen scheinen dir origineller als die deiner Mitspieler.

Was ist die Lösung? Zunächst einmal: Entspann dich. Der Erfolg einer Show ruht nicht allein auf deinen Schultern. Selbst wenn du deine Stärken kennst, solltest du den anderen die Gelegenheit geben, ihren Platz zu finden. Wenn das für „Lücken“ in der Show sorgt, ist das vielleicht nur deine Wahrnehmung und dein zu hektisches Timing.

Mit vollem Einsatz zu spielen bedeutet auch zu wissen, wann man sich zurückzunehmen, wann man zu schweigen hat. Ein Kunstwerk wird nicht unbedingt besser, indem man immer mehr hinzufügt. Es ist dann perfekt, wenn man mit möglichst wenig Mitteln das beste Ergebnis erzielt hat. Wenn du also meinst (oder von deinen Mitspielern hörst), du seist überengagiert, dann frage dich: Wie wenig kann ich tun? In Sinfonie-Orchestern sieht man bei einigen Konzerten den Percussionisten mit den Becken, der eine halbe Stunde im Hintergrund wartet, um schließlich beim Finale für den großen Krach zu sorgen. Vielleicht bist du bei eurer nächsten Show dieser Percussionist.

11 LASS DICH VERÄNDERN

Veränderung ist der Kern von Geschichten. Charaktere verändern sich emotional, sie verändern ihre Sicht auf die Dinge, sie verändern ihre Verhaltensweisen, sie gewinnen oder verlieren. Jede Szene, die wir improvisieren, ist eine Mini-Geschichte, die manchmal Teil einer größeren Gesichte oder eines improvisierten Stück ist. In der Konsequenz bedeutet das, wir brauchen permanent Veränderung. Denn wenn sich niemand verändert, bleibt die Szene starr und die Story bleibt stehen.

Sich verändern zu lassen, klingt zunächst leicht, aber häufig sind Impro-Spieler zu sehr in ihre Figur verliebt. Man mag dann die bizarre Hochstatus-Polizistin so sehr, dass man gar nicht mehr loslassen möchte. Der Weigerung, sich zu verändern, liegt eine Angst vor Kontrollverlust zugrunde. Die Fähigkeit, zu den Angeboten des Partners „Ja" zu sagen, ist banal im Vergleich zur Bereitschaft, sich als Improvisierer wirklich zu verändern.

Um die eigene Figur zu verändern, muss man als Spieler selbst veränderbar bleiben, was wiederum bedeutet, dass man zu seinen Figuren und Emotionen ein flexibles Verhältnis findet. Im schlechtesten Fall reagieren Spieler zu sehr, wie sie es für „realistisch" halten oder wie „man selber" reagieren würden, was dann darauf hinausläuft, dass sie sich nie verändern. Um sich zu verändern, braucht man aber nicht unbedingt einen „realistischen" Grund, man darf nur das Timing nicht verpassen.

11.1 Emotionale Veränderung

Manche Angebote sind dermaßen bedeutungsvoll, dass als Reaktion vom Gegenüber eine emotionale Veränderung stattfinden *muss*.

- Jede Art von **Geständnis** ruft nach einer Veränderung.
  Dabei ist es relativ unabhängig, ob das Geständnis etwas Spektakuläres beinhaltet, wie ein Liebesgeständnis oder etwas Profanes wie „Es tut mir leid. Ich habe die Kreditkarte vergessen."
- **Bedrohung**
  Auf eine Bedrohung nicht zu reagieren, würde bedeuten, dass es gar keine Bedrohung ist.
- Ausdrückliche **Neuigkeiten**
  „Ich habe den Job." oder „Wir müssen nach Flensburg ziehen." oder „Die Japaner haben Pearl Harbor bombardiert."
- **Drastische, unmittelbare Ereignisse**
  „Die Lawine! Sie kommt direkt auf uns zu!"

Wenn die emotionale Wucht des Angebots groß genug ist, ist ein gleichmütiges „Ja und …" kein Akzeptieren, sondern eine Blockade:

> **Ina:** „Rudi, es tut mir so leid, ich habe deine Katze in der Tür eingeklemmt. Sie ist tot."

Rudi: „Schade. Dann musst du mir eben eine neue kaufen."

In Geständnis-Szenen kann das Veränderungspotential allerdings auch umgekehrt werden.

Ralph *(zögerlich)*: „Mama, Papa, ich muss euch etwas sagen."

Papa *(lächelt):* „Nur zu."

Ralph *(immer noch scheu)*: „Ich bin schwul."

Mama *(lächelt Papa bestätigend an):* „Das wissen wir doch schon seit zwei Jahren."

Das Coming Out ist eigentlich als riesige Offenbarung aufgebaut. Man könnte also von Ralphs Eltern erwarten, sich zu verändern. Die Spieler aber erhöhen den Einsatz: Sensationeller als das Coming Out ist, dass die Eltern es schon lange wussten. Nun ist es Ralphs Aufgabe, sich zu verändern. Wenn er das nicht tut, verdampft die Szene.

Mitunter ist es aber nicht ein einzelnes Angebot, dass die Veränderung unmittelbar erfordert, sondern es ist einfach an der Zeit.

A: „Ich weiß nicht, was ich tun soll. Ich weiß ja nicht einmal, ob Georgia mich liebt."

B: „Hast du es ihr denn gesagt?"

A: „Nein. Dann wäre alles hin."

B: „Hast du ihr Geschenke gemacht?"

A: „Das wäre zu übergriffig."

B: „Suchst du manchmal Augenkontakt?"

A: „Ich bin nicht so der Flirt-Typ."

B *(rastet aus)*: „Wie soll sie dann wissen dass du sie magst! Sei ein Mann und kein halbtoter Fisch!"

Entscheidend für die Veränderung ist nicht der konkrete Inhalt des Angebots, sondern das Timing. Wir können uns die Szene

Spannung der Szene vorstellen wie einen Ballon, der langsam aufgeblasen wird und irgendwann platzt. Aus der neuen emotionalen oder Status-Konstellation ergibt sich die neue Plattform, von der aus sich die nächste Veränderung ergeben wird.

11.2 Räumliche Veränderung

> In der ersten Szene des Films *Der Pate* bittet der Bestattungsunternehmer Bonasera den Mafia-Boss Don Corleone darum, seine Tochter zu rächen. Der Don ist beleidigt, dass dieser sich erst jetzt an ihn wendet und sich ihm nicht unterwirft. Still hört er sich die Klagen und Bitten an. Als Bonasera ihm schließlich Geld anbietet, ist das Maß voll. Er erhebt sich zu bedrohlicher Größe, geht langsam um den Tisch und verändert somit komplett die räumliche Anordnung. Bonasera knickt schließlich ein und küsst als Unterwerfungsgeste den Ring.

Räumliche Veränderung wird von Bedeutung, wenn sie aufgebaut wird. Gerade im Theater ist sie mehr als die zweckgebundene Bewegung von A nach B, etwa weil eine Figur zum Kühlschrank geht, um sich daraus einen Saft zu holen. Die Veränderung der Figur im Raum baut das Bühnenbild neu, sie positioniert die Figuren *zueinander* neu.

Um der räumlichen Veränderung diese Wirkung zu verleihen, brauchen wir aber zunächst überhaupt eine Position innerhalb der Szenerie, anstatt pausenlos und ziellos auf der Bühne wie aufgeregte Hühner hin und her zu rennen. Die Position der Figuren zueinander gleicht einem Bild, ihre Veränderung ist eine kleine Geschichte. Die Veränderung der Position verleiht der Szene visuelle Dynamik.

11.3 Statusveränderung

Status beschreibt im Wesentlichen ein subtiles Dominanz- und Unterwerfungsverhältnis zweier Figuren.[74] Die Umkehrung dieses Verhältnisses ist eine bemerkenswerte Veränderung, die in einer Szene beeindruckt. Der Wechsel von Hoch- zu Tiefstatus und umgekehrt ist somit eines der wirkungsvollsten erzählerischen Mittel im Theater.

Statusveränderung muss besonders geübt werden, da die Herausforderung weniger technischer, sondern psychologischer Natur ist. Mehr noch als etwa in einer räumlichen Position kann man sich bequem in einem Status einigeln. Die Position des Hochstatus aufzugeben, bedeutet, Kontrolle abzugeben, was gerade für Anfänger schwierig ist, denn Kontrollverlust ist im Alltag schließlich oft mit Angst besetzt. Umgekehrt bedeutet der Wandel vom Tiefstatus zum Hochstatus, die Initiative zu ergreifen, mehr Raum in Anspruch zu nehmen, neue Schritte zu einzuleiten, mehr zu definieren und so weiter. Und selbst diese Veränderung ist bei Impro-Spielern oft unbewusst mit Ängsten verbunden, wenn sie plötzlich auf Aktiv-Modus umschalten sollen.

Auch hier ist der Schlüssel für die Veränderung, sich vom Gegenüber emotional berühren zu lassen und körperlich flexibel zu bleiben. Das heißt nicht, dass Szenen in einem fort wie eine Statuswippe hin und her gehen müssen, sondern dass der Status entweder nach und nach gekippt wird oder dass man einen Punkt findet, der das Ganze plötzlich kippen lässt.

Übung: Statuskippe

Um Statuswechsel zu trainieren, eignen sich Standard-Szenen mit relativ klarem Hoch- und Tiefstatus, zum Beispiel:

---

[74] Ausführlich dazu: *Improvisationstheater. Band 2: Schauspiel-Improvisation.*

- Junger Mann bei den Schwiegereltern
- Bewerbungsgespräch
- Herrin und Zofe

Die Szene wird angespielt mit Fokus auf den Grund-Status. Nach einer Weile liefert einer der beiden Spieler eine „wichtige" Information, die den Status der anderen Person kippen lässt. (Zum Beispiel können die Hochstatus-Schwiegereltern entdecken, dass der junge Mann der Polizeipräsident ist. Oder die Bewerberin entdeckt auf dem Schreibtisch der Personalchefin das Buch „Wie ich endlich meinen Geiz und meine Eitelkeit überwinde". Oder die Herrin gesteht der Zofe, dass die beiden als Babys verwechselt wurden.
Die Statusveränderung kann rasch oder schnell geschehen. Sie kann groß oder klein sein. Spielt mit Variationen!

11.4 Wandel und Wechsel

Allmähliche Veränderung nennen wir Wandel. Abrupte Veränderung nennen wir Wechsel.[75] Sehen wir uns ein Beispiel für den Wandel an:

Karsten *(schluchzt heftig)*: „Sie hätten mich doch wenigstens vorher warnen können."

Nina *(beruhigend)*: „Ja, das hätten sie tun sollen, aber das ändert jetzt auch nichts mehr an deiner Kündigung."

Karsten: „Ich werde nie wieder einen Job als Zeitungsredakteur finden."

Nina: „ Du hast viele Fähigkeiten, du wirst auf die Beine fallen."

Karsten (weint weniger stark): „Meinst du?"

---

[75] Im Improtheater werden mitunter auch die englischen Begriffe „shift" (Wandel) und switch" (Wechsel) benutzt.

Nina: „Natürlich. Mein Vater hat zum Beispiel nach dir gefragt."

Karsten (wischt sich die Tränen ab): „Wirklich?"

Nina: „Sie brauchen einen Redenschreiber."

Karsten *(beeindruckt):* „Im Bundeskanzleramt?"

Die Wandlung von Traurigkeit hin zu Beeindrucktsein erfolgt nach und nach. Hier ist *der Prozess* des Veränderns selbst interessant.

Beim raschen Wechsel hingegen, wo es uns um den Effekt geht, korrespondiert die Überraschung korrespondiert hier mit den emotionalen Reaktionen der Zuschauer – dem Lachen und dem Schrecken: Der Hochstatus-Kommissar, der erhobenen Hauptes das Zimmer verlässt und sich vor einer vorbeihuschenden Katze erschrickt, ist die komische Variante. Wenn wir uns aber in einem Horrorhaus befinden und wissen, dass die Katze von Dämonen besessen ist, dann erstarren wir vor Schrecken mit dem Kommissar, der die Überlebenden zu retten versucht.

11.5 Loslassen

Vor einigen Jahren beobachtete ich an der polnischen Ostseeküste und ein deutsches und ein polnisches Kind, die gemeinsam eine Sandburg bauten, ohne dass das eine die Sprache des anderen kannte. Es wurde eine Burg mit Türmen, Flutgräben und Geheimgängen. Es gab keinen Plan. Die beiden improvisierten nicht nur mit Sand, Wasser, Stöckchen und Muscheln, sondern auch mit dem, was das andere Kind gerade vorgab. Sie gingen so sehr im Spiel auf, dass es in ihren Köpfen überhaupt keinen Platz für Pläne gab. Hätte man zwei Erwachsene an ihre Stelle gesetzt, würden diese wahrscheinlich versuchen, einander gestisch ihre Pläne zu erläutern oder gar einander Kommandos zu erteilen.

Die entscheidende Fähigkeit des Improvisierers besteht nicht darin, nach Ideen im eigenen Kopf zu suchen, sondern die *Ideen loszulassen.* Wenn man aufmerksam für das ist, was vor einem liegt, wird man immer assoziieren, das heißt „Ideen" produzieren. Ideenlosigkeit wird einen nur dann befallen, wenn man an einer Idee festhält und diese nun leider nicht mehr zur neuen Situation passt. Wenn wir hingegen Moment für Moment wahrnehmen und emotional annehmen, ist genau die Assoziation die „beste", die der aktuellen emotionalen Reaktion entspricht.

Sogar von grundsätzlichen Annahmen müssen wir manchmal loslassen. Was das eine Kind als Burgtunnel anlegt, kann im nächsten Moment durch ein paar Stöckchen zum Verlies werden. In einer Impro-Szene betrifft das häufig die szenische Plattform selbst, also zum Beispiel das Verhältnis der Figuren zueinander.

> **Daniel** sitzt beunruhigt auf dem Stuhl.
>
> **Lisa** nimmt das Angebot Beunruhigung auf. Sie tritt im ruhigen Hochstatus auf und schaut Daniel ernst an.
>
> **Daniel:** „Da sind Sie ja! Sagen Sie, was ist mit meiner Tochter? Geht es ihr gut?"
>
> *Dieses Angebot wäre von den meisten Spielern als Vater-Ärztin-Angebot aufgefasst werden. Aber es ist nicht so spezifisch, dass es nicht auch anders verstanden werden könnte.*
>
> **Lisa:** „Wir sind von ihr so sehr beeindruckt, dass wir sie ins Spezial-Team des Bundeskriminalamts aufnehmen wollen. Und ja, es geht ihr gut."
>
> **Daniel** *(drückt ergriffen ihre Hand)*: „Danke, Frau Hauptkommissarin!"

Würde Daniel zu sehr an seiner Idee Vater/Ärztin festhalten, geriete er ins Zögern und verlöre das Im-Moment-Sein.

12 SEI SPEZIFISCH

12.1 Spezifik aus der Perspektive der Zuschauer

Vor einer Weile sah ich in einem Workshop eine Szene, die ungefähr so begann:

A: „Vater?"

B: „Ja, Sohn?"

A: „Ich will dich etwas fragen."

B: „Was denn, Sohn?"

A: „Ich will heute bei einem Schulfreund übernachten."

B: „Ist das nicht der Sohn der Lehrerin?" (...)

Obwohl die Prämisse durchaus interessanten Inhalt verspricht, stimmt etwas nicht mit der Szene, sie wirkt irgendwie blutleer. Es fehlen Namen und Konkretes. Vielleicht spricht hier und da noch jemand seinen Vater mit „Vater" an. Aber ich habe noch nie jemanden getroffen, der seinen Sohn unironisch „Sohn" nennt. Sowohl Schulfreund als auch Lehrerin würden in einem normalen Gespräch mit Namen genannt werden. Der Impuls der Spieler ist hier offenbar, einander und dem Publikum klarzumachen, in welchem Verhältnis sie zueinander stehen und zu erklären, worum es geht. Das gelingt ihnen zwar, aber um einander wirklich zu inspirieren und das Publikum wirklich mitzunehmen, denken sie zu technisch-abstrakt.

Das Allgemeine ist der Feind der Kunst. Das Spezifische ist ihr Freund. Als Zuschauer (oder Leser, Hörer, Betrachter) sind wir stets vom Spezifischen fasziniert. Das Spezifische ist plastisch und detailreich. Das Allgemeine bleibt flach und schablonenhaft. Wir interessieren uns allenfalls in einem abstrakten Sinne für Konzepte und Plots, sind aber gefesselt, wenn es um die Details geht. Man kann das an Storys nachvollziehen, die nach dem immergleichen Muster gestrickt sind, so wie zum Beispiel Sitcoms: Eine Gruppe von Charakteren, die sich im Laufe einer Serie so gut wie gar nicht ändern, wird in immer neue Situationen gesteckt, in denen ihre Charaktere zu kämpfen haben: Das neue Regal, die Schulparty, eine fehlgeleitete E-Mail usw. Würde man nur den Plot erzählen, könnte man mit den Schultern zucken. Ähnliches gilt für Genre-Filme und -Romane: Western zum Beispiel erzählen mit wenigen Veränderungen immer wieder dieselben sechs Grundstorys. Aber *wie* sie umgesetzt werden, das ist das Interessante.

Das Spezifische braucht nicht einmal eine besondere Funktion in der Story. Wir freuen uns über seine schiere Existenz. Im Film *Pulp Fiction* hat der Boxer Butch seine Armbanduhr zuhause liegengelassen. Sie liegt nicht einfach nur auf dem Nachttisch, sondern hängt an einem kleinen Porzellankänguruh. Das Känguruh wird zweimal erwähnt und ein paar Minuten später gezeigt, aber für die Handlung des Films spielt es überhaupt keine Rolle. Das Entscheidende ist: Es macht die Szene *spezifisch*. Obwohl die Szene sehr dynamisch weitergeht, fragt man sich fast unbewusst, was diesen zähen Typen dazu bringt, sich dieses Kitsch-Tier ins Schlafzimmer zu stellen.

Zuschauer lieben es, die eigene Welt wiederzuerkennen: Wenn wir etwa eine Szene sehen, in der ein Team-Meeting stattfindet, finden wir es zum Beispiel interessant, wenn alle sich mit fadenscheinigen Ausreden davor drücken, das Protokoll zu schreiben, einfach weil wir das aus unserer Arbeitswelt oder ähnlichen Zusammenhängen kennen, und je konkreter die Ausreden sind, umso besser. Wir lieben es, wenn wir Typen nicht als Stereotypen präsentiert bekommen, sondern wenn sie so plastisch wie möglich erscheinen: Wenn also ein Berliner Busfahrer nicht nur unfreundlich berlinert (Klischee), sondern wenn er versucht, freundlich zu bleiben und hochdeutsch zu reden, aber die Impulse seiner Mundart und seiner Unfreundlichkeit hinter der Fassade immer wieder aufscheinen (plastisch, realistisch).

12.2 Spezifik umsetzen

Der Schlüssel fürs Spezifische ist die Liebe zum Detail. Eine große Szene lebt durch die kleinen Gesten, die Genauigkeit der Handlungen, die kleinen Eigenschaften der Figuren.

12.2.1 Dinge und Personen benennen

A: Nehmen Sie Platz.

B: Danke, Chef.

A: Sie wissen, unsere Firma kann solche Regelverstöße nicht dulden.

B: Ich war mir dieser Regel in dem Moment nicht bewusst.

A: Sie arbeiten schon so lange in der Firma. Irgendwann muss es doch in Ihrem Kopf angekommen sein, dass das unseren Ruf ruiniert, wenn Sie so etwas tun.

B: Heißt das, ich muss mit Konsequenzen rechnen?

A: Ja, Sie bekommen eine Abmahnung.

Die Szene langweilt, weil wir nicht wissen, um *was* für eine Firma es sich handelt, wir wissen nicht, *was* für ein Regelverstoß es ist, kennen keine Namen usw. Schauen wir uns dieselbe Szene an, wenn wir sie mit Inhalt füllen:

> **A:** Nehmen Sie Platz, Herr Tariverdian.
>
> **B:** Danke.
>
> **A:** Sie wissen, dass wir es nicht dulden können, wenn Mitarbeiter ihre Mittagspause bei McDonalds machen.
>
> **B:** Ich weiß, Frau Brade, ich war mir in dem Moment nicht bewusst, dass bei Greenpeace diese Regel gilt.
>
> **A:** Sie arbeiten schon so lange bei uns. Irgendwann muss es doch in Ihrem Kopf angekommen sein, dass solche Handlungen unseren Ruf ruinieren.
>
> **B:** Heißt das, ich muss wieder zu einer der Aktionstruppen?
>
> **A:** Ja, drei Monate auf Rinderställe klettern, Freiheit-für-die-Kühe-Transparente aufhängen und sich selbst im Rinderkostüm anketten!

Diese Form des Benennens ist nicht an komische oder drastische Szenen gebunden. Dasselbe lässt sich auch für ernste bzw. dramatische Szenen durchspielen. Die Szene könnte genauso gut in einer Investment-Bank, einem Call Center oder einer Musikschule spielen. Vergehen und Strafe wären entsprechen dann entsprechend abzuwandeln. Der Punkt ist, dass wir durch die Spezifik erstens das Publikum an die Szene binden und zweitens selber weniger im Impro-Nebel herumstochern. Je abstrakter das Drumherum ist, desto schwerer wird es nämlich für den Impro-Spieler, eine emotionale Perspektive zur Szene aufzubauen und die Szene assoziativ weiterzuführen. In der abstrakten Beispielszene würden wir niemals zur Konsequenz Kuhkostüm und Rinderstall kommen, während sie sich in der zweiten ganz organisch ergibt. Allerdings sollten wir nun nicht zwanghaft alles und jeden benennen, sonst landen wir bei dümmlichen Gesprächen, die vollgestopft sind mit überflüssigen Dialogdetails:

Spielerin A: Rita Weißbach!

Spielerin B: Ramona Kessler!

Spielerin A: Ich habe einen Verdacht, den ich Ihnen an diesem Mahagoni-Tisch erläutern möchte. Nehmen Sie doch Platz und bedienen Sie sich an den irakischen Datteln, die ich heute früh nach dem Putzen des Aquariums in diese usbekische Holzschale füllte.

Spielerin B: Ich bin gespannt was Du – meine frühere Klassenkameradin – mir mitteilen möchtest.

Wir sollten schon auf einen natürlichen Sprachfluss achten. Aber *wenn* wir etwas benennen, können wir es auch gleich konkret machen.

12.2.2 Baue deinen Alltag ein

Es beginnt mit den täglichen Handlungen und den uns umgebenden Gegenständen, die auf der Bühne immer wieder eine Rolle spielen: Schließe die Wohnungstür nicht so auf, wie *man* eine Wohnungstür aufschließt, sondern so wie *du* es selber machst. Wie benutzt *du* dein Handy, deinen Kühlschrank, deine Oboe? Erstens ist es einfacher, diese Handlungen zu etablieren, und zweitens sind wir spezifisch, eben weil wir sie (quasi unbewusst) auf spezifische Weise benutzen. Das Publikum hat sofort das Gefühl, wir wüssten genau, was wir da tun.

Dasselbe gilt für Figuren. Warum soll ich mir in einer Arzt-Szene jemanden „ausdenken“, wenn ich auch Ärzte, mit denen ich zu tun habe, auf die Bühne bringen kann: Die mich über ihre Lesebrille musternde Bald-Rentnerin, der mit großen Schritten den Raum ausmessende Sportarzt, die immer im vertraulichen Flüsterton sprechende und einen andauernd an der Schulter berührende Zahnärztin, der fatalistisch-erschöpfte russische Kinderarzt. So bizarr diese Figuren einem selbst im Alltag erscheinen mögen, so wahrhaftig wirken sie auf der Bühne, da ihre Perspektive dem Zuschauer vertraut vorkommt, selbst wenn er noch nie von einem fatalistisch-erschöpften russischen Arzt behandelt wurde.

12.2.3 Charaktere außerhalb des Klischees

Manche Figuren sind durch die erlebte Wirklichkeit und durch kulturelle Wiederholung dermaßen in unser Gedächtnis gefräst, dass sie zum Klischee geformt wurden, dem man nur schwer entweichen kann: Die besorgte Mutter, der schwule Modedesigner, der strenge Boss, …

Solche Klischees eins zu eins auf der Bühne zu darzustellen, bringt einem zwar ab und zu einen Lacher, aber man hat die Kunst betrogen und damit letztlich sich selbst. Das Problem ist nämlich, dass die Klischees ja scheinbar funktionieren, weil sie eine Entsprechung in der Wirklichkeit haben. Die Herausforderung für uns liegt darin, sich der Wahrheit anzunehmen, ohne in die Klischee-Falle zu tappen. Das ist umso schwieriger, als wir unsere Charaktere *sofort* erschaffen müssen.

Wieder liegt die Lösung darin, spezifisch zu sein. Wir umarmen die Archetypen und vermeiden die Stereotypen.[76] Und die Stereotypen vermeiden wir, indem wir unseren Charakteren spezielle Verhaltensweisen geben. Die besorgte Mutter kann zart wie eine Elfe oder grob wie ein Bär sein. Der mächtige, bedrohliche Boss (in seiner Gestalt als Schuldirektor, Richter, Chefkoch) kann sich cholerisch oder melancholisch verhalten. Der Tollpatsch bewegt sich vielleicht wie dein bester Freund, aber eben derart ins Extreme getrieben, dass es tölpisch wirkt. Auf diese Weise würzen wir die Archetypen mit konkreten Aspekten,

[76] Zu dieser Unterscheidung ausführlich: *Improvisationstheater. Band 2: Schauspiel-Improvisation.*

statt sie zu Stereotypen verkommen zu lassen. Wenn wir „die Polizisten“, „die Nachbarn“, „die Künstler“, „die Gangster“ denken, dann landen wir beinahe zwangsläufig im Klischee. Wenn wir jedoch ihre Darstellung mit Haltungen und Handlungen von Personen kombinieren, die wir kennen, erwecken wir die Figuren zum Leben.

13 MITEINANDER

Fast jeder, der die Welt des Improvisationstheaters betritt, empfindet in den ersten Wochen und Monaten eine Öffnung: Kreativität ist plötzlich in Ausmaßen möglich, die man bei sich selbst kaum vermutet hätte. Die Welt erscheint reicher, bunter, voller Optionen, eine riesige Einladung zum Spielen. Mancher wird die Fülle der Figuren lieben, mancher die überraschenden Storys. Und doch eröffnet uns Improtheater Freiheitsgrade, die über die eigene Freiheit und die Fülle der Szenen und Figuren hinausgehen: Improvisationstheater funktioniert durch Zusammenarbeit. Das ist zunächst einmal ganz offensichtlich. Wir müssen zuhören, um auf die Angebote der Mitspieler eingehen zu können. Aber Zusammenarbeit bedeutet mehr. Mitspieler sind mehr als nur die Stichwortgeber in der Szene. Eine gute Szene entsteht erst dadurch, dass wir die Angebote unserer Mitspieler ehren, sie verschärfen, ihnen Bedeutung geben, mit ihnen spielen. Im Idealfall tun das die Mitspieler auch mit unseren Angeboten. Wenn ich mit dir improvisiere und wir aufeinander eingehen, entsteht dabei etwas, das keiner von uns beiden sich hätte ausdenken können. Das Ergebnis ist mehr als die Summe deiner und meiner Improvisation, es ist das Resultat der Kooperation, einer höheren Schaffens-Energie, wenn man so will eines „Impro-Gottes". Theater-Improvisation entsteht also nicht nur durch Zusammenarbeit, sie *ist* Zusammenarbeit.

13.1 Kontrolle aufgeben

Angst vor Kontrollverlust ist eine der Ängste, mit denen man sich als Homo Sapiens herumzuschlagen hat. Ein Teil unseres Erwachsenwerdens besteht darin, dass wir uns von der Fremdbestimmung unserer Eltern, unserer Lehrer und anderer Autoritäten lösen. Kaum jemand mag es, kommandiert zu werden oder Opfer von Umständen sein. Kurz: Wir wollen unser Leben im Griff behalten.

Improvisationstheater funktioniert aber nur, wenn wir diese Kontrolle aufgeben. Lernen loszulassen, ist eine der wichtigsten Übungen für jeden Impro-Schüler.

13.1.1 Spielen statt Kommandieren

Szene 1

A gräbt um.

B: „Was machen Sie denn da? Hören Sie auf, meinen Garten zu verunstalten!"

Szene 2

A gräbt um.

B: „Ach Schatz, musst du jetzt schon wieder umgraben? Wir wollten doch eigentlich Tee trinken!"

Szene 3

A gräbt um.

B: „Wie graben Sie denn um? Das macht man ganz anders: Rechte Hand oben, linke Hand unten. So. ... Nein, nein, nein, das sieht ja furchtbar aus."

Szene 4

A gräbt um.

B: „Sehr gut, sehr gut, und wenn Sie fertig sind mit Umgraben, trimmen Sie bitte die Hecke und wässern die Erdbeeren."

So sehr sich diese vier Szenen auch im Ausmaß von Positivität/ Negativität und Akzeptieren/Blockieren unterscheiden, so ist ihnen doch gemein, dass Spieler B in jedem Falle seinen Mitspieler kommandiert. Nun wäre es zwar Unsinn, Szenen, in denen eine Figur die andere kommandiert, aus dem Improtheater komplett verbannen zu wollen. Aber es ist doch bemerkenswert, wie häufig Impro-Szenen damit beginnen, dass ein Spieler eine Routinehandlung mimt und der andere ihn daraufhin rügt oder herumkommandiert. Kommandieren ist in den allermeisten Impro-Situationen eine Übersprungshandlung, eine Reaktion auf die Angst, mit Neuem, Unbekanntem umgehen zu müssen: Solange ich den anderen herumkommandiere, habe ich ja die Szene unter Kontrolle und muss mich nicht verändern. Meistens mündet das Kommandieren in zwei Szenen-Formen:

Figur A fängt an zu nörgeln und B kommandiert weiter.

- A und B landen in einer ziellosen, nicht enden wollenden Unterrichtsszene.

„Aber müssen wir nicht irgendwie auf das Umgraben als erste Routinehandlung des Partners reagieren? Das ist doch das erste Angebot!"

Es ist wichtig, dass wir es wahrnehmen, aber wir müssen *nicht unmittelbar* darauf reagieren, zumindest nicht verbal. Die einfachste Reaktion auf das Angebot einer Routinehandlung ist, diese zu kopieren und dabei emotional zu sein:

Szene 5

A gräbt um.

B gräbt ebenfalls um und lächelt glücklich.

A: „Das heißt also, du kannst das Haus und diesen Garten behalten, Frank?"

B: „Weißt du, Jochen, Sie hat sich drauf eingelassen. Wir versuchen, unsere Scheidung so zivilisiert wie möglich durchzuziehen."

A kichert und gräbt intensiver ...

Die Szene kann einen komischen oder dramatischen Verlauf nehmen, aber als Zuschauer sind wir doch schon deutlich stärker am Fortgang der Szene interessiert als beim reinen Kommandieren.

Das Kommandieren und Manipulieren des Spielpartners finden wir nicht nur am Beginn einer Szene.

Szene 6
Fortsetzung der Szene 5 („Zivilisierte Scheidung"), ein paar Szenen später.

B: „Sie hat mich übers Ohr gehauen, Jochen."

A wirft Dartpfeile auf eine Scheibe: „Ich hatte es geahnt.

B: „Ich habe vergessen, das Gestüt auf meinen Namen registrieren zu lassen. Jetzt lass doch mal dieses Pfeilgewerfe sein, Jochen, und hör mir zu! Ich bin pleite!"

Diese Szene hat durchaus Potential, und es ist nicht unrealistisch, dass man in solch einer Situation die Nonchalance des anderen thematisiert. Aber die Szene gewänne doch ordentlich an bildlicher Kraft, wenn *beide Charaktere* abwechseln Dartpfeile werfen würden. Oder wenn A die Art des Pfeilwerfens ändert, je nachdem, wie ihn das Gesagte emotional beeinflusst.

Angstgeleitetes Kommandieren und Manipulieren lässt sich in solch subtilen Fällen nicht immer leicht erkennen. Die Frage ist hier: Suchen wir das gemeinsame Spiel oder igeln wir uns in unseren sicheren Positionen ein? Wenn du und ich klar verbunden sind, können wir selbst das Kommandieren zum Spiel werden lassen.

Szene 7

A und B durchschreiten ein großes Haus. A beobachtet alles genau und hat den Drang, alle Gegenstände zu berühren.

B: „Das ist alles halb so schlimm. Wir versuchen, unsere Scheidung so zivilisiert wie möglich durchzuziehen. Könntest du bitte die Porzellan-Figurine wieder hinstellen? Danke."

A stellt die Figurine wieder ab: „Wenn euch das gelingt, wäre das toll für dich." nimmt einen schweren Gegenstand von der Wand.

B: „Bitte, Jochen, diese Uhr ist sehr wertvoll, lass sie bitte dort hängen. Danke. Äh, also, Catharina sagt, wir sind ja erwachsene Menschen, und ich ... Jochen, das ist meine Beißschiene! Leg die bitte wieder ins Glas."

13.1.2 Sich von Ideen lösen

Wenn wir als Spieler im Off eine Szene von zwei Mitspielern beobachten, gleichen wir Zuschauern, die jederzeit auf der Bühne benötigt werden könnten. Allerdings sind Zuschauer in der Regel entspannter, sie treffen mal bewusst, mal unbewusst Annahmen darüber, wie es weitergehen könnte. Der gestresste Impro-Spieler hingegen klammert sich an seine Idee von vor dreißig Sekunden und überlegt panisch, wie er sie noch in die Szene einbauen könnte, statt sich von ihr zu lösen und dem zuzuhören, was gerade geschieht.

Unsere Ideen gleichen kleinen Zweigen, Blättern und Krümeln in einem dahingleitenden Fluss, in den wir jederzeit unsere Hand stecken können und etwas herausholen werden, ohne zu wissen, was es dann sein wird. Das bedeutet nicht, dass wir in einer laufenden Szene keine Assoziationen oder Ideen zulassen sollen. Aber wir sollten uns nicht an sie klammern. Denn wenn wir geistig zu klammern beginnen, verlieren wir wieder den Moment. Wir müssen unserem Gehirn vertrauen, das *jederzeit* Assoziationen, Gedanken und Ideen produziert.

Die Eitelkeit führt uns dazu, die eigene Idee für besser als die des Mitspielers zu halten. Bei fortgeschrittenen Spielern führt das zu Mikro-Blockaden. Folgende Szene wurde in einem Workshop improvisiert:

> **Sven** spielt einen Gangster, dem ein Überfall missglückt ist. In seinem Versteck geht er nervös auf und ab.
>
> **Sascha** klingelt an der Tür.
>
> **Sven** öffnet verängstigt.
>
> **Sascha:** „Sie hatten eine China-Pfanne bestellt?"
>
> **Sven** mimt, ihn mit der Waffe zu bedrohen: „Eine China-Pfanne? Ähm. Genau. Komm rein und stell sie dort hin. Was ist das? Ein Aufkleber der Polizeidienststelle? Sie sind ein Bulle! Hände hoch!"

Man kann kaum bestreiten, dass die Szene durch die Wendung „Aufkleber der Polizeidienststelle" nach wie vor spannend bleibt. Wenn Sascha sich darauf einlässt, wird eben genau das zur Geschichte. Aber in jenem Workshop war mir an Svens Reaktion klar: Er hatte schon vorher die Idee im Kopf, dass die Polizei vor der Tür steht. Auf das Angebot „China-Restaurant-Service" konnte er sich nicht wirklich einlassen. Stattdessen bestand nun seine Strategie darin, Saschas Angebot in sein eigenes Konzept so schnell wie möglich zu integrieren und dann den eigenen Film weiterzufahren! Wenn die Beteiligten den spielerischen Fluss nicht abreißen lassen, ist das nicht viel mehr als ein kleines Stolpern. Aber wenn das Überbügeln zur Angewohnheit wird, ist es auf Dauer unbequem und anstrengend, mit solchen Spielern zu improvisieren. Und nicht nur das: Für den einzelnen Spieler selbst ist es auf Dauer entlastend und spannender, den Fokus auf das Entstehende zu richten, statt permanent überlegen zu müssen, wie man die Szene und die Angebote der Mitspieler in die eigene Story quetscht.

13.1.3 Den Stein weit wegwerfen

Szene

Vera und Anke in einem Eiscafé.

Anke: Vera, ich möchte, dass du mir hilfst.

Vera: Ja, Anke, für dich tue ich alles.

Anke: Ich glaube, mein Mann betrügt mich. Und ich möchte, dass du ihn beschattest und mir sagst, ob da etwas dran ist.

Die Szene spitzt sich noch ein bisschen zu, und Vera willigt ein.

Die Frage ist: Was sehen wir als Nächstes? Man könnte naheliegend bleiben, und eine kleine Ausspionier-Szene spielen, etwa in einer Wohnung oder einem Hotel. Was aber, wenn wir in der nächsten Szene Vera dabei sehen, wie sie auf einem Pferd reitet?

„Auf einem Pferd?“, mag man sich da fragen. „Was hat das mit der Szene davor zu tun?“ Das Problem ist, dass manche Szenenabfolgen naheliegend sind, dass sie sich klischeehaft anfühlen bis hin zu dem Gefühl, dieselbe Szene schon mal so oder ähnlich gespielt zu haben – der Tod des Improvisierens. Um die kreative Leistung aller beteiligten Hirne wieder anzuspornen, kann man versuchen, den Stein weit wegzuwerfen – eine unerwartete Handlung, ein unerwarteter Ort, ein unerwartetes Gespräch.

Wir lassen das Boot absichtlich wanken. Wir geben bewusst Kontrolle ab, indem wir etwas injizieren, woran wir uns abarbeiten können. Man kann sich selbst den Fortgang der Ausspionier-Szene ausmalen, indem man weitere „nicht naheliegende" Handlungen und Orte einsetzt: Eine Eislaufbahn, ein Flugzeug in Position lotsen, Tapete streichen, ein Klavier stimmen ...

Nun könnte man einwenden, dass das doch recht „ausgedacht" wirkt, also das gerade nicht „naheliegend" ist. Aber ausgedacht wirkt es nur, wenn wir uns krampfhaft um Originalität bemühen, nicht wenn wir unsere Assoziationskanäle etwas weiter öffnen als normalerweise. (Denn schließlich ist der Reit-Parcours in unserem Beispiel ein Schauplatz wie jeder andere auch.)

Problematisch wird das Stein-weit-wegwerfen, wenn die Szenen und die Story sowieso schon überladen sind. Dann hilft es eher, sich auf das Wesentliche zu konzentrieren und den Kern der Szene herauszuarbeiten, statt neue irritierende Elemente einzufügen.[77] Aber wenn wir uns *zu* sicher wähnen, dann ist das Stein-Weit-Wegwerfen genau die richtige Technik, um etwas Schwung in die Improvisation zu bringen.

13.2 Großzügigkeit

Wir wissen, dass Improvisation fehlerbehaftet ist. Ich mache Fehler, du machst Fehler, und zwischendurch werden wir uns obendrein missverstehen. Selbst den besten Impro-Spielern unterlaufen grundlegende Impro-Sünden: Da wird blockiert, genörgelt, der emotionale Gehalt ignoriert, die pantomimisch etablierte Welt zerstört und so weiter. Wenn wir nun anfangen,

[77] Ausführlich zu diesem Thema in *Improvisationstheater. Band 5: Storys improvisieren*

einander zu korrigieren oder resigniert weiterspielen, wird die Szene flach und die Improvisation gerät ins Stocken.

13.2.1 Den Partner unterstützen

Um großzügig zu sein, genügt es nicht, über die Fehler des anderen hinwegzusehen. Wir brauchen als Impro-Spieler vielmehr eine aktive, spielerische Haltung zu dem, was unser Partner macht. Wenn wir diese spielerische Haltung erreicht haben, dann gibt es keine Fehler mehr. Dann ist alles, was unser Partner macht, ein Angebot, eine Aufforderung zum Spielen.

Aber wie kommen wir zu dieser Haltung? Um seine Schüler zu trainieren, sogar aus der Verneinung etwas Konstruktives zu gestalten, erfand Keith Johnstone das Spiel „Einer blockiert". Ein Spieler blockiert aktiv sämtliche Angebote seines Partners, der die Aufgabe hat, trotzdem eine gute Szene daraus zu machen.

Spiel: Einer blockiert

A: „Hallo Papa! Schön, dass du endlich nach Hause kommst."

B: „Ich bin nicht Ihr Vater."

A: „Richtig, Herr Brandt, ich habe mich durch unser langes Zusammenwohnen und Ihre weisen Ratschläge so an Sie gewöhnt, dass Sie für mich wie ein Vater sind."

B: „Wovon reden Sie? Wir wohnen nicht zusammen."

A: „Das ist wahr. Diese Gefängniszelle ist für wahr kein Platz zum Wohnen. Wie sieht's nun aus mit Ihrem Ausbruchsplan?"

B: „Ich will überhaupt nicht ausbrechen."

A: „Genau, Papa, sorry, ich meine: Chef. Wir wollten ja der Tarnung halber das Wort ‚Ausbruch' nicht mehr verwenden. Ups, da habe ich es selbst benutzt. Also starten wir heute Abend unsere, ähem, ‚Unternehmung'?"

B: „Ich habe heute Abend keine Zeit."

A: „Was? Das heißt ja dann, dass ihr ... Sag bitte, dass das nicht wahr ist! Ihr wollt ohne mich fliehen? Neeeein!"

Dieses Übungsspiel wurde im Laufe der Jahre auf andere Impro-Sünden (zum Beispiel Ausweichen, Szene dominieren, durch Gegenstände laufen usw.) erweitert und firmiert nun im deutschen Sprachraum unter dem Namen „Impro-Terror". Der Spielpartner darf nun alle möglichen Impro-Fiesheiten integrieren. Für Übungszwecke ist es sinnvoll, jeweils nur eine spezifische „Sünde" zu trainieren.

Spiel: Impro-Terror

(In dieser Variante akzeptiert der Partner B zwar, trägt aber inhaltlich nichts zum Inhalt bei.)

A: „Hallo Papa! Schön, dass du endlich nach Hause kommst."

B: „Hallo! Ja, das ist schön. Endlich zuhause."

A: „Ich muss dir was sagen, Papa."

B: „OK. Sag mal."

A: „Die zweihundert Euro, die du scheinbar verloren hast, die hab ich dir gestohlen."

B: „Gestohlen?"

A: „Ja. Bitte bestraf mich nicht. Ich hab das Geld gebraucht."

B: „Doch. Das muss bestraft werden."

A: „Wie? Wie wirst du mich bestrafen?"

(An dieser Stelle versuchte A die Verantwortung abzugeben, aber B lässt den Ball, dem Spiel gemäß, fallen.)

B: „Das wirst du schon sehen."

A: „Nein! Bitte nicht ins Internat."

Noch ein Beispiel:

Spiel: Impro-Terror

(Variante: Hier versucht B ständig, „originell" oder „witzig" zu sein)

A: „Hallo Papa! Schön, dass du endlich nach Hause kommst."

B: „Ja, und guck mal, ich hab dir diesen riesigen Gummi-Gorilla mitgebracht."

A: „Papa! Du bist der Beste! Ich hatte schon fast gedacht, dass du es vergessen würdest!" *(klettert auf den Gummi-Gorilla)*

B: „Ich vergesse nie etwas! Schließlich bin ich der berühmte Professor Doktor Doktor Schlauhelm Merkfix."

A: „Ja, Papa! Ich wollte dich gerade fragen, wie ich mich vor drei Jahren am 3. April von dir morgens verabschiedet hatte. Hab ich das Tschüss oder Tschühüss gesagt."

B: „Du hast weder Tschüss noch Tschühüss gesagt, sondern Tschüssi."

A: „Siehst du, und das sage ich auch jetzt. Ich muss jetzt gehen, da ich als Halbschlauhelm Merkfix sonst immer in deinem Schatten stehen werde. Dieser Gorilla wird nun mein Helfer sein. Tschüssi!" *(reitet auf dem Gummi-Gorilla fort.)*

Man kann das für alle möglichen Impro-Sünden durchtrainieren: Sätze unterbrechen, unpassende Angebote, Unveränderlichkeit. Am besten wählt man sich solche, die einen beim Mitspieler besonders nerven.

Manche Spieler versuchen bei diesem Spiel direkt oder indirekt, ihre Partner so zu beeinflussen, dass sie von ihrem „Fehler" ablassen. Das wird ihnen aber kaum gelingen, denn es ist ja gerade deren Aufgabe, uns damit zu piesacken. Das zeigt uns aber, dass es auch in einer frei improvisierten Szene keine besonders erfolgreiche Taktik ist, den Mitspieler zu behandeln, als sei er ein Gegner im Kampfsport. Entscheidend ist nicht, wie dein Mitspieler improvisiert, entscheidend ist, was du mit seinen

Angeboten anstellst. Und so erscheint die beste Haltung: Behandle deinen Partner so, als sei er ein Genie. Lass ihn glänzen. Das Angebot, das du jetzt bekommst, ist das beste, welches du je bekommen hast. Je mehr es uns gelingt, mit den „Sünden" der Mitspieler umzugehen, umso eher verschwinden diese Sünden, da wir sie selbst gar nicht mehr als solche wahrnehmen, sondern jegliche Irritation durch die Mitspieler als Anregung und Spielangebot erfassen.

13.2.2 Großzügigkeit und Wohlwollen

Ein Spiel wie „Impro-Terror" ist rasch gespielt und schnell vorbei. Entscheidend ist, dass wir den Übungswert dieses Spiels auf unser gesamtes Impro-Leben übertragen – in jede Szene, jede Show, jedes Aufwärmen, jede Probe. Erst wenn uns wirklich nichts beleidigen kann, wenn wir einander wirklich wohlwollen, können wir vertrauensvoll miteinander improvisieren. Misstrauen und Übellaunigkeit hinter der Bühne wirken sich später aufs Spielen aus: Wie will man locker improvisieren und heiteres Scheitern zulassen, wenn man schon ahnt, dass es die Mitspieler einem übelnehmen könnten? Natürlich kann Feedback durchaus kritische Punkte enthalten, aber die Kritik sollte weder auf die persönliche Ebene zielen, und sachliche Kritik sollte nie persönlich genommen werden.

Dieses Wohlwollen beruht im Idealfall auf Gegenseitigkeit. Aber gute Improvisierer erkennt man daran, dass sie selbst gegenüber ihren kleinlichen Mitspielern großzügig auftreten, dass sie ihre Großzügigkeit ohne Erwartung versprühen.

Tatsächlich findet man Großzügigkeit als dauerhafte Haltung nur bei sehr wenigen Spielern. Sie bedarf einiger Übung. Eine unbewusste Fehlannahme vieler Spieler ist zum Beispiel, dass alle anderen Spieler gleich oder ähnlich ticken würden wie sie selbst – ähnliche Lernkurven haben, ähnliche Szenen mögen und so weiter. Aber was dir leicht fällt, gelingt mir möglicherweise erst nach langem Üben oder vielleicht nie. Und was für mich offensichtlich ist, scheint dir vielleicht unverständlich. Was dir als szenischer Fehler erscheint, ist für deinen Mitspieler eventuell offensichtlich. Wir neigen zu unterschiedlichen Fehlertypen: Einer verpasst eher ein gestisches Angebot, der andere neigt zu holzschnitthaften Charakteren.

Erst wenn es uns gelingt, unseren Mitspielern vorurteilsfrei gegenüberzutreten und alles spielerisch-wohlwollend aufzunehmen, werden wir *alles*, was auf der Bühne geschieht, als Spielmaterial wahrnehmen. Nichts ist mehr Irritation, alles ist Inspiration und gehört zum großen Spiel dazu.

13.2.3 Sich um sich selber kümmern

Einige Impro-Grundregeln zum Umgang mit den Mitspielern haben sich in den letzten Jahrzehnten als knackige Mantras verselbständigt:

- „Unterstütze deinen Partner!“
- „Lass deinen Partner gut aussehen!“
- „Nimm die Angebote deines Partners an!“

Diese Sätze, so sinnvoll sie im Einzelfall auch sind, kann man aber schnell falsch verstehen, wenn sie verabsolutiert werden.[78] Im schlimmsten Falle führt nämlich die radikale Fokussierung auf den Partner dazu, dass sich die Spieler nur gegenseitig bestätigen, kopieren und in eine Abwärtsspirale begeben.

A: „Esther!“

B: „Tina!“

A: „Schön, dass du da bist.“

B: „Ja, ich freue mich, dich endlich wiederzusehen.“

---

[78] Siehe ausführlich *Mick Napier: Improvise! Scene from the inside out.*

A: „Wie war die Fahrt?"

B: „Super! Bei dem Wetter konnte ich die Berge richtig genießen."

A: „Ich bin ein ganz großer Schweiz-Fan."

B: „Das Leben dort ist einfach viel entspannter."

A: „Ja, ich hab ja mal ein halbes Jahr in Zürich gewohnt."

B: „Ist ja auch praktisch, wenn man, wie du Finanzwirtschaft studiert hat."

Die Szene plätschert heiter, unbeschwert und leider extrem langweilig vor sich hin. Man beachte, dass beide Spielerinnen die Angebote der anderen sowohl akzeptieren als auch eigene Angebote hinzufügen. Was sie aber beide nicht tun, ist, ihrer eigenen Figur eine Kante zu geben, eine Perspektive. Auf diese Weise vermeiden sie, wirklich miteinander zu interagieren. Die Szene dreht sich um alles Mögliche, nur die Beziehung zwischen den beiden bleibt starr.

Den Partner zu unterstützen, bedeutet aber nicht, mit dessen Figur in allen Punkten übereinzustimmen oder seine Figur zu streicheln. Vielmehr bedeutet es, mit ihm ins Spielen zu kommen, ihm Spielangebote zu machen, die stark genug sind, um die Szene am Laufen zu halten.

A: „Esther!"

B: „Frau Orlowski!"

A: „Schön, dass du da bist."

B: „Ja, ich bin etwas aufgeregt. Sie haben einen neuen Auftrag für mich?"

A: „Du musst zurück. In die Berge!"

B: „Oh! Das ist aber eine Ehre. Wer wird meine Partnerin sein?"

A: „Ich selbst. Und ich muss mich auf dich verlassen können."

B: „Das heißt, ich muss das Schießtraining Stufe III absolvieren?“

A: „Ja. Und wenn du es versaust, wirst du so enden wie Michaela.“

Inhaltlich werden hier nicht mehr Elemente etabliert als im ersten Dialog, aber die Spannung zwischen den beiden ist schon ab dem zweiten Satz eine andere. Bereits die Bezeichnung „Frau Orlowski“ stellt eine kleine Spannung zwischen den beiden her. Dadurch, dass „Esther“ in einen leichten Tiefstatus geht, stattet sie gleichzeitig ihre Partnerin mit Hochstatus aus, der diese dann inspiriert.

Das heißt, bei aller Aufmerksamkeit, die man dem Partner schenkt, muss man sich auch um sich selbst kümmern, indem man eine klare Figur mit klarer emotionaler Haltung und Perspektive erschafft. Diese Perspektive ist es, die dem Mitspieler genügend Möglichkeiten zum Andocken liefert, um selbst kreativ zu werden. Mit anderen Worten: Sich um sich selbst zu kümmern, ist bereits der erste Schritt, wenn man sich um den Partner kümmern will.

13.2.4 Die Perspektive des Gegenübers

Um großzügig spielen zu können und um den Partner zu unterstützen, müssen wir in der Lage sein, immer wieder die eigene Spielperspektive zu verändern, indem wir die Perspektive unserer Spielpartner einnehmen: Was inspiriert meinen Partner? Wie fordere ich ihn heraus, ohne ihn zu überfordern? Wie halte ich das Spiel am Laufen?

Wenn ein professioneller Basketballer mit einem neuen Spieler im Team spielt, wird er versuchen, rasch dessen Stärken und Schwächen ins eigene Spiel zu integrieren. Einem Neuling wird man kaum einen Hinterm-Rücken-Pass zumuten. Ist der

Mitspieler ein guter Verteidiger oder besonders stark im Angriff? Ist er lauf- oder sprungstark?

Auf ähnliche Weise müssen wir Impro-Spieler unsere Mitspieler „lesen“ lernen. Viele Impro-Spieler glauben, man könne mit jedem Spieler gleich spielen. Aber während Einer besonders gut bei schnellen verbalen Spielen ist, sind die Stärken des Anderen vielleicht präzises Schauspiel, musikalisches Gespür oder raffiniertes Storytelling.

Wenn man von einem Spieler verlangt, ein Gedicht zu improvisieren, in dem Wissen, dass er das eigentlich hasst, wird er wahrscheinlich gute Miene zum bösen Spiel machen und die Zuschauer werden sein mutiges Scheitern bewundern, aber um wieviel schöner ist es, ihn mit seinen Stärken – sagen wir, einem Pantomime-Solo – herauszufordern! Und um wieviel mehr wird das Publikum ihn für seinen Mut, für sein Können und seine Eleganz bewundern!

„Gib deinem Partner, was er liebt!“ Dieser Satz wird manchmal missverstanden und so interpretiert, dass man sich mit seinen Spielpartnern in eng abgegrenzten inhaltlichen und formalen Rahmen bewegen sollte. Aber Improvisation lebt vom Neuen, vom Unerwarteten. Genaugenommen müsste der Satz heißen: Gib deinem Partner das, was ihn zum Spielen inspiriert! In story-orientierten Formen kann das bedeuten, dass ich einem Spieler größere inhaltliche Sprünge zumuten kann, während ich beim anderen im einfach-offensichtlichen Rahmen bleibe. Oder wenn ich weiß, dass mein Spielpartner sich für Superhelden-Comics interessiert, kann ich auf chemische Substanzen anspielen (die wohl in der Hälfte aller Superhelden-Geschichten eine zentrale Rolle spielen), und kann mir sicher sein, dass er das verstehen wird.[79]

13.3 Führen und Folgen

Impro-Spieler, die in Stress geraten, reagieren sie prinzipiell mit zwei extremen Verhaltensweisen: Entweder sie dominieren die Szene oder sie ziehen sich zurück. Wenn man die eigenen Reflexe kennt, kann man dem entgegensteuern und wieder zum Miteinander finden. Das Zuhören und Hinzufügen erscheint dann wie ein gemeinsames Zug-um-Zug-Spielen. Mal übernimmt man die Führung, und mal gibt man die Führung ab und folgt. Beide Verhaltensweisen sollten einem Impro-Spieler in Fleisch und Blut übergehen.

Allerdings wirkt eine Szene, in der beide Spieler abwechselnd jeweils nur einen Satz sprechen, auf Dauer unnatürlich, statisch und leblos. Eine dynamische Szene braucht Ungleichgewichte, so wie ein lebendiges Gemälde Asymmetrien braucht. Das heißt, wir müssen jederzeit bereit sein, mehr zu geben oder uns selbst zurückzunehmen, und zwar in Abhängigkeit davon, was die Szene oder unser Mitspieler benötigt.

In der Praxis kann das bedeuten, dass man sich in einer Langform soweit zurückhält, dass man die Bühne für zwanzig Minuten nicht betritt, wenn die Story läuft, dann aber zum richtigen Zeitpunkt die richtige Figur beisteuert, die vielleicht sogar einen längeren Monolog hält. Um dies zu leisten, bedarf es großer Aufmerksamkeit im Off und in der Szene.[80]

[79] Dies trifft im Grunde auf alle popkulturellen Phänomene zu, aber auch auf Wissensbereiche wie Geschichte. Ein früherer DDR-Bürger weiß was ein ABV ist, ein Schweizer kennt einen Secondo, der Kölner den Nubbel.

[80] Ausführlich zum Thema „Verhalten im Off“: *Improvisationstheater. Band 3: Die Magie der Szene.*

Zug um Zug zu spielen ist daher die erste Stufe, um das Prinzip *Führen und Folgen* zu erkennen. Doch selbst diese Begriffe verlieren ihre Bedeutung, wenn wir als Team kooperieren – im Flow des gemeinsamen Schaffens.

Spiel: Geschichte aus einem Munde[81]

Stufe 1: Führen und folgen

Zwei bis fünf Spieler im Kreis (im Halbkreis, wenn das Spiel vor Publikum aufgeführt wird).

Die Spieler erzählen eine Geschichte gleichzeitig, wie aus einem Munde. Dabei übernehmen die Spieler abwechselnd die Führung der Geschichte und achten darauf, das Erzähl-Tempo so zu halten, dass alle Mitspieler folgen können. Es geht dabei nicht darum, die Worte des Führenden nachzusprechen, sondern wirklich *gleichzeitig* zu sprechen, also das Nächste schon zu erahnen.

Stufe 2: Im Flow

Dasselbe Spiel. Zwei bis fünfzig (!) Spieler

Um zu demonstrieren, dass das Spiel tatsächlich funktioniert, ohne dass jemand bewusst die Führung übernimmt, lohnt es sich, die ganze Gruppe so zu interviewen, als sei sie *eine* Person.

Spielleiter: „Guten Tag, Frau Alrich! Geht es Ihnen heute gut?"

Gruppe: „Jjjaaaa."

Spielleiter: „Wie sind Sie denn hierhergekommen?"

Gruppe: „Mmiit deermmrrr Bauatoaaahn?"

Spielleiter: „Womit?"

Gruppe: „Mit der Baahn!" (...)

---

[81] Fürs moderne Improtheater erstmals beschrieben von Keith Johnstone.

Je kleiner die Gruppe, umso größer ist die Herausforderung, das Führen und Folgen hinter uns zu lassen und uns dem Flow hinzugeben.

14 URTEILEN

Im Prozess des Improvisierens wirken, vereinfacht gesagt, zwei Geisteszustände – das freie, impulsive Assoziieren und die Analyse. Der analytische Verstand hört zu und wählt aus, formt und sortiert, was die freie Assoziation uns vorlegt. Im Idealfall ist dieses analytische Denken so eng mit dem Assoziieren verknüpft, dass wir uns weder des Einen noch des Anderen bewusst sind. Wir sind dann im Fluss.

Schwierig wird es immer dann, wenn der kritische Verstand dermaßen überhandnimmt, dass die freien Assoziationen keine Chance mehr haben, sich unvorhersehbar zu entfalten. Beim improvisierten Theater erkennen wir das oft daran, dass die Spieler in Bewegung und Sprache langsamer werden: Sie brauchen Zeit zum Nachdenken, sie wägen ihren nächsten Zug ab. In der Folge wird die Improvisation steif, fade, vorhersehbar, was der arme Improvisierer natürlich realisiert, woraufhin er noch mehr analysiert. Impro-Lehrer versuchen, diesen Teufelskreis mit der Aufforderung „Schalte das Denken aus!“ zu konterkarieren, aber das ist natürlich unsinnig. Abgesehen davon, dass wir gar nicht nicht-denken können, ist es solch ein Ziel selbst fragwürdig: Schließlich brauchen wir für schöne Improvisation nicht nur wache Sinne, sondern auch einen wachen Verstand. Wie aber zähmen wir das Urteilsmonster, damit es nicht überhandnimmt?

14.1 Weitgehende Urteilsfreiheit

Der erste Schritt, sich vom zu viel Urteilen zu lösen, besteht darin, sich *überhaupt* vom Urteilen zu lösen. Wenn wir aktiv und heiter die Szene betrachten, in der wir involviert sind, verschwindet die urteilende Vernunft. Das heißt, wir sind wieder bei unserem absoluten Ja, dem Akzeptieren dessen, was ist.

Der Jazzpianist Herbie Hancock berichtete in einem Interview, wie er während eines Konzerts mit Miles Davis einen völlig falschen Akkord spielte. Miles hielt nur kurz inne, und dann spielte er ein paar Noten, die den Akkord richtig klingen ließen. Erst später wurde Hancock klar, dass Miles Davis das gar nicht als Fehler hörte, sondern als etwas, dass gerade geschah. Es war Teil der Wirklichkeit, mit der er umging. Hancock ist überzeugt, eine wichtige Lektion nicht nur über die Musik, sondern übers Leben gelernt zu haben: Man kann die Welt entweder so betrachten, wie man sie als Individuum gerne hätte – Hauptsache für mich wird es einfacher. Aber das Wichtige ist, dass wir wachsen. Und die einzige Möglichkeit zu wachsen besteht darin, dass unser Geist offen genug ist, um die Situationen, so wie sie sind akzeptieren und erleben zu können, und sie in Medizin zu verwandeln. „Egal in welcher Situation du dich befindest, lass daraus etwas Konstruktives entstehen.“

Wir *akzeptieren* das, was ist. Im Idealfall gibt es nichts, was uns davon abhalten könnte, zu spielen. Die Szene entzieht sich den Kategorien „gut“ und „schlecht“, sie ist einfach nur die Szene, in der wir spielen.

Diese Geisteshaltung steht unserem alltäglichen Verhalten ein wenig entgegen. Die meisten Menschen sind darauf gepolt, die Dinge, mit denen sie konfrontiert sind, einzuordnen in „Mag ich“ oder „Mag ich nicht“.[82] Diese Bewertung kann man hinter sich lassen, ohne dass das hieße, dass man nur noch blind drauflos spielt. Die Frage, ob man etwas mag, wird ersetzt durch die Frage: „Wie kann ich damit spielen?“

Wenn wir zu dieser Haltung kommen können, wird es für uns selbst unerheblich, welche „Impro-Fehler“ unsere Mitspieler machen. Sie geben uns nur Material, mit dem wir spielen können.

14.2 Bewertungslosigkeit gegenüber Mitspielern

Wie willst du achtsam und spielerisch mit den Angeboten deiner Mitspieler umgehen, wenn du sie einteilst in „gut“ oder „schlecht“?

Bewertungslosigkeit ist ein zentraler Bestandteil vieler Meditations-Übungen, und zwar aus gutem Grunde. Bewertungen sind einerseits Teil des Lebens, wir müssen urteilen, um überhaupt überleben zu können – Wetter, Nahrung, Gefahren. Das Problem ist nur, dass wir im Laufe unseres Lebens so viele Bewertungsmuster (man könnte auch sagen: Vorurteile) angehäuft haben, dass sie unsere Freiheit einschränken und uns des inneren Friedens berauben.

---

[82] Ich denke, durch die permanente Aufforderung, Werturteile zu fällen, werden Kinder zu Egozentrikern erzogen. Die Popkultur und Internetphänomene, in denen von einem verlangt wird, den Daumen zu heben oder zu senken, verstärken diese Geisteshaltungen. Dieses Denken aber führt zu Stress und auf Dauer zu asozialem Verhalten. Was, wenn wir uns dieser Art von Bewertungen entziehen? Wenn wir tun, was getan werden muss, wenn wir freundlich sind und uns gar nicht erst fragen, ob wir jemanden mögen oder nicht?

Im Improvisationstheater belastet das Urteil das freie Spiel. Wir können nur dann bedingungslos ja sagen, wenn wir nicht unseren Urteilsfilter zwischen das Angebot und unser Ja setzen. Sonst wird unser Ja halbherzig. Nun könnte man einwenden, dass es doch ausgesprochen schöne Angebote gebe. Ein Urteil wie „Das ist ein schönes Angebot“ ist ja auch ein Urteil, nur eben ein positives. Das ist wohl wahr, aber im Zustand der heiteren Bewertungslosigkeit wird *jedes* Angebot zum „schönen“ Angebot, in dem Sinne, dass ich damit spielen kann.

Angstbeladene Anfänger bewerten fast jedes Angebot als gefährlich: Sie zieren sich, eine positive oder negative Figur zu spielen oder Tätigkeiten auszuführen, die sie nicht mögen. Sie zieren sich, sich überhaupt aufs Unbekannte einzulassen. Sie zieren sich zu spielen.

Bei fortgeschrittenen Spielern hingegen schleicht sich die Bewertung während des Spiels oft über den „Professionalitäts-Fetischismus“[83] ein. Man will, dass diese Show unbedingt gut wird, vielleicht weil jemand im Publikum sitzt, auf dessen Urteil man großen Wert legt. Wenn dieser Spieler dann ein szenisches Angebot bekommen, das in einer professionellen Show seiner Meinung nach nichts zu suchen hat, lässt sich unser angeblicher Profi seine Spielfreude von seinen Bewertungsreflexen lähmen.

Gewiss, völlige Bewertungsfreiheit auf der Bühne ist ein Ideal, das nur Wenige erreichen. Man braucht dafür ein großes Maß inneren Gleichmuts und ein überaus großzügiges Herz. Aber dennoch ist Bewertungsfreiheit ein Ideal, auf das wir zielen sollten.

---

[83] Die Fetischisierung bestimmter Regeln, die angeblich dazu gehören, was ein Profi-Schauspieler tun und lassen sollte. (siehe: *Improvisationstheater. Band 8: Gruppen, Geld und Management*)

14.3 Bewertungsfreiheit gegenüber sich selbst

Einige Impro-Spieler stellen sich ein Bein, indem sie sich permanent selbst überwachen und dabei ihre Handlungen oder Ideen in gut oder schlecht einteilen. Natürlich brauchen wir als Schauspieler ein gewisses Maß an Selbstkontrolle, so wie ein Radfahrer die Kontrolle über sich selbst haben sollte. Aber genau wie diesen die permanente bewusste Überwachung und Bewertung jeder einzelnen Bewegung komplett lähmen würde, hindert uns Improvisierer die übermäßige Selbstbeobachtung.

Der böse Zensor in unserem Kopf ist dabei natürlich die Vernunft; denn Spiel ist nicht per se vernünftig. Es dient erst einmal nur sich selbst. Wenn ich nun jede meiner Handlungen auf der Bühne mit irgendwelchen Regeln der Vernunft abgleiche, wird mein Spiel steif und unnatürlich. Es gibt in unserem Gehirn eine Region, die für rationale Urteile zuständig ist – der präfrontale Cortex. Dieser in der Evolution spät entstandene Teil reagiert langsam und ruhig. Daher ist er für unsere Impro-Zwecke nicht besonders tauglich. Um frisch improvisieren zu können, müssen wir gewissermaßen den tierischen Teil unseres Hirns trainieren, positiv ins Spiel einzutauchen und emotional zu reagieren.

Das gilt übrigens auch für verschiedene „Impro-Regeln“[84]. Manche Impro-Lehrer bombardieren ihre Schüler vor einer Szene mit Regeln und Anweisungen, so dass diese gar keine Bewegungsfreiheit mehr haben, sondern sich nur noch fragen: „Mache ich jetzt alles richtig?“

Und umgekehrt lähmt die Schülerhaltung, dem Lehrer unbedingt gefallen zu wollen und *deshalb* alles „richtig“ machen zu wollen, das Spiel. Beim Spiel geht es aber nicht um den Lehrer, es geht nicht um dich. Es geht nur um das Spiel.

---

[84] Siehe Kapitel 20

14.4 Mildes Urteilen beim Spiel

Dennoch gibt es eine Form des *prozess-orientierten* Bewertens, das uns während des Spielens selbst helfen kann. Es ist dieses kleine Gefühl des *Oh-ja*. Man spielt eine Szene und währenddessen läuft eine Schleife milder Urteile: Das hier fühlt sich richtig an, davon noch ein bisschen mehr. Jetzt brauchen wir einen Kontrast. Ah, jetzt könnte man ein Ende setzen.

Die Art dieser Bewertungen unterscheidet sich vom rigiden Urteilen (in richtig/falsch oder gut/schlecht):

- Die Bewertung ist prozess-orientiert und produktiv. Das Urteil bewertet nicht den einen Satz, das eine Angebot, die eine Geste. Vielmehr ordnet man das Gesagte oder die Handlung in die Gesamtszene ein und orientiert sich an der Frage: Was kann man daraus machen?
- Die Bewertung ist milde. Wenn ich einen Impuls habe, auf die Situation in einer bestimmten Weise zu reagieren (zum Beispiel ein Ende zu setzen), kann das im nächsten Moment schon wieder hinfällig sein. Milde in der Bewertung verhindert Enttäuschungen.

14.5 Bewertbarkeit der Improvisation

Heißt Bewertungslosigkeit nun, dass Improvisation überhaupt nicht bewertbar ist? Tatsächlich gibt es Spieler, die diese Position vertreten. Ich denke aber, dass Improvisationstheater durchaus bewertet werden kann und sollte. Nicht nur von Kritikern und Publikum, sondern von den Spielern selbst und gegebenenfalls von anderen Mitgliedern des Teams, einem Regisseur oder einem künstlerischen Leiter. Wie sonst sollten wir uns entwickeln, wenn nicht durch kritische Analyse dessen, was wir auf der Bühne tun?

Doch für kritische Bewertung gibt es einen Ort und eine Zeit. Und das kann selbstverständlich nicht die Bühnenperformance sein.[85] Künstlerisches Feedback ist eine heikle Angelegenheit und muss wohl überlegt sein. Mit anderen Worten: Die Bewertung der Spieler untereinander ist ein Spiel für sich, mit eigenen Regeln und eigenen Achtsamkeits-Anforderungen.[86] Wir treten einen Schritt zurück und beurteilen die Qualität der Improvisation. An einem Abend, an dem sich die Zuschauer und das Ensemble wohlgefühlt haben, kann man sich fragen: Was ist heute besonders gelungen? Gibt es Elemente, die uns heute besonders gut von der Hand gegangen sind? Was davon können wir in andere Shows hinüberretten? Bei eher misslungenen Shows oder Szenen wird man analysieren, ob sich einige Fehlgriffe beim nächsten Mal verhindern lassen.

Vor allem brauchen wir Gelassenheit. Wir haben *improvisiert*, heißt:

- Wir werden die Show, wie sie gelaufen ist, nicht wiederholen können.
- Gute Improvisation heißt eben: Risiken eingehen. Und wer Risiken eingeht, wird auch immer wieder mal scheitern.
- Improvisation heißt auch, dass von den vielen komplexen Aufgaben, die wir synchron erfüllen – Schauspiel, Wahrnehmung, Storytelling, Szenenaufbau usw. – uns die eine oder andere mal nicht weniger gelingt.

---

[85] Eine Ausnahme sind Formate wie Theatersport, wo die Bewertung der Szenen durch das Publikum oder die Jury stattfindet, während die Spieler noch auf der Bühne sind. Aber diese Bewertung ist ein Spiel im Spiel und künstlerisch nur bedingt ernst zu nehmen. Die Theatersport-Bewertung gibt uns allenfalls einen kleinen Eindruck davon, ob eine Szene fürs Publikum funktioniert hat. Aber *warum* sie funktioniert oder nicht funktioniert hat, ob die Szene lustig oder berührend war, welche Momente gut oder schlecht gespielt waren, davon erfährt man durch eine solche Abstimmung nichts.

[86] Mehr dazu in *Improvisationstheater. Band 8: Gruppen, Geld und Management.*

- Wir sitzen im selben Boot. Wenn dir ein Fehler unterläuft, muss ich dafür sorgen, dass die Szene trotzdem gelingt, und umgekehrt.

Daraus folgt für das Feedback zur Show, dass es möglichst wohlwollend sein sollte. Und für den Fall, dass wir Kritik an anderen Spielern üben, sollte sie nicht persönlich, sondern sachlich sein.

Mindestens so wichtig wie der Blick der Gruppe auf die Improvisation ist die Selbstwahrnehmung des einzelnen Spielers. Das kann sich manchmal etwas schwierig gestalten, wenn alle beim After-Show-Bier sitzen und den gelungenen Abend genießen. Entscheidend ist, dass man für sich einen Zeitpunkt findet, an dem man reflektiert: Was lerne ich aus dieser Show? Was kann ich ausbauen? Gibt es Fähigkeiten, die ich gerade etwas vernachlässige? Auch hier sollte man sich nicht selbst zerfleischen. Es gibt ein gewisses Maß dessen, was man in einem gegebenen Zeitraum für sich bearbeiten kann. Wenn ich also merke, dass meine Moderation momentan zu wünschen übrig lässt, meine Charaktere sich wiederholen, ich aber andererseits durch eine überraschende Wendung eine schöne Methode des Szenenübergangs entwickelt habe, dann kann ich überlegen, womit ich mich unmittelbar in der nächsten Woche beschäftigen will und welche Themen eher langfristig anzugehen sind.

15 FLOW

15.1 Produkt oder Prozess

Als ich neun Jahre alt war, spielte ich manchmal am Sonntagmorgen mit meiner vierjährigen Schwester Freibeuter Klaus Störtebeker und Gödeke Michels. Während unsere Eltern schliefen, plünderten wir die Paläste der Reichen (holten uns Frühstückszutaten aus der Küche) und versteckten uns in unserer Höhle (unter dem mit Bettlaken verhangenen Tisch), wo wir unsere „Beute" verspeisten. Alles musste still und schnell passieren, denn natürlich waren die Piraten ständig kurz davor, erwischt zu werden. Mehr noch als ich selbst ging meine Schwester in diesem Spiel völlig auf. Und wenn irgendwann unsere Eltern aufstanden und dadurch die reale Welt in unser Spiel einbrach, war es, als wachte sie aus einem lebhaften Traum auf.

Als Erwachsene laufen wir Gefahr, dieses Einswerden mit dem eigenen Tun zu verlieren. Denn überall lauern Ablenkungen, die uns von unserer Tätigkeit trennen. Wir sind teilweise geradezu süchtig nach Ablenkung, dass sich mit App-Benachrichtigungen, Games, Tweets, Facebook, Instagrams, Messengern eine ganze Industrie darum entwickelt hat, uns vom Eigentlichen abzuhalten. Wir suchen sogar Ablenkung im Scheinproduktiven – permanentes Prüfen von E-Mails und anderen Nachrichten, sinnlose Meetings, überlange Telefonate usw. Aber letztlich liegt es weniger an den externen Faktoren, sondern daran, wie unser Inneres, unsere Psyche damit umgeht. Unser Geist springt allzu leicht vom einen zum anderen Gedanken. Und ist man dann doch einmal dabei, sich auf einen Prozess einzulassen, funkt wieder unser großer innerer Zensor dazwischen: „Ist das auch wirklich gut? Ist das auch wirklich wichtig? Kann ich nicht nebenbei noch etwas anderes erledigen?"

Den Prozess des Verschmelzens von Handeln und Sein nennen wir Flow. Wir finden ihn bei Kindern, bei guten Handwerkern, Ärzten und Wissenschaftlern. Und immer wieder auch bei guten Künstlern. Nun wohnt jeder Kunst ein improvisierendes Element inne. Egal ob beim Musizieren, Schreiben oder Malen – überall finden wir das Auf-den-Moment-Reagieren. Aber in den *live* improvisierten Künsten wird der Prozess noch stärker betont, denn hier fehlt uns das Element des Korrigierens, des Wegstreichens, des Übermalens. Und als Zuschauer oder Zuhörer ist man von genau diesem Prozess des Entstehens eingenommen. Wird er unterbrochen, fühlt man sich herausgerissen.

Für Improtheater-Spieler heißt das, wir müssen uns auf das allmähliche Finden der Figur, der Szene, der Story, der Form einlassen. Das Publikum spürt, wenn man nicht dem Impuls folgt, sondern nachdenkt, wenn man versucht, schlauer zu sein als das Spiel, das gerade stattfindet.

Heißt das, dass das „Produkt" gar nichts zählt? Nein. Es kann durchaus geschehen, dass alle Beteiligten im Moment waren und sich aufeinander eingelassen haben, dass alle ihre Fähigkeiten ausgeschöpft haben und die Szene dabei dennoch inhaltlich ein bisschen banal blieb. Dann ist die Freude des Zuschauers vielleicht nur halb so groß, aber dieses Risiko ist Teil unseres Berufs. Aber wenn wir umgekehrt versuchen, eine mittelmäßig laufende Szene zu forcieren, etwa indem wir unsere Mitspieler verbessern, gewaltsam Gags einbauen oder innehalten, um uns smarte Antworten zu überlegen, dann ist die Szene (d.h. unser „Produkt") schon *von innen* verdorben.

15.2 Eins werden

Eine der einfachsten und grundlegenden Improvisations-Übungen, um leicht in den Flow zu kommen, ist das Spiegeln.

Übung: Spiegeln

Zwei Spieler stehen sich gegenüber. Einer führt, der andere spiegelt sämtliche Bewegungen. Der führende Spieler ist dafür verantwortlich, dass sein Partner folgen kann. Wenn beide Spieler im Fluss sind, tauschen Führer und Folgender die Rollen, ohne in der Bewegung innezuhalten. Die Rollen werden in immer kürzeren Abständen gewechselt, bis schließlich keiner der Beiden mehr führt. Sie folgen beide der Bewegungsenergie, die schon da ist. Im Idealfall entsteht ein Flow, in dem man das Gefühl hat, ein Spiel nur noch zu erfüllen. Jegliche Ambition ist ausgeschaltet. Ebenso die Bewertungen. Die Spieler gehen auf im gemeinsamen Tun.

Wenn es uns gelingt, den inneren Zensor auszuschalten, den Zwang des Erfindens hinter uns zu lassen und in den Prozess des Improvisierens zu gleiten, dann entsteht ein Gefühl des leichten Dahinfließens. Wir werden eins mit unserer Improvisation, die externen Regeln verschwinden. Wir empfinden eine innere Logik des Spielens. Auf deinen Satz antworte ich und du auf meinen. Auf meine Handlung reagierst du und ich auf deine. Wir treiben das Drama/die Komödie/die Szene weiter, und bringen sie organisch zu einem Ende. Die Leichtigkeit erfasst die Mitspieler, den Musiker, das Publikum, die alle gebannt sind vom gemeinsamen Erschaffen eines nie dagewesenen Universums.

Für dieses Einswerden, diesen Flow gibt es keine Garantie. Aber wir können üben, die Voraussetzungen dafür zu schaffen.

1. Sei nicht schlauer als das Spiel.

Die Spiegel-Übung würde nicht funktionieren, wenn der führende Spieler versuchen würde, den anderen zu besonders smarten Bewegungen zu forcieren. Es würde auch nicht funktionieren, wenn wir das Spiel vorher rational analysieren würden. (Denn dann würden uns ein Dutzend Gründe einfallen, warum es gar nicht funktionieren *kann*.)

2. Versuche nicht zu sehr, es richtig zu machen.

Bei fast allen ungeübten Spielern kommt irgendwann der Punkt, an dem sie aus Versehen das seitenverkehrte Spiegeln verlassen und ins seitengerechte Kopieren geraten. Das könnte man nun als „Fehler“ abtun und korrigieren. Aber wenn wir uns dem Flow hingeben, haben die Kategorien von Richtig und Falsch keinen Platz mehr. Wir spielen das Spiel, was gerade ansteht. Und wenn das bedeutet, dass das Spiegel-Spiel in ein Kopier-Spiel gemorpht wurde, dann ist das eben unser neues Spiel, das wir *jetzt* spielen.

3. Vertraue deinen Impulsen.

Wir müssen gar nicht erst versuchen, zu viel Sinn zu machen. Nicht im Spiegel-Spiel und auch nicht in einer Story. Der Sinn ergibt sich meist von außen. Wenn wir den Impulsen des Gebens und Nehmens, des Verstärkens und Abschwächens des Anfangens und Beendens vertrauen, können wir loslassen vom großen Müssen und eintauchen ins große Tun.

15.3 Offensichtlich oder originell?

Eines der größten Missverständnisse im Improtheater besteht darin, dass Improvisierer von Zuschauern für ihre großartigen Ideen gelobt werden. Schlimmer als dieses Missverständnis sind nur noch Improvisierer, die *selber* so denken und die in ihre eigenen Ideen dermaßen verliebt sind, dass sie sich nicht von ihnen lösen können. Diese Improvisierer suchen in ihrem Kopf nach originellen Antworten oder Story-Wendungen. Sie sind enttäuscht, wenn die Szene eine andere Richtung nimmt als erhofft.

Gute Improvisierer brauchen keine besonderen „Ideen". Sie nehmen vorlieb mit dem, was bereits vorhanden ist und vertrauen darauf, dass *im Prozess des Miteinanders* etwas Besonderes, etwas Einmaliges entsteht, das insofern „originell" ist, als dass weder sie noch ihre Mitspieler noch das Publikum damit hätten rechnen können.

Erinnern wir uns an die Szene „Elefanten-Pediküre" (S. 209). Kommt ein Angebot völlig aus dem Nichts, wirkt es ausgedacht oder gewollt-lustig, so dass man als Zuschauer die Absicht erkennt und verstimmt ist. Als Zuschauer gibt es einen gewissen Rahmen, innerhalb dessen wir Handlungen und Sätzen zu akzeptieren bereit sind. Diese können durchaus ungewöhnlich sein, aber wenn das Ungewöhnliche ohne jegliche Beziehung zum Etablierten steht, nimmt unsere Bereitschaft immer mehr ab, mitzugehen. Das heißt nicht, dass wir nicht ins Absurde driften könnten, aber der Rahmen des Erwartbaren verschiebt sich Schritt für Schritt.

Wer sich Sätze oder Handlungen ausdenkt, verliert die Figur, die Verbindung zu den Mitspielern und zur Szene. Wenn wir aber in der Figur sind und emotional reagieren, können wir uns sicher sein, dass unsere Synapsen feuern. Unser Hirn sucht einen Grund, warum wir fröhlich, traurig, wütend reagieren.

Und es ist bei dieser Suche wesentlich schneller und erfolgreicher, als wenn es sich etwas Interessantes, Gutes oder Originelles ausdenken muss.

Improvisation ist im Wesentlichen die Arbeit mit dem, was bereits vorhanden ist. Das kann ein Publikumsvorschlag sein oder einfach die Körperhaltung und Emotionalität, mit der der Spielpartner auf der Bühne steht. Je intensiver wir uns darauf einlassen, umso klarer und farbenfroher schießen uns Assoziationen durch den Kopf.

16 KOMIK, ERNST UND HUMOR

16.1 Impro-Komik und Situationskomik

Improvisationstheater ist momentan zu achtzig Prozent komisch, zu zehn Prozent versucht es, komisch zu sein und zu zehn Prozent ist es improvisiertes Drama, dem fast immer eine gehörige Portion komische Elemente beigemischt sind.

Fast alle Improtheater-Spieler, egal in welche Richtung sie sich entwickelt haben, wurden zunächst von der heiteren Leichtigkeit und dem komischen Irrwitz des Improvisationstheaters angezogen.

Die spezifische Komik des Improvisationstheaters, die noch durch fast jede „ernste" Improvisation hindurchschimmert, ist eine Form der Situationskomik: Ich muss rasch auf das reagieren, was du mir anbietest. Die spontane Reaktion hat für den Zuschauer fast immer etwas Unerwartetes. Dafür ist es nicht nötig, dass der Spieler sich darum bemüht, besonders „originell" zu sein. Vielmehr genügt es, die spezifische Entscheidung zu treffen, die für ihn naheliegt.

Diese Komik wird durch die meisten Impro-Spiele noch enorm verstärkt: Wir lachen, wenn die Spieler im „Klau-den-Hut-Spiel“[87] dem Dilemma ausgesetzt sind, einerseits ihren Hut zu verteidigen, andererseits die Angebote des Mitspielers akzeptieren zu müssen. Wir lachen, wenn wir sehen, wie die Spieler sich an einer absurden Spielregel abrackern und gleichzeitig eine Szene spielen sollen. In Improtheater-Shows wird das Ganze oft noch durch eine Farce gerahmt (zum Beispiel Theatersport oder Maestro[88]), die die Gleichzeitigkeit der Beobachtung von Figur und Spieler weiter verschärft.

Am Anfang dieses Buchs haben wir gesehen, dass gerade diese permanente doppelte Beobachtung von Figur und Schauspieler, von Szenen-Inhalt und Szenen-Erschaffung einen entscheidenden Genuss für die Zuschauer im Improtheater ausmacht[89]. Dadurch erleben wir auch in dramatischen oder gar tragischen Szenen immer wieder einen heiteren Schwung, der nicht unbedingt durch komische Aktionen oder komische Inhalte an sich verursacht wird, sondern durch das Mitfiebern der Zuschauer mit den Schauspielern.

---

[87] Bei diesem Spiel von Keith Johnstone tragen die Spieler möglichst breitkrempige Hüte und versuchen, diese einander während der Szene zu klauen, ohne das Klauen oder die Hüte zu thematisieren. Wessen Hut geklaut wurde, scheidet aus. Ebenso derjenige, der einen vergeblichen Klau-Versuch unternahm.

[88] *Maestro* ist ein Format von Keith Johnstone für sechs bis zwanzig Spieler. Ähnlich wie beim Theatersport oder bei Gorilla-Theater werden hier die Szenen bewertet. Aber hier sammeln die Spieler selbst die Punkte und scheiden eventuell auch aus. Eine ausführliche Beschreibung dieses Formats findet sich in *Improvisationstheater. Band 9: Impro-Shows*.

[89] Dies ist übrigens auch ein Grund dafür, warum die meisten Kinder bis zu einem gewissen Alter als Zuschauer nichts mit Impro-Spielen anfangen können. Sie sind von der Doppelbetrachtung – Herausforderung des Spiels (Spieler) versus Geschichte der Szene (Figur) – überfordert.

16.2 Gagging

Unter Gagging verstehen wir im Improtheater das Einbauen eines Gags, der die Szene bzw. die Figur bricht. Der Glaube, auf der Bühne witzig sein zu müssen, führt dazu, dass manche Spieler ihre Mitspieler nur noch als Stichwortgeber für ihre Gags missbrauchen. Sie scheren sich nicht um die Szene oder die eigene Rolle.

Manche Impro-Spieler glauben, Gagging bezeichne überhaupt jede Art von Komik im Improtheater, und das Gebot, Gagging in der Szene zu unterlassen, beträfe gewissermaßen eine übermäßige Häufung an Comedy. Gemeint ist aber etwas anderes: Gagging bezeichnet den schnellen Gag *auf Kosten der Szene*:

> In einer Show spielten Micha und Marion ein frischverliebtes Pärchen (Klaus und Irma). Die Story nahm einen ziemlich komischen Verlauf, da die Figur Klaus versuchte, seine Kleptomanie vor seiner neuen Flamme zu verheimlichen. Die beiden Figuren beim zweiten Date im Restaurant:
>
> **Marion:** „Klaus! Klaus! Du kannst doch hier im Restaurant nicht das Besteck mitgehen lassen."
>
> **Micha:** „Dann sag doch nicht immer ‚Klau's!'"

Natürlich bekam Micha für das Wortspiel seinen Lacher, aber die Szene verlor an Drive und letztlich auch an Komik. Denn das Wortspiel war Verrat an der Figur und ihrem eigentlich komischen Charakter. Durch das Gagging stellt sich der Spieler über seine Figur und über die Szene. Er will schlauer und witziger sein als die Szene, und dadurch zerstört er ihr Fundament, ihr Drama und ihre Komik! Denn egal wie lustig der einzelne Gag sein mag: Trägt er nichts zur Szene bei, untergräbt er ihr Fundament.

Eine urkomische Szene kann also durch einen Gag ruiniert werden. Das mag zunächst paradox erscheinen. Aber das Ganze erklärt sich, wenn wir uns anschauen, wie Gags und Pointen entstehen, die eine Szene nicht ruinieren, sondern sie befördern: Es ist das Spiel der Szene.[90]

Gagging wirkt oft ausgedacht und ist insofern eng verwandt mit „Originell sein". Wenn wir im Spiel der Szene und in der Logik der Charaktere bleiben, dann müssen wir uns keine Gedanken darüber machen, ob die Szene lustig genug ist, wir brauchen keine Witze „einzubauen". Denn nachhaltige Komik entsteht nicht aus der Aneinanderreihung von Scherzen, sondern aus der ins Extreme getriebenen konsequenten Entfaltung einer Ausgangssituation.

Häufig finden wir Gagging in folgenden Ausprägungen:

- Billige Wortspiele
- Klischeehaft überzeichnete Figuren
- Überflüssiges verbales Rechtfertigen überraschender Wendungen
- Absichtliches Schlechtspielen oder Schlechtsingen
- Vulgarismen

In ihrer schlimmsten Ausprägung haben Gagging-Spieler eine Reihe von Standard-Witzen parat, die sie anbringen, sobald sich ein bestimmtes Szenario eröffnet. Sie verlassen den Moment der Szene, sie verlassen die Mitspieler, sie verlassen das Improvisieren.

16.3 Ernstes Improtheater

Komisches Theater hat in der klassischen Schauspielausbildung oft einen schweren Stand. Theater-Kritiker ignorieren einen Großteil der Komödien. So ist es kein Wunder, dass das immer erfolgreichere Improvisationstheater nach wie vor vom Radar

---

[90] Dem umfassenden Thema „Spiel der Szene" habe ich den größten Teil des Bandes *Improvisationstheater. Band 4: Finde das Spiel* gewidmet.

der Theaterwissenschaften, des Theater-Journalismus und der Theater-Ausbildung kaum erfasst wird beziehungsweise ein Nischen-Dasein fristet.[91]

Auf der anderen Seite fällt es dem Improtheater immer noch schwer, sich anderen Richtungen als dem komischen Fach zuzuwenden. Das liegt gewiss zu einem großen Teil an der Geschichte des modernen Improvisationstheaters. Die Techniken, die das Scheitern produktiv-heiter auffangen, neigen selbst zur Komik. Ernstes Improtheater steht also gewissermaßen zwischen den Stühlen: Ignoriert in der herkömmlichen Theater-Welt, als Extravaganz im konventionellen Improtheater beachtet.

Wie aber spielen wir ernstes Improtheater? Kann es überhaupt gelingen, von der tendenziell komischen Situation zu abstrahieren? Können wir das potentielle Scheitern ins Spiel integrieren, ohne uns lächerlich zu machen?

Modernes Improtheater beginnt gerade, seine Fühler auszustrecken, wie man ernst improvisieren kann. Manchmal über den Umweg der Parodie eines ernsten Genres, manchmal über improvisierte Performances und bisweilen durch glückliche Treffer, wenn es uns gelingt, Szenen zu improvisieren, in denen wir unsere Comedy-Reflexe unterdrücken.

Bevor wir uns dem Wie zuwenden, noch eine kurze Bemerkung zur Begrifflichkeit: Man kann sicherlich darüber streiten, was man unter „ernsten“ Szenen zu verstehen hat, und wahrscheinlich sind die Grenzen fließend. Zum Beispiel liegt in jedem Horror eine gehörige Portion Spaß und Humor versteckt. Aber das Ziel des Horrors ist der schöne Schrecken. Unter ernsten Szenen oder Stücken verstehen wir hier also alle Theater-

[91] Journalisten berichten allenfalls von Festivals oder im Stil des Bratwurst-Journalismus über einzelne Shows. In der Schauspiel-Ausbildung ist Improvisation in der Regel ein Mittel zum Zweck der Figuren-Findung.
Ich gebe hier den Stand der Dinge während des Schreibens dieses Buches wieder. Und ich hoffe sehr, dass ich diese Passage in etwaigen späteren Auflagen entfernen kann.

Improvisationen, die nicht in erster Linie auf den komischen Unterhaltungswert abzielen.

Um ernste Szenen ernst zu spielen, lohnt es sich, folgende Punkte zu beachten.[92]

1) Fokussiere auf Charaktere, Beziehungen und Emotionen.

Humoristische Szenen neigen eher zum Fokus aufs Spiel und kommen notfalls auch mit groben Zeichnungen zurecht. Um Effekte wie Ergriffenheit, Entsetzen, Spannung, Nachdenklichkeit, Erschütterung usw. beim Publikum auszulösen, müssen wir uns stärker auf die Figuren und ihre Beziehungen zueinander einlassen.

2) Reize das Spiel im realistischen Rahmen aus.

Sobald wir in einer komischen Impro-Szene das Spiel gefunden haben, treiben wir die Szene bis ins absurde Äußerste. Das kann etwa bedeuten, dass ein Ehemann, der vor seiner nervenden Frau flieht, erst ins Badezimmer geht, dann auf den Balkon, dann eine Reise nach Somalia bucht, und sich schließlich mit einer selbstgebastelten Rakete zum Mond schießt. In einer ernsten Story würde er vielleicht die Scheidung einreichen, aber sie hat kurz vor dem Prozess einen Unfall, der zur Querschnittslähmung führt: Wird er sich dennoch von ihr trennen? Wir gehen zwar ins Extrem, verlassen aber nicht den Boden der Realität.

3) Tappe nicht in die Parodie-Falle.

Besonders, wenn man sich bei Genres bedient, liegt es nahe, sich bestimmter Klischees und Tropen[93] zu bedienen. Häufig benö-

---

[92] Ausführlicher in *Improvisationstheater. Band 3: Die Magie der Szene*

[93] Tropen (sing. Tropus): Sich genretypisch wiederholende Stilmittel, Inhalte und Klischees.

tigen wir diese Elemente, um unsere Story zu improvisieren und den gewünschten Effekt erzielen (zum Beispiel im Horror den Buh-Effekt oder die Scream Queen). Aber wenn wir diese Mittel nur nutzen, um sie dem Publikum zu demonstrieren oder diese allein das Genre ausmachen, dann bleibt ein kleiner Lacher und die Story verpufft. Wir parodieren dann das Genre, statt es für eine ernste Story zu nutzen.

4) Lasse Platz für Humor.

Ernste Szenen zu spielen, bedeutet nicht, dass es nicht auch heiter zugehen kann. Jedes große Drama lässt Platz für „befreiende Komik“. Die Tragödie oder der Schrecken müssen immer wieder mal durch heitere Momente ausbalanciert werden, selbstverständlich ohne dass dabei die Form zerstört würde.

5) Halte den Fokus.

Aus all dem ergibt sich, dass ernste Szenen eines besonderen Fokus bedürfen. Das ist vor allem dann der Fall, wenn eine einzelne Szene durch ein besonders heiteres Format wie Theatersport gerahmt wird. Lasst euch hier Zeit. Riskiert es zu scheitern. Verratet nicht die Szene.

16.4 Humor

Humor ist die heitere Gelassenheit gegenüber Missgeschicken. Das Scheitern heiter zu nehmen, ist, wie wir schon gesehen haben, eine Kernfähigkeit des Impro-Spielers. Das heißt also: Wenn wir Improtheater von dieser Seite ernst nehmen, ist es humorvoll.

Für uns bedeutet das nun nicht, dass wir unser Spielen ironisieren oder mit halber Kraft spielen sollen. Man gehe durchaus mit dem gebotenen Elan und Ernst an die Sache. Aber nimm es heiter, wenn’s schiefgeht.

Künstler, und gerade Schauspieler, neigen dazu, sich ein kleines bisschen zu ernst zu nehmen. Sie nehmen den Applaus, die Zustimmung und die Fan-Künstler-Beziehung als selbstverständlich, sie glauben, diese Art von Zuneigung stünde ihnen zu.[94] Nehmt euch nicht zu wichtig. Nur weil ihr Applaus bekommt, nur weil ihr eine gute Szene improvisiert habt, nur weil euch manche Zuschauer bewundern, übt auch ihr ein Handwerk aus. Die latente Selbstüberhebung, die schon allein durch das Gefälle Bühne versus Zuschauerraum entsteht und durch Techniken wie Applaus, Verbeugung, Zugabe usw. verstärkt wird, lässt sich durchaus hier und da konterkarieren – durch den Einbau ironischer Elemente in der Selbstdarstellung und Präsentation, durch selbstbewusste Bescheidenheit im Auftreten, vor allem aber dadurch, dass wir die gute Laune auch nach missglückten Szenen behalten.

Selbst innerhalb ernster Szenen tut eine humoristische Perspektive gut, und zwar nicht allein in komischen Szenen. Ernsthaftigkeit, die ein bestimmtes Maß übersteigt, ohne nur ein kleinstes Tröpfchen Humor beigemengt zu bekommen, wirkt fade und lächerlich. Wer Humor hat, ist in der Lage, stets die andere Perspektive mit zu sehen: Ein Pfarrer, der in seiner Predigt über Nächstenliebe in Rage gerät. Ein Familienvater, der klagt, sich im Büro zu überarbeiten, dort aber andauernd Ego-Shooter spielt. Figuren, die uns unangenehm sind, eine positive Seite zu verleihen, und andererseits die Hybris der Figuren, mit denen wir uns leichter identifizieren zu zeigen, trainiert unseren Humor.

---

[94] Im Extremfall sehen wir das bei den Oscar-Verleihungen, bei denen die Schauspieler mehr als die Künstler anderer Kategorien Tränen vergießen und in Sentimentalität baden.

17 DILETTANTISMUS UND ELEGANZ

17.1 Hey! Ho! Let's Go!

In den siebziger Jahren machte die Popmusik einen gewaltigen künstlerischen Sprung. Instrumentalisten mussten den Vergleich mit ihren klassischen Kollegen nicht mehr scheuen. Die Massen blickten begeistert auf zu den Meistern wie Led Zeppelin, Yes und Pink Floyd. Plötzlich aber hängten sich ein paar Kids Gitarren um den Hals: „Wir können nicht spielen, sagt ihr? Doch. Schon fast drei Akkorde. Hey! Ho! Let's Go!"[95]

Wir Impro-Spieler können uns von dem nonchalanten Ansatz „Wir können's nicht, aber wir machen's trotzdem" eine Menge abschauen. Wir wissen, dass unserem Spiel das Scheitern als Möglichkeit innewohnt. Aber wir werden uns nicht davon

[95] In der Popmusik wiederholte sich das Schema des aufbrechenden Dilettantismus immer wieder: Auf einer der ersten Aufnahmen von Elvis trommelt der Schlagzeuger auf einem Telefonbuch. Die Technik des Beatboxing entstand aus dem Mangel, weder Schlagzeuger noch Drum-Computer zu haben. New Wave Musiker nutzten billige Synthesizer. Und derzeit kann man am eigenen Laptop extrem gute Klangaufnahmen produzieren, für die einst ein teures Tonstudio nötig war.

beirren lassen. Ähnlich wie die *Ramones* angesichts der vielen Fans nur ein Achselzucken für jene Kritiker übrighatten, die ihnen musikalische Simplizität vorwarfen, so können auch wir uns darüber im Klaren sein, dass Improtheater eine eigene Ästhetik entwickeln kann und entwickelt hat. Diese Ästhetik kann sich mitunter überlappen mit der des konventionellen Regietheaters, des Kinos, des Poetry Slams, des modernen Tanztheaters oder der Sketch-Comedy. Sie kann aber auch völlig neue Wege gehen. Und man muss sich als Impro-Aktivist nicht beirren lassen, wenn man dafür kritisiert wird, irgendwelchen externen Kriterien nicht zu genügen, solange man selbst Freude an der Sache hat und ein Publikum begeistern kann.

Auch das Schielen nach den ganz großen Impro-Meistern kann die Sicht verstellen für die Kreativität, die sich hier und jetzt entfaltet. Selbst wenn wir unsere Fähigkeiten trainieren, so sind sie doch begrenzt. Aber diese Grenzen gilt es auszuloten. Unsere kreative Kraft besteht darin, die Improvisation gemeinsam fließen zu lassen und so magische Momente zu erschaffen, die uns mit dem Publikum verbinden.

Wenn wir uns auf die Kraft besinnen, die in uns steckt, können wir lernen, die Schwächen zu trainieren, aber auch, mit ihnen zu leben. Von einem Country-Musiker erwartet niemand erweiterte Kenntnisse der Lehre des Kontrapunkt, und von einem Impro-Spieler erwartet man keine spontanen Zeilen von solch dramatischer und lyrischer Dichte wie bei Shakespeare. Aber wenn es dann doch gelingt, sind wir Zeugen eines großen Erstaunens.

17.2 Absichtlich schlecht spielen

Wir brauchen also, um Improtheater zu spielen, den Mut, Szenen und Charaktere mit teilweise groben Strichen darzustellen. Das manchmal unterschwellige, manchmal explizite Versprechen „Wir spielen alles“ legt die Latte aber ziemlich hoch: Wir spielen den Sicherheitsberater eines amerikanischen Präsidenten, wir improvisieren ein Madrigal im Stil von Palestrina oder eine Satire auf Geschlechterbeziehungen, wir erschaffen einen zweistündigen Vierakter, der im Polen der 1920er Jahre spielt, wir erzählen kirgisische Märchen und tanzen improvisierend im Stil von Pina Bausch. Diese Anmaßungen lassen sich nur mit Mut und Behauptung einigermaßen erfüllen. Natürlich werden wir immer wieder mal scheitern, aber das Publikum liebt unseren Mut, dieses Scheitern in Kauf zu nehmen.

Problematisch wird es, wenn wir das Lachen des Publikums als Messlatte für unser Spiel nehmen. Das Publikum lacht gleichermaßen über den Mut des Scheiternden als auch über die gelungene Komik der Szene. Das Lachen übers Scheitern ist aber schneller zu erzielen, nämlich einfach indem wir billig spielen. Der Mut des Impro-Spielers, auch das Grobe, Unfertige hinzunehmen, wird dann umgewandelt ins klamottenhafte Gagging, ins absichtlich schlechte Spielen. Wir spielen absichtlich schlecht, wenn wir:

- Figuren dümmer anlegen als nötig,[96]
- Emotionen und Reaktionen überzeichnen,
- bewusst schlecht singen oder tanzen,
- Storys und Szenen für einen Gag opfern,
- das Klischee bedienen, statt das Spezifische zu erkunden.

Der Mut, die eigenen Beschränkungen zu akzeptieren und dennoch zu improvisieren, bedeutet nicht, dass wir unsere körperlichen, intellektuellen und künstlerischen Fähigkeiten verbergen müssen, um gute Improvisierer zu sein.

---

[96] Natürlich ist nicht *jede* dumme oder betrunkene Figur auf der Bühne ein Ausdruck von Gagging, nicht einmal jede Klischee-Figur. Aber wenn du das nächste Mal einen Dummen spielst, frag dich, ob die Szene ihn brauchte oder ob du ihn wegen des schnellen Lachers eingefügt hast.

Improvisierer, die den Weg des absichtlich schlechten Spielens gehen, sind nicht etwa besonders mutig, sondern sie wählen den Weg des schnellsten Lachers *aus Angst* davor, tatsächlich etwas zu wagen und dann womöglich tatsächlich mit den Grenzen der eigenen Fähigkeit und dem echten Scheitern konfrontiert zu werden. Sie spielen bewusst schlecht, weil sie das Unbekannte scheuen, weil sie Angst vorm Improvisieren haben.

17.3 Eleganz

Wenn Improtheater als Kunst ohne einen Schuss Dilettantismus kaum überleben kann, ist dann Eleganz überhaupt möglich? In der Improvisation werden wir schließlich nicht nur mit unseren eigenen Unzulänglichkeiten und Fehlern konfrontiert, sondern auch mit denen der Mitspieler. Es gibt Missverständnisse, Unkenntnisse, unvollkommenes Schauspiel, zu lange Szenen, unrunde Storys, zerlöcherte Shows.

Irritationen werden wir im Improtheater nicht vermeiden können. Die Frage, ob wir elegant improvisieren können oder nicht, beantwortet sich dadurch, *wie* wir mit diesen Irritationen umgehen. Wenn wir uns angestrengt mühen und versuchen, es „richtig" zu machen, einem Ideal hinterherjagen, das wir doch nie erreichen werden, da es immer wieder von einem anderen Ideal abgelöst wird, dann wirkt unser Spiel mühsam, dann verliert es gleichsam das Spielerische.

Wenn die Spieler anfangen nachzudenken, was sie als nächstes sagen könnten, fehlt Eleganz. Wenn sie auf die Bühne stürmen, um schnell ihre Idee an den Mann zu bringen, fehlt Eleganz. Wenn sie ihre Figur überzeichnen, um einen schnellen Gag loszuwerden, fehlt Eleganz.

Um unser Spiel elegant werden zu lassen, brauchen wir zunächst einmal innere Ruhe. Wir brauchen Ruhe, um in unsere Figuren einzutauchen. Wir brauchen Ruhe, um den Beat unserer Szenen zu erspüren.[97] Erst die innere Ruhe erlaubt es uns, rasch zu handeln, wenn rasches Handeln auf der Bühne nötig ist, und zwar ohne die Szene zu „verstolpern".

Eleganz entsteht also, wenn wir einerseits bereit sind, unsere handwerklichen Fähigkeiten zu *trainieren* und dadurch ein Mindestmaß an schauspielerischer, szenischer und story-technischer Qualität auf die Bühne zu bringen. Auf der anderen Seite müssen wir aufmerksam *improvisieren*, das heißt, alles, was die Szene bietet, mit größtmöglicher Feinfühligkeit in die Szene verweben[98]. In dieser Welt gibt es kein Richtig und kein Falsch, alles ist Teil des Improvisationskosmos, für den jeder Impro-Spieler verantwortlich ist in seiner eigenen Präsenz.

Eleganz ist außerdem verwandt mit Effizienz. Ein mathematischer Beweis gilt als elegant, wenn er keine Umwege nimmt. Eine künstlerische Darstellung wird als elegant wahrgenommen, wenn sie mit einem Minimum an zur Verfügung stehenden Mitteln einen großen Effekt erzeugt. Dieses Wenige kann durchaus mal viel sein: Momente, in denen wir nicht einen Satz, sondern fünfzehn Sätze am Stück sprechen, wenn wir einen Wutausbruch spielen, wenn wir eine Solo-Szene spielen. Aber auch der Monolog, der Wutausbruch, die Solo-Szene bedürfen eines gewissen Maßes an Effizienz und Eleganz. Als Impro-Spieler frage man sich: Wie wenig ist möglich? Wie viel ist nötig?

---

[97] Zum Thema „Beat der Szene", siehe *Improvisationstheater. Band 3: Die Magie der Szene*.

[98] Das kann auch durchaus mal heißen, *nichts* zu tun und die Szene geschehen zu lassen. Elegante Improvisation bedeutet auch, zu erspüren, wann ich dran bin und wann ich lieber den Mund halte.

18 DIE BÜHNE GEHÖRT UNS

18.1 Nehmt die Bühne in Besitz

Um uns selbst zu befreien, müssen wir die Bühne ausnutzen. Sie muss uns mehr sein als lediglich eine etwas erhöhte Spielfläche.

Um dies zu erreichen, müssen wir uns unter anderem mit dem ABC der Bühnenpräsenz vertraut machen.[99] Unter Bühnenpräsenz verstehen wir das Charisma und die Ausstrahlung der Person auf der Bühne. Wir neigen manchmal dazu, diese als inhärent zu betrachten, etwa wenn man sagt, diese Person „hat" Charisma. Aber Bühnenpräsenz kann und muss man erlernen. Dazu gehören:

Eine angemessene Stimme

Die Stimme muss auf der Bühne tragen und beim Publikum Resonanz erzeugen. Man muss lernen, klar und verständlich zu artikulieren, sein Timing anzupassen, sowie alle diese Elemente zu variieren und zu modulieren.

---

[99] Ausführlich zum Thema Bühnenpräsenz: *Improvisationstheater. Band 2: Schauspiel-Improvisation*

Eine klare Körpersprache

Als Schauspieler müssen wir nach und nach ein verfeinertes Bewusstsein darüber entwickeln, welche Gesten und Haltungen welchen Effekt erzeugen. Wie setzen wir Status ein? Wie sind Körper und Emotionen verbunden?

Fokus

Bei unerfahrenen Spielern hat man das Gefühl, jede Geste verpufft. Charismatische Spieler hingegen ziehen die Aufmerksamkeit auf sich. Sie wissen, ihre Energie zu fokussieren, indem sie sich auf wenige Gesten beschränken und Sprache und Geste koppeln.

Bühnennutzung

Wie nutzen wir die Bühne allein und in der Gruppe? Wie wirken Tableaus? Wie wirkt sich Bewegung aus? Die Bühne ist der Ort, den wir nutzen und mit dem wir spielen können. Kreativ nutzen heißt auch immer, sich der Möglichkeiten bewusst zu werden. So etwa hat es durchaus einen Sinn, Szenen hauptsächlich in der vorderen Bühnen-Hälfte zu spielen: Man wirkt präsenter und mutiger, das Publikum nimmt einen besser wahr. Aber wie wäre es, wenn wir den hinteren Teil der Bühne für bestimmte Szenen ganz gezielt nutzen (statt aus Angst die Szene immer mehr nach hinten zu „verschieben")? Was, wenn der Raum gebrochen genutzt wird?[100] Was, wenn wir den Zuschauerraum mit einbeziehen, das Foyer? Nicht alles ist immer angemessen, und nicht alles eignet sich für jede Bühne. Aber es lohnt sich zu experimentieren.

---

[100] Unter einem gebrochenen Raum verstehen wir die Verschiebung der Raumaufteilung bei zwei oder mehreren Spielern, zum Beispiel wenn sich ein Pärchen am Tisch gegenübersitzt, und wir das aber so darstellen, dass beide Personen direkt ins Publikum schauen.

Im Laufe einer Impro-Karriere wird man auf beängstigend großen und lächerlich kleinen Bühnen spielen. Unsere Aufgabe ist es, sowohl diese als auch jene in Besitz zu nehmen. Beide erfordern ein Anpassen der Bewegung und der Nutzung des Raums.[101]

18.2 Unsere Inhalte, unsere Formen

Wenn sich ein unvoreingenommener Zuschauer heute Improvisationstheater anschaut, wird er vielleicht mit Überraschung feststellen, wie sehr sich die Shows doch ähneln. Ob in Berlin, Bielefeld oder Boston – Improtheater wird mit austauschbaren Show-Elementen aufgeführt. Das Aufwärmen des Publikums, die Präsentationsformen, der Zuschnitt der Comedy, selbst die Langformen ähneln sich. Das ist erstaunlich, denn Improvisationstheater unterliegt nur wenigen Zwängen: Wir sind unsere eigenen Autoren, unsere eigenen Schauspieler, Dramaturgen, Produzenten. Die Kosten sind selbst im Vergleich zu anderen Off-Produktionen lachhaft gering. Ich denke, dass die Ähnlichkeit der Aufführungen mit zwei Dingen zu tun hat.

Erstens bestechen die derzeit dominanten Formen des Improvisationstheaters durch ihre Effizienz: Keith Johnstone richtete den Fokus aufs Improvisieren an sich, entwickelte leicht spielbare, unterhaltsame Spiele und machte das Scheitern durch Formen wie Theatersport präsentabel, während die New Yorker und Chicagoer Schulen einfache Techniken fanden, wie sich in Langformen rasch Spiele destillieren lassen und wie man Comedy aus dem Moment heraus produzieren kann.

---

[101] Die kleinste Bühne, auf der ich je eine Duo-Theater-Improvisation spielte, war gerade mal einen Quadratmeter groß. Unsere Herausforderung bestand darin, sich nicht von der Enge lähmen zu lassen, sondern sich freizuspielen, also so zu tun, als wäre die Bühne deutlich größer und ließe jede Bewegungsform zu.

Zweitens sind Impro-Spieler, die zum großen Teil als Laien beginnen, oft nicht sonderlich experimentierfreudig. Das mag etwas erstaunlich klingen, und die meisten Improgruppen werden diese Zuschreibung empört von sich weisen, schließlich habe man ja grade vor ein paar Wochen eine ungeheuer innovative Langform erarbeitet. Aber wie innovativ sind diese Formen tatsächlich? Wie weit entfernen sich denn Gruppen tatsächlich von den Konventionen des Improtheaters? Die Bühne gehört uns: Physisch, inhaltlich und formal. Befreit euch von den Konventionen des Improtheaters, die euch behindern.

Als Impro-Spieler sollten wir uns zwar inhaltlich befreien und nichts vorwegnehmen. Das bedeutet aber nicht, dass wir auf Inhalte, die uns am Herzen liegen, verzichten sollen. Politik hat zum Beispiel immer wieder ihren Weg auf die Impro-Bühne gefunden: Die *Compass Players* im Chicago der 50er Jahre starteten durchaus politisch. Augusto Boal setzte mit dem *Theater der Unterdrückten* in den 70er Jahren neue Akzente. Und in den 2010er Jahre war im Improtheater, zum Beispiel durch das Flüchtlingsthema, hier und da eine Repolitisierung zu beobachten.

Relevante Inhalte müssen aber nicht unbedingt vordergründig politisch sein. Wenn eine Impro-Truppe aus drei Psychologen besteht (oder Technik-Aficionados, Historikern, Pädagogen oder Juristen), warum soll man dann nicht genau diese Themen zum Gegenstand seiner Impro-Shows machen? Improtheater muss eben nicht unbedingt heißen: „Wir spielen alles, was das Publikum befiehlt.“

Dasselbe gilt für die Formen, in denen wir unsere Improvisation aufführen. Die meisten bestehenden Impro-Spiele und Langformen sind letztlich Gefäße für unser Improvisieren. Sie zeichnen sich durch eine große inhaltliche Offenheit aus.

Aber sollen wir bei jedem neuen Spiel, jeder neuen Langform, die wir erschaffen, aus der Sicht der Improvisierer denken, denen es wichtig ist, einen mehr oder weniger sicheren Rahmen für ihr Improvisieren zu haben? Oder sollten wir nicht doch die Perspektive des Publikums einnehmen? Nicht eines imaginierten Publikums, sondern uns selbst. Was würden *wir* gern sehen? Sollen zum Beispiel musikalische Szenen mit den immergleichen Spielen und Formaten gerahmt werden? Können wir außeralltägliche Szenen nur durch Genre-Parodien erschaffen? Oder können wir nicht selbst unseren eigenen Stil finden, eigene Formen, die unserem Geschmack nahekommen?

Viele kleine Impro-Spiele sind zum Beispiel darauf ausgerichtet, ein Formenverständnis beim Improvisierer zu entwickeln. Was, wenn man aus diesen kleinen Spielen ganze Formate baut? Wie sähe ein abendfüllendes Stück aus, in dem eine der Figuren nur Fragen stellt? Oder eines, das komplett in Kauderwelsch aufgeführt wird? Kann man, statt sich auf Genre-Parodien zu stürzen, nicht auch eigene Genres entwickeln?

Teilweise stehen der Experimentierfreude und dem Entdecken der eigenen künstlerischen Sprache die Konventionen des Improtheaters im Weg, zum Beispiel:

Die Neigung zur Comedy in Inhalt und Präsentation

Wenn man anfängt Improtheater aufzuführen, liegt es nahe, leicht konsumierbare Formen zu wählen – vergnügliche Spiele und Show-Formate, die auch beim Scheitern „funktionieren". Daraus ergeben sich einige Notwendigkeiten, etwa die Anmoderation von Shows und Spielformaten. Und irgendwann kann man sich eine nicht-moderierte Impro-Show kaum mehr vorstellen.

Die Neigung zu künstlerischem Inzest

Müssen unsere Coaches immer Improtheater-Lehrer sein? Was können wir von Tänzern, Rappern, Performance-Künstlern, Drehbuch-Autoren lernen?
Auch der interne Druck, vor den Augen anderer Impro-Spieler bestehen zu wollen, kann künstlerisch lähmen. Man hört schon die Stimme der Kritiker, die sich darüber beschweren, dass man dies oder jenes anders machen sollte: Dass man im improvisierten Theater nie und nimmer Scripts oder Abläufe verwenden dürfe. Dass die zweite Hälfte der Show immer kürzer sein müsse als die erste. Dass eine Impro-Show eine bestimmte Länge nicht über- oder unterschreiten dürfe. Und so weiter.
Nehmt euch die Ellbogenfreiheit, die ihr braucht, und experimentiert fröhlich drauf los. Nehmt in Kauf, auf die Nase zu fallen.

Der Zwang zu „reiner Improvisation“

Die fröhlich-anmaßende Haltung „Sagt uns, was ihr sehen wollt, und wir spielen's!“ hilft Impro-Spielern, Mut zu gewinnen. Aber braucht man denn wirklich Publikumsvorschläge, um zu improvisieren? Lässt sich Improtheater durch Crossover-Formate erweitern? Kann man Tänzer, Maler, Autoren, Performance-Künstler mit ins Boot nehmen? Ist es akzeptabel, nichtimprovisierte Elemente in die Show zu integrieren?

Ich bin optimistisch, dass sich Improtheater immer weiter ausbreiten wird, dass es andere Elemente integrieren wird, dass es in andere Kunstformen eindringen wird. Aber dafür braucht es mutige Aktivisten, die bereit sind, Neues auszuprobieren, die sich nicht so sehr um Impro-Konventionen scheren, sondern die ihre künstlerischen Visionen auf die Bühne bringen wollen und dafür Improtheater nutzen.

19 ALLES IST INSPIRATION

19.1 Kunst

Ich halte ein Mindestmaß an künstlerischem Interesse für essentiell, wenn man selber künstlerisch aktiv ist. Andere Improtheater wahrzunehmen und von ihnen zu lernen, ist gewiss hilfreich, aber um uns selbst als Künstler und als Ensemble zu entwickeln und um die Kunst des Improvisationstheaters voranzutreiben, ist es ebenso notwendig, dass wir uns anschauen, wie andere Künste Fragen von Inhalt und Form lösen.

19.1.1 Film

Momentan nehmen Filme (und zunehmend auch TV-Serien) den größten externen künstlerischen Einfluss auf Improvisationstheater. Das ist kein Wunder: In Filmen konzentriert sich heutzutage die größte Kollaboration von Künstlern: Autoren, Regisseure, Schauspieler, Filmeditor sind berufliche Rollen, die wir im Improtheater personell vereinigen.

Die große erzählerische Leistung des klassischen Spielfilms besteht darin, dass er eine komplexe Handlung auf ein Hundert-Minuten-Format kondensieren kann, was sich für unsere Zwecke wunderbar nutzen lässt, da es ungefähr der Länge einer hierzulande üblichen Impro-Show entspricht.

Aber es gibt noch einen weiteren Grund, warum Film einen größeren Einfluss auf Improtheater hat als zum Beispiel Regie-Theater: Er ist deutlich populärer. Das Kino hat im Laufe seiner über hundertjährigen Existenz eine universelle Erzählsprache gefunden. Filme werden mit einem gigantischen Werbeaufwand verbreitet. Das hat zur Folge, dass einem die Genres und Stilmittel geläufig sind. Selbst wenn man ein bestimmtes Genre nicht mag, ist doch die Wahrscheinlichkeit hoch, dass man zumindest mal beim TV-Zapping für eine halbe Stunde auf einem entsprechenden Film hängengeblieben ist und allein dadurch ein Gefühl für dessen Themen und Tropen entwickelt hat.

Diese Mechanismen zu benutzen, ist praktisch eine Abkürzung. Sowohl Mitspieler als auch Publikum verstehen höchstwahrscheinlich, was gemeint ist:

- Wenn ein Impro-Spieler die Szene beendet mit: „Wir sehen zur selben Zeit das Ehepaar im Hotelzimmer", erkennen wir das Mittel des Film-Schnitts.
- Wenn in einer spannend angelegten Szene ein sphärisches Kinderlied erklingt, erkennen wir das entsprechende Horrorfilm-Klischee.
- Wenn der junge Mann zu einem Mädchen sagt: „Frierst du?" und ihm umständlich seine Jacke anbietet, sind wir höchstwahrscheinlich in der Romantischen Komödie.

Über die filmischen Mittel hinaus, bieten Filme Formen des visuellen Erzählens, die sich leicht fürs Theater nutzen lassen. So haben sich die raschen Szenen-Wechsel, die eher film- als theatertypisch sind, das Improtheater stark beeinflusst.[102] Ob melodramatisches Storytelling, die Welle der „Was-wäre-wenn"-Filme um die Jahrhundertwende oder die komplexe Erzählweise moderner TV-Serien – sie alle zeigen, wie unerschöpflich die Quelle ist und wie zeitnah modernes Improtheater darauf reagieren kann.

Das Problem der allzu starken Übernahme von Film-Konventionen besteht allerdings darin, dass die größte Stärke des Films – seine visuellen Mittel und seine spezifische Bildsprache – sich nicht wirklich transformieren lassen. Zwar arbeiten viele Impro-Spiele genau mit dem Film-Jargon oder deuten verbal Kamerafahrten an, aber der Effekt, der durch Nahaufnahmen, Totale und den gezielten Gegenschnitt entsteht, lässt sich nur mit großen Verlusten übertragen, weshalb es wohl manchmal zweifelhaft erscheint, jedes filmische Mittel auf der Impro-Bühne auszuquetschen.

Allerdings wird Film für uns dort interessant, wo wir es mit bestimmten, für unsere Zwecke nutzbaren Genres zu tun haben oder Autoren am Werk sind, die auf sehr spezielle Weise Storys umsetzen. Zum Beispiel haben Impro-Spieler immer wieder einen erstaunlichen Appetit auf die Umsetzung des Film Noir. Auch Autorenfilmer wie Tarantino, Fassbinder, von Trier, Almodóvar bieten wegen ihres speziellen Stils viele Anknüpfungspunkte für Impro-Spieler.

Die seit Beginn des 21. Jahrhunderts zu neuer Qualität aufgestiegenen TV- und Streaming-Serien sind ebenfalls zunehmend eine Quelle der Inspiration für Impro-Spieler.

---

[102] Das sogenannte *Tag Out* oder Abklatschen: Ein im Off stehender Spieler betritt rasch die Bühne, tippt einen oder mehrere Spieler an, die dann durch ihn ausgewechselt werden. Diese Technik lässt sehr schnelle Szenenwechsel zu. (Das wird im *Band 4 Die Magie der Szene* noch näher besprochen.)

Inspiration bedeutet nicht unbedingt Parodie. Zwar kann man sich über die Parodie einem Genre annähern, aber die Frage, die man sich als Impro-Künstler stellen sollte, ist eher: Was kann ich aus diesem Stil, aus diesem Genre, von diesem Autor nutzen, und zwar für das, was *wir* erzählen wollen.

19.1.2 Literatur

Lyrik

Im Improvisationstheater finden wir viele gute Schauspieler und viele Spieler mit gutem Sinn für Storys. Aber nur selten finden wir Poeten. Dabei glaube ich nicht einmal, dass Impro-Spielern für poetische Formen das Talent fehlte. Es wird nur nicht ausreichend genutzt.[103]

Die intensivste kreative Auseinandersetzung mit Sprache finden wir in der Lyrik, die von den meisten Impro-Spielern nur mit spitzen Fingern angefasst wird. Zwar sind Poetry Slams heute beliebt wie nie zuvor, aber der poetische Mehrwert dieser Veranstaltungen ist in der Regel ziemlich gering. Populär und kreativ ist Lyrik heute dort, wo man sie kaum vermutet – in den düstersten und oft aggressiven Formen des Rap. Nun sind solche Formen wohl nicht jedermanns Sache, aber an der Art wie hier Metaphern gefunden werden, können Impro-Spieler durchaus etwas lernen.

Auch die toten Dichter können uns als Inspiration dienen, man denke nur an die bildhafte Sprache der expressionistischen Dichter, an die spritzige Nüchternheit eines Bertolt Brecht, an die feinfühligen Lyrikerinnen des 20. Jahrhunderts und natürlich an den Formen- und Sprach-Reichtum der Klassiker.

---

[103] Unter Poesie verstehe ich hier nicht das spontane Verfassen von Reimen, sondern ein Gefühl für Metaphern, für überhöhte und verdichtete Sprache.

Freilich muss man einen intellektuellen Sprung von der Lektüre eines Gedichts zu dessen kreativer Nutzung auf der Impro-Bühne tun. Aber der Transfer muss nicht immer direkt sein. Ich denke, dass schon allein das Lesen einem die Augen für einen andersartigen Sprachgebrauch öffnet.

Romane und Kurzgeschichten

Theaterstücke sollen einen natürlich vor allem im Theater beeindrucken. Aber als Impro-Spieler sind wir ja ebenso *Verfasser* unserer eigenen Stücke, das heißt, dass wir, wollen wir wirklich die Kraft eines Stückes ausschöpfen, es auch lesen sollten:

- In welchem Stil schreibt der Autor?
- In welcher Beziehung stehen die Szenen zueinander?
- Nutzt er Dichtung oder bleibt die Sprache im Alltagsduktus?
- Wie nutzt er Metaphern, Bilder, rhetorische Figuren?

Theaterstücke werden seit dem beginnenden 20. Jahrhundert zunehmend abstrakter und verlieren teilweise ihre Erzähl-Funktion (sogenanntes „postdramatisches Theater“), was uns Impro-Spieler in langformatigen Montagen (freier *Harold*, *Dekonstruktion* usw.) wiederbegegnet[104].

Da Improvisationstheater im Kern eine Laienbewegung ist, sind leider nur wenige Impro-Spieler halbwegs mit klassischer oder gar moderner Theater-Literatur vertraut und nur eine Minderheit besucht regelmäßig Regietheater-Vorstellungen. Das ist sehr schade, denn gerade das moderne Theater hat mit seinen Inszenierungen für uns einen großen Erkenntniswert:

- Wie wird die Bühne von den Darstellern genutzt?
- Wie wird Timing eingesetzt?
- Welche darstellerischen Mittel werden verwendet?

---

[104] Siehe *Improvisationstheater. Band 6: Freie Formen und Collagen*

- Wie werden Inhalte jenseits des konventionellen Storytelling transportiert?

Die Mittel und Elemente des Regietheaters gehen selbstverständlich wesentlich weiter. Nicht alles kann für unsere Zwecke unmittelbar verwendet werden. Aber die Beobachtung des Regietheaters kann uns helfen, die Möglichkeiten des Theaters besser zu nutzen, als zwischen skizzenhafter Comedy und Film-Parodien zu pendeln.

19.1.3 Performance-Kunst

Performance-Kunst ist zurzeit noch die verschollene Cousine des Improtheaters. Sie ist in derselben Zeit populär geworden und arbeitet ebenfalls intensiv mit dem Verhältnis zwischen Akteur und Publikum.

Charakteristisch ist hier, dass die Konventionen des Kunstmachens immer wieder infrage gestellt und gebrochen werden: Wer ist Zuschauer? Wer ist Künstler? Was ist die Bühne? Was ist als Kunst überhaupt beobachtbar?

In ihrer Radikalität hat die Performance-Kunst Wege geöffnet, an die das konventionelle Improvisationstheater nicht einmal im Traum zu denken wagt. Sie neigt dazu, früher als andere Künste Themen aufzugreifen und zu bearbeiten.

19.1.4 Weitere Kunstformen

Künstler sollten sich nie in ihrem eigenen Feld einigeln. Zwar gehen die wichtigsten Impulse für die Entwicklung des Improtheaters von den mit ihm verwandten – also den darstellenden und erzählenden – Künsten aus, aber wenn man Kunst als ästhetisches Unterfangen begreift, dann ist es für uns auch, über den reinen Genuss hinaus, interessant, wie die Künstler anderer Disziplinen mit Fragen von Inhalt und Form umgehen. So ist zum Beispiel jeder von uns permanent mit Musik konfrontiert. Man kann sie nebenbei hören oder kontemplativ. Aber wer setzt sich schon mit den inneren Spannungen ihrer Herstellung auseinander? Nur wenige Impro-Spieler (und selbst Improtheater-Musiker!) achten zum Beispiel *wirklich* darauf, wie Filmmusik eingesetzt wird. Sie kennen bestenfalls ein paar Zitate und Klischees, achten aber nur selten auf den emotionalen und dramatischen Zusammenhang zwischen Szene und Musik.

Bei einigen Kunstformen mag man sich fragen, ob sie überhaupt eine Inspiration für Improtheater sein können – Bildhauerei, Malerei oder gar Architektur. Doch schon allein die künstlerische Auseinandersetzung als Herausforderung von Inhalt, Material und Form (also das, was wir in unserem Jargon als Spiel oder „Game" bezeichnen) kann für uns interessant und inspirierend sein.

19.1.5 Improtheater

Und natürlich sollte man sich immer wieder auch Improtheater anschauen. Als Anfänger kann man natürlich davon nicht genug bekommen: Wie ziehen andere Gruppen ihre Shows auf? Wie gehen andere Spieler miteinander auf der Bühne um? Welche Formate spielen sie und wie setzen sie diese Formaten um? Kann man sich neue Spiele oder Bühnentechniken abgucken? Jeder Aspekt ist interessant. Natürlich lohnt es sich besonders, die Besten ihres Fachs zu studieren. (Wenn man in der Provinz wohnt, lohnt sich durchaus mal ein Ticket für ein größeres Festival.)

Auch Anfänger-Shows sind interessant. Manchmal sieht man die eigenen Fehler hier wie durch ein Mikroskop. Aber durch ihre Frische und Unbefangenheit gelingen ihnen manchmal überraschende Szenen und Shows, nach denen sich so mancher Profi die Augen reibt.

Hier ist eine Bemerkung zum Thema Ideen-Diebstahl angebracht: Ich persönlich halte es für absolut in Ordnung, so viel wie möglich von anderen Impro-Künstlern zu übernehmen, wenn man es für wirksam erachtet. Das kann kleinere Fragen betreffen, wie zum Beispiel, ob während des Einlasses ein DJ Musik auflegt. Aber auch Show-Elemente wie Spiele oder ganze Formate.[105] Allerdings sollte man sich über drei Dinge im Klaren sein: Erstens, es ist zwar gut zu kopieren, was einen inspiriert, aber man sollte keinen Abklatsch produzieren. Das betrifft besonders solche Konventionen, die leicht als Markenzeichen einer Gruppe angesehen werden können.

Zweitens, manche Künstler (so auch Impro-Künstler) reagieren verschnupft, wenn man ihre Ideen nutzt, ohne die Urheber zumindest zu erwähnen. Sicherlich sind Formate wie *Theatersport* oder *Harold* schon lange genug im Umlauf und haben sich von ihren Erfindern auch schon verselbständigt, als dass immer wieder auf diese verwiesen werden müsste. Aber bei neueren Formaten ist es eine Frage des Respekts, darauf hinzuweisen, mit wessen Idee man hier arbeitet. Und wenn man nicht nur die Grundidee, sondern auch den Namen eines neueren Formats verwendet, sollte man sich zumindest bei den Erfindern erkundigen, ob das für sie in Ordnung ist.

Drittens, Effekte, die bei einer Gruppe funktionieren, sind nicht unbedingt bei einer anderen wirksam. Ich rate zur Zurückhaltung bei schauspielerischen und komödiantischen Eigenheiten, denn diese sind in Wirklichkeit oft nur Macken des individuellen Künstlers. Und man frage sich auch, ob man jede Impro-Konvention, die einem bei anderen zusagt, Eins zu Eins übernehmen muss.

---

[105] Momentan (2018) sind nach meinem Kenntnisstand weniger als fünf Impro-Formate überhaupt als Wortmarke geschützt.

Und schließlich sollte man sich fragen: Warum bediene ich mich bei dieser oder jener Form? Wenn man ein Format allein wegen seines Erfolgs kopiert, läuft man Gefahr, es nicht wirklich zu durchdringen. Wenn man es hingegen als *Inspiration* nutzt, damit in Proben spielt und es für die eigenen Zwecke anpasst, agiert man als Künstler.

19.2 Popkultur

Popkultur ist inzwischen dermaßen ausdifferenziert, dass nicht einmal innerhalb eines Generationenjahrgangs ein Mainstream auszumachen ist. Sie ist per definitionem flüchtig, und nur Weniges bleibt erhalten. Aber ich rate dennoch dazu, sich wenigstens einen oberflächlichen Eindruck über die Phänomene zu verschaffen. Wenn seit ein, zwei Jahren jeder zweite deiner Bekannten über eine Fernsehserie, ein Internet-Phänomen oder eine Band redet, schadet es nicht, wenigstens zu wissen, wovon die Rede ist, auch wenn man kein Fan des jeweiligen Genres ist.

19.3 Alltag

Für Impro-Spieler sind die Alltagswelt und die Impro-Welt oft voneinander entkoppelt: Für sie ist der Alltag das Normale, das Unspektakuläre, während im Improtheater eine eigene verrückte Welt entsteht.

Ich denke, dass sich Künstler der alltäglichen Welt öffnen sollten, da diese die Samen für unsere Kunst bereithält. Der Spruch, das Leben schriebe die besten Geschichten, ist nicht wahr. Wir schreiben die Geschichten, für die das Leben das Material bereithält. Ohne die Grundierung durch das reale Leben läuft unsere Improvisation Gefahr, klischeehaft zu werden oder abgehoben zu wirken.

Trage ein Notizbuch bei dir und scanne den Alltag nach Formen und Inhalten abscannen. Zum Beispiel:

- **Sprache:** Wie sprechen Menschen *wirklich*? Welchen Jargon, welche Redensarten benutzen Personen in welchen Umgebungen?
- **Handlungen:** Was sind typische oder kuriose Verhaltensweisen und Routinehandlungen an bestimmten Orten?
- **Szenen:** Was sind alltägliche Situationen, in die man immer wieder gerät? Welche Mini-Dramen spielen sich ab?
- **Emotionen:** Wie reagieren Menschen in geladenen Situationen?

Man kann diese Beobachtungen rein zweckgebunden durchführen, nämlich mit dem Ziel, die eigene Improvisation anzureichern. Aber ich selber mache mir oft genug Notizen über kleine Begebenheiten, für die ich überhaupt noch keine Verwendung weiß. Der Zweck dieser Notizen ist dann manchmal nicht viel mehr als die Schärfung der eigenen Beobachtungsgabe.

Wir hatten es schon besprochen: Das Spezifische ist der Freund der Kunst. Das bedeutet aber, dass wir unsere Sinne für das Spezifische trainieren müssen. Wie verhalten sich Polizisten wirklich? Sind sie wirklich so herrisch, wie man sie immer wieder in Impro-Szenen sieht? Sind Jugendliche wirklich nur bockig oder cool? Und wenn sie bockig und cool sind, wie äußert sich das genau?

Wenn wir vermeiden wollen, auf Stereotype zurückzugreifen, wenn wir unsere Figuren lebendig halten und unseren Szenen eine realistische Grundierung verpassen wollen, dann ist Alltagsbeobachtung der Schlüssel.

19.4 Politik und Wissenschaft

Als Impro-Spieler sind wir nicht nur Schauspieler, sondern auch Verfasser unserer Szenen. Wie informiert unsere Charaktere miteinander sprechen, wie gebildet sie sind, hat auch mit unserer eigenen Bildung zu tun. Natürlich kann man einen Wissenschaftler spielen, ohne dessen Fachwissen zu haben. Aber es hilft doch, zumindest ansatzweise Bescheid zu wissen, wovon die Rede ist, wenn auf politische oder historische Ereignisse angespielt wird, wenn von geographischen Gegenden gesprochen wird, wenn auf wissenschaftliche Erkenntnisse referiert wird.

Wenn man sich Improvisationstheater anschaut und seine Nähe zur Comedy bedenkt, so fällt auf, wie sehr sich die meisten Improvisationstheater um Politisches drücken. Das hat zunächst auch gute Gründe, denn explizit politisches Improtheater birgt einige Fallen:

Improtheater läuft durch die Verwandtschaft zur Comedy Gefahr, die dort gängigen Klischees zu reproduzieren. Fragt man Zuschauer nach politischen Vorschlägen, werden so gut wie immer diejenigen Themen strapaziert, die seit Wochen durchs Fernsehen und durch die Sozialen Medien geistern, Themen also, die im Grunde schon „durch" sind.

- Politische Satire neigt zu Überzeichnung. Das wiederum führt zu Unterkomplexität bis hin zu dümmlichem Populismus, nach dem Motto „Politiker sind doof". Dem Publikum wird dann das serviert, was es ohnehin erwartet. Und diese Gefahr ist im Improtheater natürlich besonders groß, da wir hier rasch assoziieren und dann bei den medial durchgekauten Themen auch genau dieses Wiedergekäute assoziieren.
- Wenn man die politische Aussage sowieso schon kennt, dann beraubt man das Improtheater seiner Unvorhersehbarkeit und Ergebnisoffenheit.

Ich glaube trotzdem, dass Politik eine große Inspiration sein kann. Für ausdrücklich politisches Improtheater liegt es freilich nahe, dass alle Beteiligten ungefähr auf einer politischen Wellenlänge liegen. Es bieten sich Themen an, die gerade nicht schlagzeilenträchtig sind, die einen aber selbst leidenschaftlich bewegen. Die Themen selbst müssen nicht unbedingt in einem politischen Kontext (also zum Beispiel Szene unter Politikern) behandelt werden. Man braucht nicht Minister oder Bundeskanzler zu parodieren, um politisch zu sein. Eine Szene über eine Familie in Existenznot erhöht ihre Brisanz, wenn nebenbei auf die lokale Wohnungspolitik Bezug genommen wird. Am elegantesten ist es noch, die Themen quasi en passant mitzunehmen oder auch mal gegen die eigene politische Intuition zu bürsten.

Unabhängig von ausdrücklich politischen Szenen oder Shows lohnt es sich, den eigenen Figuren eine politische Kante zu geben. Biographien und ethische Haltungen fließen ja bekanntermaßen in politische Sichtweisen ein. Die Kunst besteht dann darin, die eigene Figur nicht zu verraten. Es ist ein Leichtes, politisch fremde Positionen auf der Bühne durch Überzeichnung der Charaktere zu denunzieren. Improtheater gibt uns aber gerade die Möglichkeit, die andere Seite unvoreingenommen zu beleuchten und dadurch gemeinsam mit dem Publikum ein Verständnis für fremde Sichtweisen zu erlangen.

19.5 Aus der Leere

So wichtig es ist, Einflüsse aus Kunst, Politik, Wissenschaft und Alltag aufzunehmen, so dürfen wir als Künstler auch nicht vergessen, in uns selbst zu lauschen. Es genügt nicht, sich die inhaltlichen und formalen Bedürfnisse von außen diktieren zu lassen. So wie jedes Musikinstrument seinen eigenen Resonanzraum hat, so bringen auch uns Emotionen, Situationen und Szenen zum „Klingen".

Kunst bleibt stumpf, wenn sie einer Agenda folgt, die ohne Basis bleibt. Um es konkret zu machen: Wir können Impro-Spiele spielen und dabei reine „Spiel-Spieler" bleiben. Wir können komplexe Langformate lernen, und dann eben Langform-

Experten werden. Wir können Improtheater hehren politischen Idealen widmen und dabei platt wie Propagandisten wirken.

Improvisation muss sich mit dem Innern des Künstlers verbinden, wenn sie ihre Wirkung entfalten soll. Wir müssen in der Lage sein, all das, was uns inspiriert, auf einer bestimmten Ebene auch wieder zu „vergessen", um im reinen Spielen aufzugehen. Wenn sich die Tennisspielerin vor dem großen Turnier der Technik noch einmal bewusst wird, so muss sie sich, wenn sie auf dem Spielfeld steht, auch wieder von ihr befreien. Ein Konzertpianist hat jahrzehntelang seine Anschlagstechnik verfeinert, aber beim Konzert wollen wir nicht seine Technik erleben, sondern sein freies Spiel.

Wie erreichen wir diesen Zustand, wie kommen wir zu uns selbst? Ich denke, uns hilft alles, was uns einerseits geistigen Abstand zu den Zumutungen der äußeren Welt halten lässt und uns andererseits zu unserem Körper zurückführt. Dazu zähle ich:

Schlaf

Schlaf wird von den meisten Menschen enorm unterschätzt. Die Forschung der letzten zwei Jahrzehnte hat gezeigt, wie enorm wichtig ausreichend Schlaf für unsere körperliche und geistige Gesundheit ist. Nach einem ordentlichen Schlaf belasten die äußeren Dinge uns weniger, wir sind geistig freier und körperlich frischer. Dauerhaft ausreichender Schlaf macht kreativ, attraktiv und mobil.[106]

Sport

Jeder Sport hat seine positiven Effekte auf Körper und Geist. Doch vor allem jene Sportarten, die nicht primär wettbewerbsorientiert sind, wie etwa Joggen, Schwimmen, Kraftsport, Bo-

---

[106] Ich empfehle das Buch *Why We Sleep* von Matthew Walker.

genschießen, Yoga, erfüllen die hier angesprochene Wirkung des Sich-innerlich-Leerens und des Rückzugs aus sozialen Zumutungen.

Meditation

Immer mehr darstellende Künstler nutzen einfache Formen der Meditation, um mit dem Moment in Einklang zu kommen. Und wer sollte mehr im Moment sein als Impro-Schauspieler, für die es per definitionem kein Nochmal und kein Korrigieren gibt! Die einfachsten Meditationen sind kleine Atemübungen, die uns aufs Hier und Jetzt zurückführen und die die belastenden Hintergrundstimmen langsam leiser werden lassen. Meditation lässt sich auf alle möglichen Lebensbereiche erweitern – aufs Gehen, aufs Essen, aufs Lieben, aufs Schuhe-Anziehen. Man kann sie eine Stunde lang praktizieren oder für drei Atemzüge.[107]

Je mehr es uns gelingt loszulassen von den Zumutungen des Alltags aber auch von den Zumutungen, die wir selbst an unsere Kunst stellen, umso eher können wir eintauchen ins freie Spielen, das unbelastet ist vom Müssen, ein Spielen, das nur noch sich selbst kennt und das das Unbekannte, das Neue ermöglicht, aus uns herauszuströmen, getränkt von unserem Wissen und unseren Inspirationen aus Kunst, Politik und Alltag.

---

[107] Für Einsteiger in die Meditation eignet sich das liebevoll geschriebene kleine Büchlein *Einfach sitzen* von Thich Nhat Hanh.

20 REGELN

20.1 Impro-Regeln

Wenn man anfängt Improvisationstheater zu lernen, wird man meistens mit ein paar Regeln konfrontiert, die in ihrer Funktionsweise faszinierend sind, wenn man sie beachtet, zum Beispiel:

„*Sag einfach Ja.*“ Wir beachten die Regel, und plötzlich brechen die Dämme der innehaltenden Vernunft, die Improvisation scheint einfach zu fließen.

„*Akzeptiere die Angebote.*“ Wir beachten die Regel, und es gibt keine Irritation mehr, kein Fragen nach dem Warum, es läuft einfach wie von allein vorwärts.

„*Starte positiv!*“ Wir beachten die Regel, und schon interessiert sich das Publikum für unsere Figuren.

Das Frappierende ist dabei, dass jede Regel eigentlich eine Handlungs*einschränkung* darstellt. Jede Aufforderung, etwas zu tun, beinhaltet die implizite Aufforderung etwas anderes nicht zu tun. Also zum Beispiel: Starte positiv, aber *nicht* negativ. Die Handlungseinschränkungen wirken aber nicht einschränkend, sondern befreiend! Das liegt daran, dass die meisten Impro-Grundregeln unsere Angst attackieren. Wenn wir etwa Angebote akzeptieren und fortführen, werden wir positiv belohnt, indem wir erleben, wie eine Szene erblüht. Kurz gesagt: Der Charme der Impro-Regeln besteht darin, dass sie funktionieren. Problematisch wird es, wenn die Regeln zu einer Art Kanon festgeschrieben werden. Schuld ist hier oft ein statisches Lehr- und Lern-Verständnis in Workshops. Das betrifft sowohl Lehrer als auch Schüler.

> In einem Workshop spielten Carolina und Markus eine Szene in einem Krankenhaus.
>
> **Markus:** „Frau Doktor, wird mir das Bein amputiert?"
>
> **Carolina:** „Ähm, äh, ja, genau. Das Bein." (...)
>
> Nach der Szene fragte ich Carolina, warum sie an der einen Stelle so stammelte.
>
> **Carolina:** „Ich hab bei [Improlehrer X] gelernt, dass man keine Fragen stellen soll. Deshalb hat mich Markus so irritiert mit seiner Frage. Das ist doch verboten."

Nun ist der Impuls des Lehrers, der diese Regel aufstellte, zwar klar: Die Schüler sollen selbst behaupten, statt die Definitions-Arbeit anderen zu überlassen. Aber dies in die Form einer solch dogmatischen Regel zu gießen, ist natürlich sinnlos. Ebenso muss sich die Schülerin fragen, ob sie nicht selbst einen Hinweis zu einem Dogma aufgebaut hat. Ich erlebte zum Beispiel folgendes:

> Während eines Coachings bat ich Ellen und Nina auf die Bühne: „Ihr seid vor einer Blockhütte in einem kanadischen Wald."
>
> Nina mimte Holz zu hacken. Ellen setzte sich auf den Hocker und mimte einen brummenden Bären.

> Da sich Ellen schon in anderen Szenen immer wieder davor gedrückt hatte, verbale Angebote zu machen, sagte ich: „Ich würde es gern sehen, dass du diesmal einen Menschen spielst, der der anderen Person etwas Dringendes zu sagen hat."
>
> Monate später saßen Ellen und andere Improvisierer in einem Café und Ellen dozierte: „Von Dan haben wir gelernt, dass man keine Tiere improvisieren darf", während mir vor Staunen der Mund offen blieb.

Auch hier formte die Schülerin den Hinweis des Lehrers in eine eiserne Regel, die keinen Sinn ergibt.

Was aber, wenn wir *Grund*-Regeln nicht beachten – positiv starten, hinzufügen, nicht verneinen usw.? Was, wenn wir sie gezielt brechen? Kunst entsteht schließlich oft dort, wo Regeln gebrochen werden. Kann man sich nicht interessante Szenen vorstellen, die mit einem Streit auf einer Trauerfeier beginnt (also negativ)? Oder eine Szene, in der ein Angestellter es *ablehnt*, befördert zu werden? Oder gar eine Szene, die mit dem klassischen Impro-Anfänger-Vermeidungs-Satz „Was machen Sie denn da?" beginnt? Natürlich geht das. Wenn wir kurz überlegen, ist es sogar möglich, eine gute Szene zu konstruieren, die *alle drei* genannten Beispiele in den Anfang inkorporiert.

Anfänger erklären oft die Figuren ihrer Mitspieler für wahnsinnig, wenn sie mit deren Angeboten nichts anfangen können, oder sich selbst für ahnungslos, wenn sie Angst haben zu definieren. Infolgedessen wimmeln Anfänger-Szenen nur so von Verrückten, Betrunkenen und geistig Minderbemittelten. Fortgeschrittene Spieler versuchen, solche Figuren eher zu vermeiden. Soll das aber heißen, dass es im Improvisationstheater keine Betrunkenen geben darf? Und was, wenn die Story einen Verrückten braucht?

Impro-Regeln sind Richtlinien oder Hilfsmittel, um unsere Angst zu besiegen, uns zum Miteinander zu bewegen und unsere

Kreativität anzufachen. Je erfahrener wir sind und je leichter es uns gelingt, aus jeder Szene etwas Interessantes zu kreieren, umso eher können wir die meisten dieser Regeln hinter uns lassen.

Doch es lohnt sich auch für fortgeschrittene Spieler, immer wieder auf sie zurückzukommen, denn unsere Impro-Flausen kehren auf die eine oder andere Art immer wieder zu uns zurück. Ein Beispiel: Langjährigen Impro-Spielern gelingt es durch die Erfahrung des Spielens und des geübten Zuschauens immer besser, hinter die Funktionsweise einer improvisierten Show und die Impro-Techniken zu blicken. Das führt quasi unweigerlich dazu, dass sie die Ansprüche an die eigenen Shows anheben, woraus sich wiederum leicht eine Anspruchshaltung gegenüber den Mitspielern entwickeln kann, die sich dann beim Spielen selbst in wählerischem Angebots-Blockieren äußert. (Und ein fortgeschrittener Spieler verfügt natürlich über ein fachlich verfeinertes Vokabular, sein Blockieren hinterher gegenüber anderen zu rechtfertigen.)

Als würden wir wie in einer Spirale immer weitere Kreise ziehen, treffen wir auf unsere Impro-Sünden immer wieder, aber auf höherem Niveau. Und daher halte ich es für sinnvoll, die Grundlagen immer wieder zu trainieren. Gibt es nun nach all dem Gesagten nicht doch ein Set eiserner Regeln, die nicht gebrochen werden sollten, wenn man Improtheater spielt? Ich denke, dass sich die Antwort bereits im Nebensatz *„wenn man Improtheater spielt“* befindet.

Theater

Um im Theater überhaupt irgendetwas zu erreichen, brauchen wir ein Minimum an schauspielerischem Handwerkszeug. Wir müssen zum Beispiel laut genug sprechen, damit man uns versteht, wir müssen unseren Körper gezielt einsetzen. Wir müssen bereit sein, in andere Figuren zu schlüpfen.

Improvisieren

Improvisieren bedeutet, kreativ mit dem umzugehen, was bereits da ist. In unserem Falle sind das unsere Mitspieler und unsere Assoziationen. Und das führt uns zur Grundregel des Zuhörens.

Spielen

Was auch immer beim Improvisieren geschieht – solange wir unsere spielerische Haltung nicht verlieren, sind wir selber nicht verloren. Egal, ob unser Mitspieler blockiert und negativ ist. Egal, ob wir sogar beide blockieren. Egal, ob unsere schauspielerischen Fähigkeiten begrenzt sind, egal ob wir lieber Lang- oder Kurzformen spielen – das Spielerische entscheidet. Und so wird man bei genauerer Betrachtung sehen, dass viele Elemente, die ich hier als Grundlage bezeichne, Facetten des freien Spiels sind: Wenn wir wirklich ins Spiel eintauchen, sind wir *im Moment,* dann sind wir *im Flow,* dann sind wir achtsam und suchen das Unbekannte und Neue.

Mit anderen Worten: Wenn man Improvisationstheater spielen will, lautet die einzige Regel: Spiele Improvisationstheater!

20.2 Spielregeln

Eine der großen Leistungen Keith Johnstones und Viola Spolins besteht darin, Impro-Anfängern ein Set an einfachen Spielen geliefert zu haben, die es ihnen ermöglichen, mit relativ wenig Erfahrung unterhaltsame kleine Szenen zu improvisieren. Diese Spiele sind zum Teil auf absurd-komische Weise limitierend. Nehmen wir das ABC-Spiel, bei dem die Sätze der beiden Spieler jeweils mit dem folgenden Buchstaben des Alphabets beginnen müssen. Das Spiel soll die Spieler daran hindern, sich etwas besonders Schlaues auszudenken oder vorauszuplanen, somit wird dem Unterbewussten genügend Spielraum gegeben. Eine

ABC-Szene wird wohl kaum Comedy-Gold hervorbringen, und doch ist sie, selbst bei Anfängern, in der Regel recht amüsant anzuschauen. Warum aber funktioniert es nur selten, wenn man dieselben Anfänger auf die Bühne stellt und sie bittet, einfach so eine freie Szene zu spielen? Neben den grundlegenden Improvisations-Fähigkeiten fehlt ihnen die Erfahrung der Form.

Der Improvisations-Philosoph Stephen Nachmanovitch spricht in seinem Buch „Free Play“ von der *Kraft der Grenzen.* Damit ist gemeint, dass die scheinbare Einschränkung der Möglichkeiten in Wirklichkeit die Kreativität des Künstlers anstachelt. Aber auch für den Rezipienten der Kunst ist die Einschränkung, wenngleich unbewusst, eine grundlegende ästhetische Erfahrung. Kleine Kinder freuen sich bereits über einen gereimten Zweizeiler. Und was ist ein Reim anderes als die gezielte spielerische Limitierung „Zwei Wörter sollen gleich klingen!“ Wenn man jemanden, der noch nie Klavier gespielt hat, auffordert, einfach mal so ein Stück zu spielen, kommt wahrscheinlich ziemlicher Schrott heraus. Bittet man ihn aber, mit nur einem oder zwei Fingern einen Rhythmus auf den schwarzen Tasten zu spielen, wird er sicherlich erstaunt sein, wie leicht man ein pentatonisches Stück erschaffen kann. Die Einschränkung ist das Spiel.

In der Kunst ist jede Form eine absichtliche Begrenzung des Materials: Die Pointilisten loteten aus, welche Licht- und Farbwirkungen sich durch Tupfer erzielen lassen. Ein Stück in C-Dur „verbietet“ fünf von zwölf Tönen. Ein Sonett besteht aus vierzehn streng gegliederten und rhythmisierten Versen.

20.2.1 Regelknappheit

Die besten Impro-Spiele sind also in ihrer Grenzziehung so konzipiert, dass sie unsere Kreativität freisetzen.[108] Sie stellen sich uns in den Weg, damit wir uns selbst nicht im Weg stehen. Sie führen unseren Geist und unseren Körper auf Pfade, die diese zuvor nicht betreten haben. Sie lassen uns *als Team* etwas erschaffen, das uns alleine nie eingefallen wäre, ja, das größer ist als die Summe seiner Teile. Für uns als Impro-Spieler bedeutet das, dass wir die durch die Spielregeln gesetzten Grenzen nicht als Willkürlichkeit auffassen, sondern als freudig zu meisternde Beschränkung. (Oder hat sich je ein Fußballspieler darüber beschwert, dass er den Ball nicht einfach mit den Händen werfen darf, was doch bisweilen viel bequemer wäre?)

Das bedeutet aber nicht, dass eine Szene umso besser wäre, je mehr Grenzen gezogen würden. Spiele, die mit Regeln überfrachtet sind, verlieren ihren Reiz sowohl für die Spieler als auch fürs Publikum. Man erlebt solche Spiele bisweilen in Theatersport-Shows, in denen die Spieler und Teams darauf hoffen, dass sie den Unterhaltungswert durch immer krassere Herausforderungen steigern können. Da werden dann Arm-Reden mit Synchronisations-Spielen kombiniert, Lyrik-Impro mit Kauderwelsch, Opern-Gesang mit dem Spiel „Sitzen/Stehen/Liegen". Sicherlich ist das hier und da allein wegen des Trash-Faktors unterhaltsam, aber bei Lichte betrachtet werden die Spieler daran gehindert, die Grenzen der Limitierungen ganz auszuloten. Auch für den Zuschauer ist das irritierend. Man kann sich weder auf das Eine noch auf das Andere richtig einlassen.

---

[108] So ist das bereits erwähnte ABC-Spiel ungeeignet für Spieler, die extreme Schwierigkeiten mit dem Alphabet haben aber auch für Spieler, die das Spiel bereits Hunderte Male gespielt haben und für die es so zur Routine geworden ist, dass das Alphabet keine Herausforderung mehr darstellt.

Für improvisierte Langformen und Impro-Show-Formate gilt Ähnliches. Allzu oft unterliegen Impro-Spieler dem Drang, ihr gesamtes Können in eine Langform stecken zu wollen und diese dadurch zu überfrachten. Das augenfälligste Beispiel ist hier der Gesang. Wenn man sich zum Beispiel in einer Horror- oder Krimi-Langform bewegt, sprengt ein improvisiertes Lied meist die aufgebaute Spannung. Sicherlich gibt es hier Ausnahmen – schön gemachte Krimi-Musicals – aber man sollte sich fragen, ob es der Form zuträglich ist.

An einem meiner enttäuschendsten Impro-Abende als Zuschauer musste ich ansehen, wie ein großartig improvisiertes Shakespeare-Drama dadurch verunstaltet wurde, dass irgendwann die Sprecher der Monologe von außen synchronisiert wurden. Als ich die Spieler später fragte, warum sie das getan hatten, antworteten sie: „Weil Synchronisieren unsere Stärke ist."

Show-Formate leiden an Überfrachtung, wenn man für ihre Erklärung länger als anderthalb Minuten braucht. So werden manche Theatersport-Shows mit Dutzenden Gimmicks aufgepeppt, die für sich genommen oft recht witzig sind, aber am Ende die Szenen in einem Wust von buntem Drumherum untergehen lassen[109].

Umgekehrt fokussiert gerade die Regelknappheit die Spielenergie in eine bestimmte Richtung: Das bereits erwähnte sehr

[109] Im Grunde genügen ja für eine Theatersport-Show zwei Mannschaften und ein Moderator/Schiedsrichter. Die Abstimmung kann durchs Publikum und/oder Punktrichter erfolgen. Dieses Grundreglement verträgt allenfalls noch ein Gimmick. Aber die Theatersport-Shows sind leider zu oft mit „La Ola" und anderen Wenn-dann-Publikums-Interaktionen gespickt, Strafkörbe werden verteilt, die Spieler müssen langwierige Rituale zu Beginn und am Ende der Show durchführen. Ob die Zuschauer solcher Shows sich hinterher auch nur an eine einzige Szene erinnern werden?

physische Aufmerksamkeits-Spiel *Sitzen/Stehen/Liegen*[110] wurde ja erfunden, um das Problem anzugehen, dass Impro-Spieler sich zu wenig bewegen und zu wenig aufeinander achten. Die Lösung dieses Problems wird aber verschüttet, wenn es noch „angereichert“ wird. Ebenso kommt seine komische Dynamik abhanden, wenn sich die Spieler nicht genau auf diese eine Aufgabe konzentrieren.

20.2.2 Regeln in Genres

In Langformen und Genres funktionieren Regeln auf eine etwas andere Weise als in Spielen oder durchstrukturierten Showformaten.

Genres sind tendenziell offen für die inhaltliche Umsetzung. Zwar gibt es Handlungsformen und stilistische Klischees, die immer wieder mal auftauchen; diese sind aber nicht unbedingt handlungsbestimmend. Nehmen wir das Genre Krimi: Viele klassische Krimis im Agatha-Christie-Stil enden damit, dass sich alle verdächtigen Personen in einem Raum befinden und der Ermittler eine nach der anderen ausschließt. Aber so bekannt uns dieser Tropus erscheint, so taucht er doch in Krimis schon seit über fünfzig Jahren nicht mehr auf. Das Einzige, was alle Krimis dieser Welt vereint, ist, dass im Zentrum der Handlung ein Verbrechen steht. Western spielen irgendwann im 19. Jahrhundert im Süden und mittleren Westen der USA, man braucht ein Pferd und einen Revolver. Das war's. Es *kann* darüberhinaus einen Saloon, einen Sheriff, Indianer, Goldsucher geben, aber eben nicht unbedingt. Das Weltall war in den 60er Jahren fürs Science-Fiction-Genre fast unabdingbar, heute sind Raumschiffe im Science Fiction eher die Ausnahme. Mit anderen Worten:

---

[110] Drei Schauspieler nehmen jeweils eine stehende, eine liegende und eine sitzende Position ein. Sobald einer der Schauspieler die eigene Position verändert, müssen es die anderen auch tun, so dass wieder je einer sitzt, steht und liegt.

Man enge sich bei Genres nicht allzu sehr ein. Anstatt sich auf möglichst viele Elemente von ein oder zwei Referenz-Werken zu stürzen, suche man lieber danach, welche ein oder zwei Elemente den Kern des Genres ausmachen. Die wenigen Grund-Elemente des Genres dürfen aber nicht für sich genommen werden. Die Frage ist ja immer: Was will man wie erzählen? Die Funktion des Horrors ist, Schrecken zu erzeugen. Eine romantische Komödie variiert die Botschaft: „Eigentlich sind alle Menschen liebenswert." Ein Schwank erzählt eine etwas wunderliche Begebenheit des Alltags.

Daraus ergeben sich aber für jedes Genre immanente Grenzziehungen: In einem griechischen Drama Batman erscheinen zu lassen, würde höchstens einen kurzen Lacher erzeugen, aber die Form ruinieren. In einer romantischen Komödie sollte nicht gemordet werden, in einem Politthriller wäre Gott eine Fehlbesetzung.

20.2.3 Regeln in Langformen

Die besten Langformen begnügen sich mit einer oder zwei Regeln, aus denen sich eine spezielle *Poesie der Form* ergibt.

Die einzige Regel des anti-narrativen Formats *Roter Faden*[111] lautet: Es gibt einen Gegenstand auf der Bühne, der nie von der Bühne verschwindet. Das heißt, wir sehen stets nur das, was der Gegenstand „sieht". Wenn eine Person den Gegenstand an sich nimmt und die Szenerie verlässt, dann „wandert" die Handlung mit dem Gegenstand mit. Für sich genommen klingt diese Regelbeschreibung wohl extrem trocken, aber sie führt zu einem der schönsten Formate: Wir erleben poetische Momente des *Vorbeigehens:* Liegt der Gegenstand zum Beispiel in einem Café, hören wir angefangene Gespräche, unterbrochene Szenen –

[111] „Thread" von Randy Dixon

so wie wir es auch im normalen Leben erfahren. Das heißt: Dieses Format öffnet dem Zuschauer die Augen für poetische Momente seines eigenen Alltags. Und selbst wenn es die Regel des Formats gar nicht ausschließt, würde es die Poesie und den Geist des Formats sprengen, wenn hier plötzlich Aliens auftauchten.

Manche Formate sind inhaltlich offener als andere: Das Quintett[112] zum Beispiel ist lediglich durch den kurzszenigen Rhythmus strukturiert. Ansonsten öffnet es die Türen für praktisch jederlei Inhalt oder Stil. Formate, die eher auf einen bestimmten Effekt – sei er komisch oder dramatisch – abzielen, geraten hingegen in Schieflage, wenn sie in die eine oder andere Seite „umgebogen" werden. Das heißt, wir benötigen ein Verständnis für den Sinn einer Langform, für ihre Poesie. *Warum* spielen wir *diese* Langform überhaupt? Was gibt sie dem Publikum?

20.3 Regeln brechen

Keith Johnstone, dem wir einige großartige Techniken und Faustregeln im Improtheater verdanken, bemerkte bei einigen Trainings, dass seine Schüler in den Szenen dazu neigten, zu viele Fragen zu stellen, um selbst nicht definieren zu müssen. Statt nun seinen Schülern das Fragen zu verbieten, ging er der Sache auf den Grund: Was geschieht, wenn wir eine Szene spielen, in der *nur Fragen* erlaubt sind? Damit erfand er nicht nur einen Klassiker unter den Impro-Spielen, sondern zeigte auch, wie man kreativ mit solchen Problemen umgehen kann – man schafft sich einfach eine kontra-intuitive Regel, die einen

[112] Auch „5-4-3-2-1" oder „Superszene" genannt. Hier stehen fünf Szenen zur Auswahl, die sich immer wieder der Abstimmung des Publikums stellen müssen, und nach jedem neuen Durchgang wird eine Szene eliminiert.

schließlich befreit.[113] Wer das Spiel „Nur Fragen" je gespielt hat, wird lernen, was für Fragen konstruktiv sind und wie man mit unkonstruktiven Fragen konstruktiv umgehen kann.

Es lohnt sich, die Regeln und Lehrsätze, mit denen man im Laufe seiner Impro-Ausbildung konfrontiert wurde, gegen den Strich zu bürsten:

- Was geschieht, wenn wir *nicht* Zug um Zug spielen, sondern ein Spieler extrem lange Passagen hat, während der andere fast gar nichts sagt? Oder wenn beide Spieler sich andauernd ins Wort fallen?
- Was geschieht, wenn wir *nicht* ja sagen, sondern ein Spieler so oft wie möglich verneint?[114]
- Was geschieht, wenn wir Szenen *nicht* positiv starten?
- Was geschieht, wenn sich einer der Spieler *nicht* verändert?

Es liegt nahe, diese Experimente vornehmlich im geschützten Proben-Setting auszuprobieren und mal diesen, mal jenen Parameter zu verändern: Was geschieht, wenn beide Spieler negativ sind? Was geschieht, wenn nur einer negativ ist usw.?

In den meisten Impro-Gruppen gibt es unausgesprochene Regeln oder Glaubenssätze, die sich im Laufe der Jahre herausgebildet haben und nur selten hinterfragt werden. Hier ein paar Beispiele solcher Regeln:

- Obszöne Vorschläge aus dem Publikum wie „Bahnhofsklo" oder „Pornodarstellerin" sind freundlich abzulehnen.
- In der ersten Hälfte der Show müssen Spiele aufgeführt werden, damit man in der zweiten Hälfte den Zuschauern eine Langform zumuten kann.

---

[113] Diese Methode wird in der Psychotherapie als *paradoxe Intervention* beschrieben.

[114] Wer studieren will, wie solche Einer-verneint-Szenen als Comedy funktionieren, höre sich die Dialoge von Karl Valentin und Liesl Karlstadt an.

- Verkaufs-Szenen oder Unterrichts-Szenen sind unbedingt zu vermeiden.
- Zu Beginn einer Impro-Show braucht das Publikum ein Warm-Up.
- In der ersten Minute einer Szene müssen das Wer, das Wo und das Was etabliert werden.

Vielleicht kommen der Leserin diese Regeln bekannt vor. Sie entstehen oft aus gutem Grund: Man scheitert mit einer Szene oder einer Show und bemerkt ein Muster, zum Beispiel dass Unterrichtsszenen oft stagnieren. Um solche Hänger zu vermeiden, versucht man, eine Regel abzuleiten: „Keine Unterrichtsszenen!". Aber man muss sich nur die vielen Filme und Dramen vergegenwärtigen, die sich um das Thema Unterricht spinnen, um zu sehen, wie absurd diese Regel ist. wenn man sie dogmatisch befolgt. Es geht also eher darum, *wie* man solche Szenen spielt.

Manche Regeln, wie auch jene letztgenannte, erweisen sich übergangsweise als hilfreich: Warum mit Unterrichtsszenen immer wieder scheitern, bevor man ihnen nicht mal ein paar Minuten in einer Probe gewidmet hat? Andere beruhen auf Annahmen übers Publikum oder darüber, wie eine Impro-Show abzulaufen hat. („Die Zuschauer brauchen ein Warm-Up.") Hier braucht man einen gewissen Mut, das Experiment am lebenden Organismus – der Impro-Show – vorzunehmen.

21 TRAINING

21.1 Schönheit des Übens

In unserem alltäglichen Verständnis heben wir das Üben und Trainieren vom „Eigentlichen" ab. Wir üben ein Klavierstück, damit wir es später vorführen können. Wir trainieren Langstreckenläufe, um später den Marathon zu laufen. Wir üben die Fremdsprache, um uns später im Ausland verständigen zu können. Wir trainieren Impro-Spiele, um sie später aufführen zu können.

Tatsächlich besteht aber die Gefahr, dass uns diese Zweiteilung vom Üben und von der Tätigkeit selbst entfremdet. Wir müssen uns verabschieden von der Dichotomie des harten Trainings einerseits und der glamourösen Show andererseits. Gerade als Improvisierer haben wir die Chance, das zu erkennen. Unsere Shows gleichen ja, wenn wir wirklich frei improvisieren, der Probe in vielen Aspekten: Wir bewegen uns tastend durchs Unbekannte, wir gehen Risiken ein, wir spielen Szenen, die es noch nicht gegeben hat und die uns mal besser mal weniger gut gelingen. Dadurch, dass wir bewusst Risiken auf der Bühne eingehen, wird unsere Show spannender: fürs Publikum, für den einzelnen Spieler und für die Mitspieler. Als Improvisierer sind wir stets Ausprobierende – auf der Bühne und im Probenraum.

In der Praxis bedeutet das: Geht nicht zu hart an die Proben. Bleibt spielerisch und arbeitet mit der geistigen Haltung des Suchenden. Der Unterschied zu den Shows liegt nicht allein in der Abwesenheit des stürmischen Applauses von 100 Zuschauern. Das Proben kann seine eigene Schönheit entfalten:

1) Wir können größere Risiken eingehen.

Improtheater lebt in großem Maße davon, dass wir dem Risiko vertrauen, dass wir den unbekannten Weg gehen, dass wir es in Kauf nehmen, live zu scheitern. Aber die Abwesenheit des Publikums erweitert zweifellos unseren Radius. Wir können im Training Grenzüberschreitungen ausprobieren, die man einem Publikum nicht unbedingt zumuten möchte.

2) Wir können wiederholen

Im Improtheater lohnt es sich nicht, einer gescheiterten Szene nachzutrauern: „Man hätte doch, man sollte ja, man könnte vielleicht beim nächsten Mal …“ Das nutzt in einer Show nicht viel. Die Szene ist vorbei und kommt nie wieder.

Aber bei einer Probe ist das anders. Vor allem im Schauspiel-Training ist die Wiederholung ein unerlässliches Mittel: Wie wirkt die Lehrerin, wenn du sie freundlicher spielst? Wie ändert sich der Baggerfahrer, wenn du ihn einfach losplappern lässt? Kann man den schwulen Protagonisten etwas weniger klischeehaft anlegen? Erst die Wiederholung und das Feedback von außen ermöglichen uns die Verfeinerung. Dasselbe gilt für den Aufbau von Szenen und Storys. Oft werfen Improgruppen in der Probe eine Szene nach der anderen in die Runde. Aber unser

Sinn für Szenen und Stories wird oft gerade dann geschärft, wenn wir sehen, was geschieht, wenn wir dieselbe Szene noch einmal sehen, wenn nur *ein einziger Parameter* verändert wird: Wie wirkt die Szene zwischen dem Liebespaar, wenn die beiden zunächst eine halbe Minute schweigen? Kann man die emotionale Intensität der Szene erhöhen, wenn einer von beiden seinen Status senkt? Was passiert, wenn eine dritte Person die Szene mit einem Monolog einleitet?

3) Wir können diskutieren

Natürlich gibt es die Möglichkeit des Feedbacks unmittelbar nach einer Show. Aber diese Rückmeldung lässt sich nur kognitiv verarbeiten. In einer Probe ist das Besprechen ein wesentlicher Teil des *Ausprobierens*, denn hier verständigen wir uns darüber, was wir überhaupt wollen. Lässt sich dieses Format umsetzen? Sind wir mit unseren darstellerischen Fähigkeiten zufrieden? Können wir uns über gemeinsame Ziele verständigen? Kann man noch mehr aus diesem Spiel herausholen? Dadurch, dass wir nicht vor Publikum improvisieren, haben wir mehr Ellbogenfreiheit, die uns gestattet, noch mehr in die Tiefe der Kunst einzudringen.

21.2 Improvisation trainieren – immer wieder

Für die meisten Impro-Schauspieler sind die ersten Impro-Lektionen wie eine Offenbarung: Aha, das Improvisieren wird traumhaft leicht, wenn wir einfach ja sagen zu den Ideen der Mitspieler. Ich muss einfach nur zuhören. Aha, wenn wir Zug um Zug spielen, hören wir einander besser zu und die Szene kommt geschmeidiger voran … Und danach entdeckt man neue Impro-Welten – amüsante Spiele, unterhaltsame Formate, spannende Langformen. Das *Trainieren* des einmal Gelernten kommt dann oft zu kurz, und wenn man nicht achtgibt, schleichen sich die Impro-Sünden auf die eine oder andere Art immer wieder ein. Aber wenn wir uns die Haltung des lernenden Schülers erhalten, geraten wir nicht so leicht in die Falle der selbstverschuldeten Impro-Schludrigkeit.

Die Themen der Impro-Grundlagen – Akzeptieren, Behaupten, Zuhören, positiv sein usw. – begegnen uns immer wieder auf einer höheren Ebene. Wir haben ein neues Spiel-Niveau erreicht, also müssen wir unsere Impro-Tugenden neu justieren.

Ihr könnt euch fragen: In welcher Form tauchen die Impro-Grundlagen in unseren Shows auf? Falls ihr game-orientierte Shows spielt, seid ihr gut dran, denn die allermeisten Spiele trainieren gleich eine bestimmte Impro-Tugend en passant mit. In freien Szenen versteckt sich so manches Blockieren, so mancher Unwille zur Veränderung unter dem Mantel des ausgeklügelten Storytelling. Reinigt dann eure Impro-Seelen immer wieder mal in den Proben mit kleinen Übungen und Spiele.

21.3 Wisse, was du trainierst

Im idealen Training übt man Geist und Körper parallel. Das heißt, wir fokussieren auf das, *was* wir trainieren. Wenn wir zum Beispiel schauspielerische Bandbreite trainieren wollen, genügt es nicht, darauf hinzuweisen, dass wir ja im Improtheater ohnehin jedes Mal neue Figuren spielen. Training bedeutet nämlich auch, sich gezielt mit den eigenen Schwächen auseinanderzusetzen, mit Manierismen, geistigen Unklarheiten und unbewussten körperlichen Angewohnheiten.

Wenn wir Improvisationstheater trainieren, ist es wichtig, den jeweiligen Einzel-Aspekt ins Bewusstsein zu rufen. Angenommen, wir trainieren stimmgeleitete Figuren-Erschaffung, gehen wir die verschiedenen Möglichkeit der stimmlichen Färbungen und Akzentuierungen durch und probieren, was für uns funktioniert. Wenn wir Storytelling trainieren, suchen wir uns immer *einen* Aspekt des Storytelling aus – Story-Anfänge, Helden-Kippen, Verknüpfungen usw. Wenn wir eine Impro-Tugend, etwa das Behaupten, trainieren, konzentrieren wir uns genau auf diese. Durch den Fokus auf den Einzel-Aspekt wird es uns immer mehr gelingen, dass das bewusste Tun zur unbewussten Gewohnheit wird.

Wenn man Autofahren lernt, scheint das zunächst eine ungeheure Aufgabe: Kupplung, Gas, Gangschaltung *und* Bremse? *Und* gleichzeitig lenken? *Und* gleichzeitig den Verkehr beachten? *Und* in den Rückspiegel schauen? *Und* noch die Verkehrsregeln beachten? Aber nach einer Weile hat man die Abläufe automatisiert. Sie laufen so unbewusst ab, dass man sogar dabei andere Dinge tun kann – das Radio anschalten oder sich mit anderen unterhalten.

Und genau darum geht es im Impro-Training: Die Abläufe sollen so automatisiert werden, dass man nicht mehr darüber nachdenken muss. Denn wenn wir anfangen nachzudenken, haben wir bereits den Moment des Improvisierens verloren.

Für erfahrene Impro-Spieler geht es daher weniger ums Erlernen, sondern ums Warmhalten der Fähigkeiten, um Verfeinerung der Darstellung und um das Ausmerzen von Manierismen und schlechte Gewohnheiten.

21.4 Plateaus, Blockaden und künstlerische Krisen

Improvisationstheater begeistert nicht zuletzt durch die schiere Unendlichkeit seiner Möglichkeiten. Jede Reaktion meines Partners, jeder Vorschlag aus dem Publikum kann neue Inhalte erzeugen. Manche Spiele und Formate sind direkt darauf angelegt, immer wieder Neues zu erzeugen. Ist es da überhaupt denkbar, dass man sich als Impro-Spieler überhaupt blockiert fühlt, nicht vorankommt, in künstlerische Krisen gerät? Die vielleicht überraschende Antwort lautet: Es betrifft die große Mehrheit der Improvisierer. Wie jede Kunst ist Improtheater nicht nur eitel Sonnenschein. Wir beginnen mit Improtheater zu hadern, wenn Anspruch und Realität auseinanderklaffen. Dieser Frust kann zu unterschiedlichen Zeiten unterschiedliche Formen annehmen.

21.4.1 Vom Anfänger zum fortgeschrittenen Spieler

In gemischten Impro-Shows, bei denen man verschiedene Impro-Gruppen sehen kann – vom Anfänger bis zum Profi – sind die Anfänger-Gruppen oft meine Lieblings-Acts. Sie stolpern unbekümmert und fröhlich durch die Szenen. Unbelastet vom Wissen der vielen Möglichkeiten (und daher auch unbelastet vom Wissen um die eigenen Unzulänglichkeiten) gleichen sie kleinen Kindern, die nur eins im Sinn haben: Spielen! Im Gegenzug sind Spieler, die seit mehreren Monaten Impro-Kurse belegen, oft furchtbar anzusehen: Sie staksen über die Bühne auf der Suche nach der interessanten Szene oder der tollen Story und wirken dabei wie Adoleszente, denen das Spielen selbst peinlich geworden ist. Nach etwa einem Jahr Impro-Training sind viele Spieler mit dem Problem konfrontiert, mehr zu wissen als zu können. Sie haben die Techniken der Improvisation gelernt, sie haben gelernt, wie man eine gute Szene aufbaut, wie Storys funktionieren, sie kennen die grundlegenden Schauspieltechniken. Und jetzt sollen sie das *alles* einsetzen!

Manche Schüler beginnen dann, an sich zu zweifeln, da sie keinen Lern-Fortschritt mehr empfinden. Sie haben das Gefühl, untalentiert zu sein. Manche verzweifeln an ihren Lehrern, manche an ihrem Verhältnis zu Improtheater überhaupt.

Als Anfänger hat man nach einer gewissen Zeit sehr viel Wissen angehäuft, das nicht durch Können kanalisiert werden kann. Das Impro-Lernen in den ersten Monaten fühlt sich für die meisten Schüler außerordentlich befreiend an. Ein Durchbruch folgt auf den anderen. Plötzlich spielt man Szenen, die man nicht gekannt hat, improvisiert Opernarien, führt Spiele auf, die ein kleines Publikum zu explosionsartigem Lachen bringt. Und nun stößt man auf die ersten wirklichen Schwierigkeiten. Schauspiel-Laien erkennen, wie tief der Graben ist, der sie von professionellen Schauspielern trennt. Oder man ist fasziniert vom eleganten Storytelling, hat sich aber im Grunde nie damit beschäftigt. Und über all dem „verlernt“ man womöglich noch die Impro-Grundlagen.

Der fundamentale Irrtum des frustrierten Anfängers ist häufig die Annahme, Lernen funktioniere linear. In Wirklichkeit lernen wir die allermeisten Fähigkeiten stufenweise: Man hat einen Durchbruch, wurschtelt sich weiter durch, und eines Tages hat man ein Plateau erreicht, auf dem man eine Weile verharrt, scheinbar ohne größere Lernerfolge zu erzielen.

Wie kann man nun am besten in dieser Situation agieren?

- Akzeptiere das Plateau und akzeptiere das diskontinuierliche Lernen.
- Bevor du versuchst, mit aller Macht Neues und Kompliziertes zu erreichen, kehre zurück zu den Grundlagen der Improvisation und des Schauspiels. Oft versucht man, mit dem Kopf durch die Wand zu rennen, während neben einem die Tür ist.
- Kehre vor allem zurück zum Moment. Was geschieht *jetzt* in der Szene? Agiere weniger. Reagiere mehr.
- Probiere andere Lehrer aus. Manchmal braucht man einfach eine andere Stimme oder jemand, der einem die Botschaft anders formuliert.[115]

---

[115] Ich selber rate meinen eigenen Schülern immer wieder dazu, auch andere Lehrer auszuprobieren (und bin natürlich froh, wenn sie irgendwann wieder zu mir zurückkommen.)

- Hab Geduld. Improtheater zieht einen gerade zu Beginn wegen der schnellen Erfolge an, aber um wirklich voranzukommen, muss man auch Zeit und Übung in die Kunst investieren.

21.4.2 Vom fortgeschrittenen Spieler zum Profi

Der charakteristische Frust-Moment für fortgeschrittene Spieler entsteht typischerweise, wenn man den Schritt auf die Bühne wagt. Die ersten zwei, drei Male wird man oft noch moralisch unterstützt von Freunden und Verwandten. Aber plötzlich stehen wir vor Problemen, mit denen man nicht gerechnet hat, zum Beispiel:

- Es kommen deutlich weniger Zuschauer zur Show als man erwartet hat.
- Durch Lampenfieber und Anspannung wird die Show doch verkrampfter als erwartet.
- Das Publikum lenkt – z.B. durch Klamauk-Vorgaben – die Show in eine unerwartete Richtung.
- Der Flow stellt sich in einer Show nicht so leicht ein wie bei einer Probe.
- Zum ersten Mal hört man deutliche Kritik – entweder von Zuschauern oder von Kollegen.
- Die Formate, die man in den Proben ausprobiert hat, erweisen sich in der Live-Situation als komplizierter.

Auch hier ist der Kern der Lösung: Geduld und Training. Das heißt nun nicht, dass man die nächsten Auftritte bis zum Sankt-Nimmerleins-Tag verschieben sollte. Auftritte sind für aufstrebende Gruppen ein wichtiger Antrieb. Ein angemessener

---

Ich freue mich heimlich, wenn sie begeistert von einem Vertretungslehrer schwärmen, von dem sie dies oder jenes gelernt hätten und verkneife mir die Bemerkung, dass ich seit Wochen versuche, genau das mit ihnen zu üben. Offenbar war dann genau seine, etwas andere Herangehensweise nötig, um ihnen die Tür zu öffnen.

Rhythmus für eine Anfängergruppe sind ca. drei Proben pro Show.

Über die Ziele, Strukturen und Dynamiken der Gruppe muss man sich ebenfalls verständigen. Wenn sich irgendwann herausstellt, dass alle etwas anderes wollen oder dass viele Prämissen unausgesprochen geblieben sind, ist das Kind meist schon in den Brunnen gefallen. Auch der Aufbau eines Stammpublikums braucht seine Zeit. Möglicherweise stellt sich heraus, dass der Spielort schlecht gewählt war oder technische Probleme zu lösen sind, bevor man weiterspielt.[116]

Wenn man trotz ausdauernden Übens mit einem Element der Show nicht vorankommt, etwa dem Szenen-Aufbau, lohnt es sich manchmal, einen Umweg zu gehen und beispielsweise bei ein paar Proben erst mal wieder Impro-Spiele zu spielen. Die gewonnene Frische hilft einem oft, das „schwierigere" Ziel leichter zu erreichen. (Oder es stellt sich heraus, dass, um im Beispiel zu bleiben, das fehlende Element in den Szenen eigentlich die Spielfreude war, die wir vor lauter strukturellem Denken aus dem Blick verloren hatten.)

Wenn alle Stricke reißen, lohnt es sich immer wieder, zurück auf null zu gehen und die elementaren Grundlagen des Improvisierens zu trainieren. So wie ein professioneller Musiker sich immer wieder der scheinbar einfachsten Übung – dem Spielen der Tonleiter – widmet, so müssen auch wir unsere Muskeln des Zuhörens, Behauptens, der Einsatzfreude usw. trainieren.

21.4.3 Als Profi

Ich hatte das große Glück, von den bereits erwähnten Plateaus und Blockaden verschont zu bleiben. Zwar habe auch ich mich ab und zu an künstlerischen Schwierigkeiten abgekämpft, aber

[116] Siehe *Improvisationstheater. Band 8: Gruppen, Geld und Management.*

das konnte ich immer sportlich nehmen. Und eines Tages, nach über fünfzehn Jahren Impro-Erfahrung – traf es mich völlig unerwartet: Ich spielte mit meinen Kolleginnen eine Langform-Show, die nicht besonders rund lief. Halbgare Szenen wechselten sich mit misslungenen ab, die ganze Story ergab für mich keinen Sinn mehr. Meine Figur hatte kein Ziel und keinen Zweck, aber ich wusste, dass meine Kolleginnen mich auf der Bühne brauchten. Ob das Publikum sich unterhalten fühlte, war mir vollkommen egal. Die Stimme in meinem Kopf wurde lauter: „Für so ein Gefühl habe ich damals nicht mit Improtheater angefangen. Ich will solche Szenen nicht spielen. Ich will jetzt nur nach Hause." Wir brachten die Show dann noch halbwegs anständig zu Ende, aber das Frustrationsgefühl hielt mich umklammert. Glücklicherweise dauerte es nur wenige Tage, bis ich den Grund des Übels erkannt hatte. Es lag nicht an den Kolleginnen, nicht an meiner Figur und nicht an der Story – es lag an meiner inneren Einstellung. Ich war in die Überflieger-Falle getappt. Zu fokussiert auf Inhalte, Story-Strukturen, Gruppendynamiken hatte ich den Kern außer Acht gelassen – das Improvisieren.

Die Überflieger-Falle ist aber nur eines von vielen Symptomen, die einen professionellen Spieler ereilen können. Frust und Blockaden ergeben sich ebenso wie bei Anfängern aus den Widersprüchen zwischen Anspruch und Wirklichkeit. So zehren manche Impro-Gruppen noch eine Weile von dem Ruf, den sie sich einmal aufgebaut haben, bis den Spielern irgendwann dämmert, dass sie schon lange nicht mehr die innovativste/lustigste/erfolgreichste Gruppe der Region ist. Anstatt nun verzweifelt um den angeknacksten Ruf zu kämpfen, ist es hier sinnvoller, sich auf das Handwerk zu besinnen und sich zu fragen, warum man überhaupt Improtheater spielen möchte: Wegen des Geldes? Wegen des Beifalls? Wegen der Kunst? Erst wenn man in der Lage ist, sich von den äußerlichen Zwängen und Zuschreibungen zu befreien und sich wieder der Improvisation sachte und liebevoll nähern kann, wird man diese Frustrationen hinter sich lassen. Und dann ist es nachrangig, welchen Ruf man hat, einmal hatte oder welchen Ruf man erstrebt. Vielleicht war man Teil einer riesigen Profi-Gruppe, aber das Schicksal hat einen nun in eine kleine Amateur-Gruppe geworfen, dann gilt auch hier: Mach aus dem Vorhandenen das Beste und improvisiere.

Für mich ist es traurig, zu beobachten, wie manche professionellen Impro-Spieler ihre Kunst zu einem reinen Job verkommen lassen. Da geht es nicht mehr darum, was einen selbst an Improvisationstheater begeistert. Es geht nicht mehr darum, neue Formen und Inhalte zu entdecken, sondern nur noch darum, auf der Bühne die richtigen Knöpfe zu drücken, das Publikum effizient zum Lachen zu bringen, kurz im Applaus zu baden und die Gage zu kassieren. Diese Haltung ist der kürzeste Weg zum Ausbrennen, wie man es auch aus anderen Berufen kennt. Man müsste eigentlich meinen, dass das gerade bei einer Kunst wie dem Improvisationstheater, die ja aus sich heraus permanent Neues schafft, nicht möglich ist, aber tatsächlich geschieht das immer wieder.

Kunst stirbt ab, wenn man auf der Stelle tritt. Um nicht das Gefühl zu bekommen, Impro sei „auserzählt“, muss man sich die Neugierde bewahren – Neugierde für Formate, für neue Storys, für neue Spiele und neue Charaktere. Es bedeutet aber auch, dass man sich eingestehen muss, nie perfekt zu sein. Erst wenn man mit der Demut des Unperfekten an die Kunst geht, wird man entdecken, was man an sich selbst verbessern und entdecken kann. Die Ehrlichkeit gegenüber sich selbst kann zu einem neuen Selbstbild führen. Vielleicht bist du ja momentan nicht der versierte und superflexible Schauspieler, für den du dich immer gehalten hast, aber dafür doch ein ziemlich talentierter Improvisierer.

21.5 Bushaltestellen-Übungen

Manchmal bin ich erstaunt, wie wenig manche Impro-Spieler außerhalb von Proben und Workshops ihre Kunst trainieren. Gewiss, Szenen und Gruppenimprovisationen lassen sich sinnvoll nur während der Proben praktizieren. Auch für die Verfeinerung des Schauspiels braucht man immer wieder das Feedback von Kollegen oder künstlerischen Leitern.

Aber es gibt Fähigkeiten, die man auf einer Probe allenfalls anstupsen kann und die man eigentlich allein trainieren muss. Dazu gehören Singen, Reimen, Training der Vorstellungskraft, Beobachtungstraining usw. Talentierte Impro-Spieler tun vieles davon quasi nebenbei. Sie singen unter der Dusche, sie spitzen die Ohren, wenn sie ein kurioses Gespräch beim Bäcker erlauschen, sie tauchen in phantastische Welten, sobald sie mit Freunden plaudern oder mit Kindern spielen.

Ich selbst verbringe täglich fünf bis zehn Minuten an Bus-Haltestellen. Und während meine gestressten Mitreisenden auf ihre Smartphones starren, nutze ich die Zeit für kleine Übungen, die ich unbemerkt praktizieren kann und die ich daher Bushaltestellen-Übungen nenne.

Bushaltestellen-Übungen sind kurz und unauffällig. Man kann diese kleinen Gratis-Ein-Personen-Workshops– je nach Länge – auch im Wartezimmer des Zahnarztes, beim Warten an der Einkaufsschlange oder an der Ampel machen. Manche funktionieren im Gehen. Und sie haben den großartigen Nebeneffekt, dass man sich auch ohne Smartphone oder Lektüre nicht langweilt.

Die folgende Liste ist nicht abschließend. Vielmehr möchte ich zeigen, in welche Richtung Bushaltestellen-Übungen gehen können, und anregen, sich selbst welche auszudenken.

Reim-Spiele

Reimen zählt gewiss nicht zu den primären Impro-Tugenden, aber es ist doch eine hübsche kleine Fähigkeit, die uns in manchen Genres und beim Singen geradezu beflügeln kann. Ich nehme den ersten Begriff, der mir in den Sinn kommt und prüfe, wieviele Reime mir dazu einfallen: Schild, Bild, wild, Kilt, schwillt …

Sehr schön ist dieses alte unendliche Reim-Assoziations-Spiel, bei dem nach jedem Paarreim, das letzte Wort als neues Ausgangswort benutzt wird.

Spiel: Kein … ohne …

Kein Schild ohne Schrift
Kein Hochhaus ohne Lift.
Kein Lift ohne Seil
Kein Bogen ohne Pfeil.
Kein Pfeil ohne Spitze
kein Bus ohne Sitze …

Wahrnehmungs-Training

Ich gebe mir zehn Sekunden Zeit, meine Umgebung zu beobachten. Dann schließe ich die Augen und stelle mir Fragen: Welche Farben haben die Kleidungsstücke der Mit-Wartenden? Wieviele Stockwerke hat das Haus gegenüber? Wie teuer ist noch mal die Waschmaschine, für die auf dem Plakat geworben wird?

Metaphern

Ähnlich wie das Reimen ist das Metaphern-Finden eine Übung, die man am besten allein macht, da man bei entsprechenden

Gruppen-Übungen meist zu selten dran ist, als dass das Üben einen nachhaltigen Effekt haben könnte. (Ein schönes Metaphern-Spiel haben wir bereits auf Seite 129 kennengelernt.)

Mini-Pantomime

Man muss ja nicht gleich eine aufsehenerregende Durchsichtige-Wand-Performance abziehen. Aber kleinere Abläufe lassen sich wunderbar beim Warten trainieren: Wie zündet sich eine nervöse Raucherin eine Zigarette an? Wie zieht man sich den Reißverschluss der Jacke hoch? Wie bedient man sein Smartphone?

Positiv denken – Gott[117]

Improvisieren erfordert ein hohes Maß an positivem Denken: Die Dinge sind gut so wie sie sind. Eine kleine Übung dazu heißt „Und Gott sah, dass es gut war". Man stelle sich vor, man sei selber ein allmächtiger Gott, der all das, was ist, geschaffen hat: Die Bushaltestelle, die Mitmenschen, den Hundekot, den Straßenlärm, die zu atmende Luft … Alles, was man sieht, betrachtet man mit Wohlwollen. Alles hat seinen Platz und seine Funktion. Nicke. Lächle. Atme. Ja, das ist ein guter Moment.

Was-wäre-wenn-Storys

Können wir reale Personen in vorgestellte Szenarien werfen? Was wäre, wenn der junge Mann dort drüben ein Einbrecher ist? Was wäre, wenn die telefonierende Türkin gerade ein Rendezvous verabredet? Was wäre, wenn alle hier an dieser Bushaltestelle Geheimagenten sind, die es auf mich abgesehen haben? Für welchen Job wird sich diese elegante Frau heute bewerben?

Neben diesen doch recht privaten Übungen gibt es auch solche, die man in „öffentlicheren" Situationen ausprobieren kann.

---

[117] Dieses Spiel verdanke ich dem früheren Impro-Spieler und -Kollegen Matthias Fluhrer.

Personen physisch imitieren

Beim Gehen. Beobachte eine Person, die dir entgegenkommt. Sobald sie an dir vorbeigelaufen ist, ahme ihre Art zu gehen nach. Nach einer Minute wähle die nächste Person.

Sprechweise imitieren

Wenn du eine Person mit einer anderen (zum Beispiel am Telefon) sprechen hörst, ahme ihre Art zu reden nach – ihre Emotionalität, ihre Sprachmelodie, ihren Affekt. Falls der Fußgängerverkehr zu dicht ist, um diese Übung ungestört zu machen, halt dir dein Handy ans Ohr. Und wenn du telefonisch eine Pizza bestellst, spiele *immer* eine andere Figur.

Status[118]

Status lässt sich überall trainieren – in der Öffentlichkeit, zum Beispiel wenn ich Blumen kaufe oder am Telefon ein Taxi bestelle. Man kann aber auch ausprobieren, den eigenen „natürlichen" Status in vertrauten Situationen zu modifizieren: Wie werde ich etwa in einem Meeting wahrgenommen, wenn ich meinen Raum leicht verkleinere und mich ab und zu selbst im Gesicht berühre? Oder wenn ich umgekehrt etwas mehr Raum einnehme und den Blick anderer länger aushalte?

---

[118] Zum Thema Hoch- und Tief-Status siehe Kapitel Statusveränderung S. 154. Ausführlich: *Improvisationstheater. Band 2: Schauspiel-Improvisation.*

22 PLANEN

22.1 Tagträumen

Das freie Mäandern der Gedanken ist einer der produktivsten Momente, in die wir Menschen geworfen werden. Ähnlich wie in unseren Schlafträumen erschaffen wir neue Welten, neue Optionen, die sich nicht um Sinn und Logik kümmern müssen.

Tagträumerei hatte schon immer einen schwierigen Stand, da sie subjektiv mit Langeweile verknüpft und von außen als Nichtstun wahrgenommen wird. Der idealtypische Tagträumer ist das Kind, das gelangweilt aus dem Schulfenster schaut und sich in seiner eigenen Gedankenwelt verliert. Es wird von Lehrerinnen aus seiner produktiven geistigen Tätigkeit zurückgepfiffen.

Die Zeitspannen, die sich Menschen fürs Tagträumen nehmen, werden immer geringer. Wer erinnert sich noch an langweilige Bahnfahrten, bei denen man aus dem Fenster schaute und die Gedanken ziehen ließ? Wer setzt sich schon in den Sessel, um einfach nichts zu tun? Wer geht noch ohne Kopfhörer joggen? Beim Fernsehen, der großen Zeitverschwendungsmaschine der zweiten Hälfte des 20. Jahrhunderts, hatte man immerhin noch die Chance, dass das Programm einen langweilte und man dann doch ausschaltete. Dieser Option sind wir beraubt. Smartphones, Tablets und Streaming-Dienste bieten uns permanente Ablenkung und Zerstreuung. Und selbst als Intellektueller oder Künstler kann man sich einreden, diese App oder jenes Online-Video sei gerade ungeheuer wichtig zur Fortbildung.

Um träumen zu können, braucht der Geist Ruhe. Wir müssen frei sein von den Gedanken des Müssens und Sollens, frei von den Optionen der Ablenkung, dem Fernseher, dem Laptop, dem Smartphone. Wem es gelingt, eine halbe Stunde pro Tag halbwach zu träumen (und dabei Langeweile auszuhalten), den schätze ich glücklich.

Wo und wann können wir tagträumen? In dem Buch „Die täglichen Rituale berühmter Künstler“ von Mason Currey kann man sehen, dass die meisten kreativen Geister einen nachmittäglichen Spaziergang in ihren Tag einbauten. Dieses Ritual zieht sich durch die Biografien von Thomas Hobbes bis Peter Tschaikowski. Der Spaziergang scheint für viele Künstler ein wichtiger Teil der Tagesroutine zu sein. Besonders Schriftsteller und Musiker müssen den inneren mit dem äußeren Rhythmus harmonisieren.

Spazieren kann den nervösen Geist beruhigen und den lahmen Geist auf Trab bringen. Da man beim Spazierengehen kein bestimmtes Ziel hat, bleibt der Geist eher bei einem selbst, anstatt über Verpflichtungen zu grübeln. (Von daher wäre es sinnlos, einen Künstler-Spaziergang mit Erledigungen zu verknüpfen.) Zielloses Rumspinnen funktioniert beim Spaziergang eher als beim Spiegeleier-Braten. Diese Ziellosigkeit, für die Künstler ja oft belächelt werden, ist ein entscheidender Teil des kreativen

Prozesses. Die Impulse, die wir täglich aufsammeln, müssen in unserem Hirn verarbeitet werden, müssen die Möglichkeit haben, sich neu zusammenzusetzen (ähnlich, wie es in Schlafträumen geschieht). Wir brauchen die Möglichkeit, auch Unbrauchbares, Unmögliches zu denken.

Eine weitere ideale Sphäre für Tagträumereien ist das Dösen auf der Couch. Vor allem die Phase vorm Einschlafen, in der das wache Denken langsam in den Traum übergeht, ist äußerst produktiv. Die Kreativität dieser kurzen Phase ist immer wieder erstaunlich.

Wie aber können wir Impro-Spieler das Tagträumen genau nutzen? Zum Teil sehe ich Tagträumerei als Training an. Wir können etwa schwierige Pantomime im Geiste wiederholen, was sich besonders für die Couch-Träumerei eignet.[119] Aber auch Phantasierereien wie „Was sind die idiotischsten Angebote, die ich bekommen könnte und wie kann ich auf sie positiv reagieren?“ trainieren die positive Impro-Geisteshaltung.

Am besten aber funktioniert Tagträumerei in Bezug auf Szenen und Storys. Man stelle sich einfach zwei Charaktere auf der Bühne vor – eine Betrügerin und ihr Arzt – und schon geht die Mini-Improvisation im Kopf los.

Und schließlich ist Tagträumerei eine Technik fürs Erschaffen neuer Formate. Wenn man einen faszinierenden Film oder ein Theaterstück gesehen oder ein Buch gelesen hat, dann stelle man sich die Frage: Lässt sich das auch im Improtheater umsetzen?

---

[119] In einer Studie zum Thema physisches Lernen ließ man vor einigen Jahren NBA-Basketball-Spieler tagsüber mit der Hand, die nicht ihre Wurfhand ist, Freiwürfe trainieren. Die Hälfte der Probanden bekam außerdem die Aufgabe, in der kurzen Phase vorm Einschlafen, diese Würfe *im Geist* zu wiederholen. Diese Gruppe schnitt am Ende signifikant besser ab als die, die lediglich das physische Training absolviert hatte.

22.2 Neue Formate

Kurz bevor ich mit meiner ersten Impro-Gruppe regelmäßige Shows aufführte, war ich fest entschlossen, ein eigenes Format zu entwickeln, nur um nicht den damals die Impro-Szene dominierenden Klassiker *Theatersport* oder *Gorilla-Theater*[120] aufführen zu müssen. Ich hielt es für überaus schlau, das Prinzip von *Gorilla-Theater* umzudrehen: Das Publikum würde nach jeder Szene abstimmen, und die Spieler mit den wenigsten Punkten würden am Ende „zur Strafe" eine Solo-Nummer improvisieren müssen. Nach sechs Versuchen strichen wir dieses für niemanden nachvollziehbare Format aus unserem Spiele-Katalog. Ich erkannte damals: Es bringt nicht viel, sich ein Format auszudenken, nur um des Format-Ausdenkens Willen.

Für Impro-Formate sollte man sich drei Fragen stellen:

1) Warum würde ich mir das Format selber gerne anschauen?

Jedes Format sollte als Erstes aus der Sicht des Publikums betrachtet werden. Neue Formate leiden manchmal daran, dass sie zwar die Spieler vor interessante Herausforderungen stellen, diese Herausforderungen aber für den Zuschauer nicht sichtbar oder nicht nachvollziehbarsind. Man fragt sich dann: Warum schaue ich mir das an? Außerdem muss man die Publikumsdynamik im Auge behalten. Wenn man zum Beispiel eine Fortsetzungs-Geschichte an vier aufeinanderfolgenden Abenden improvisieren möchte, sollte man sich fragen, ob man selbst die Stammzuschauer überhaupt dazu bringen kann, wirklich alle vier Shows zu besuchen.

---

[120] Bei Gorilla-Theater (einem von Keith Johnstone entwickelten Format) spielen drei oder vier Spieler „gegeneinander". Die Spieler tragen abwechselnd als Regisseure die Verantwortung für eine Szene. Die Szenen werden vom Publikum bewertet. Der Regisseur mit den meisten Punkten (hier: Bananen) gewinnt den Gorilla.

2) Lässt sich das Format theatral umsetzen?

Manche Stile, zum Beispiel aus Filmen, haben eine so klare Bildsprache, die sich nicht ohne weiteres auf die Bühne übertragen lässt. Dann bedarf es einiger Anpassungsschritte für die Bühne, die wiederum nicht so stark sein dürfen, dass von der Idee nichts mehr übrig bleibt.

3) Ist die Idee weit genug gefasst, dass sie uns noch genügend Raum zum Improvisieren lässt?

Angenommen, man hat die Idee, inspiriert von der Fernseh-Serie *Breaking Bad*, ein Format zu erschaffen, bei dem es jedes Mal darum geht, dass eine positive Hauptfigur erkrankt und aus altruistischen Motiven kriminell wird, dann ist diese Idee möglicherweise zu eng geführt, zu dicht an der Ausgangs-Inspiration und nach einer Handvoll Shows auserzählt. Aber vielleicht lässt sich doch ein Format stricken mit einer zwischen Gut und Böse oszillierenden Hauptfigur.

Man muss außerdem unterscheiden zwischen Formaten, die das Improvisieren einrahmen und solchen, die eher auf einen Inhalt fokussieren. *Theatersport* aber auch der *Harold* gehören zum Beispiel zur ersten Kategorie. Sie bieten uns eine Form, in der wir uns inhaltlich alles Mögliche erlauben können. Wir können sogar Formen (sprich: Spiele) in die Form füllen. Formate wie *Strangers in the Night* oder *Lagerfeuer* orientieren sich eher an einer inhaltlichen Prämisse.[121]

Bei Impro-Spielen liegt die Sache noch etwas anders. Ich glaube, die meisten erfolgreichen Impro-Spiele entstehen in Workshops. Der Coach erkennt eine Schwierigkeit bei den Schülern und erfindet (meist spontan) eine Herausforderung,

---

[121] In *Lagerfeuer* (einem Format von Randy Dixon) geht es um Schauergeschichten, die von drei Personen erzählt und gespielt werden. In *Strangers in the Night* (einem von mir entwickelten Format) müssen zwei Fremde die Nacht miteinander verbringen.

die szenisch umzusetzen ist. Mit etwas Glück entsteht hier und da ein Spiel, das man für die Bühne nutzen kann.

22.3 Szenisch denken

Früher oder später landen Gruppen in Szenen, die sich immer wieder ähneln. Und es dauert eine ganze Weile, bis man das bemerkt. Um aus diesem Sumpf herauszukommen, ist es nötig, mit „szenischem Auge" durchs Leben zu gehen: Statt sich im Bus über eine Mitreisende zu ärgern, die gerade lauthals per Telefon ein Streitgespräch mit ihrem Freund führt, kann man auch versuchen, sich genau diese Szene auf der Bühne vorzustellen. Eine anstrengende Weihnachtsfeier, ein seltsames Interview im Radio, eine bizarre Kundin im Elektronikmarkt, ein moralisches Dilemma – all das kann unsere Phantasie in Anspruch nehmen.

Vielleicht wird die eine oder andere Figur tatsächlich eines Tages auf der Bühne landen, vielleicht wird eine Szene durch unser reales Erlebnis inspiriert. Entscheidend ist, dass wir im Alltag unser szenisches Denken trainieren, dass wir immer wieder mal eine Subroutine laufen lassen, die unseren Instinkt für Szenen und Charaktere schärft.

22.4 Gemeinschaftlich Planen

Gemeinsam eine künstlerische Idee – ein Format oder eine Show – zu entwickeln erfordert ein hohes Maß an Offenheit und eine hohe Fehlertoleranz. Wir müssen als Gruppe aufnahmefähig und experimentierfreudig sein. Am schwierigsten ist wahrscheinlich die Frage zu beantworten: Ab welchem Zeitpunkt ist ein „Aber" und ab welchem auch ein „Nein" zugelassen.[122]

[122] Ausführlich dazu: *Improvisationstheater. Band 8: Gruppen, Geld und Management.*

Ein zum Ausprobieren günstiger Rahmen ist sicherlich die Probe. Es liegt nahe, sich zu Beginn erst einmal freizuspielen. Vielleicht gibt es schon eine Grund-Idee von einem der Spieler, der dann sinnvollerweise auch die Probe anleitet und dem von der Gruppe genügend Ellbogenfreiheit zugestanden wird, verschiedene Wege auszuprobieren. Eine andere Möglichkeit ist, sich eine Szene vorzunehmen, in der sich alle wohlgefühlt haben. Ist es möglich, „mehr davon" zu erschaffen? Kann man dem Ganzen einen sinnvollen Rahmen geben? Ist das Thema oder die Form breit genug? Wichtig ist, dass man sich spielerisch ausspinnt, Trash zulässt, nicht zu früh analysiert.

Ein Format kann aber zum Beispiel auch am Cafétisch entwickelt werden. Dabei muss nicht unbedingt die gesamte Gruppe beteiligt sein. Angenommen, man war zu zweit in einem Film oder hat eine Fernsehshow gesehen, dann lässt sich darüber schön gemeinsam diskutieren: Ließe sich so etwas auf die Bühne bringen? Wenn ja, wie könnte man das mit unserer Gruppe umsetzen. Eine hübsche Inspiration können selbst schlechte Impro-Shows sein. „Damit das funktioniert, müsste man ..."

Man startet ja selten von Null, aber es ist durchaus möglich und manchmal auch nötig, zum Beispiel wenn man das Gefühl hat, als Gruppe festzustecken. Eine berühmte Technik ist das sogenannte Brainstorming, bei dem es darum geht, so viele Ideen unzensiert als Gruppe zu produzieren. Das Problem bei dieser Technik ist, dass sich die Vorschläge rasch ähneln und dass dominante Personen bald den Prozess überlagern. Eine Alternative, die mehr und diversere Vorschläge produziert, ist das „Brainwriting". Derselbe Modus, aber diesmal haben alle eine bestimmte Zeit, in der jeder für sich die Vorschläge auf Zetteln notiert und jeder ungestört seinem eigenen Tempo folgen kann.

Was immer du planst – hab keine zu hohen Erwartungen. Was vor dem geistigen Auge, auf dem Papier oder in der Probe großartig wirkt, kann auf der Bühne vor Live-Publikum scheitern. Aber das darf uns nicht abhalten davon, immer und immer wieder neu zu versuchen, das Beste aus Improvisationstheater herauszuholen und ihm zu dem verhelfen, was in ihm steckt – eine wunderbare Kunst.

23 VERZEICHNIS DER SPIELE UND FORMATE

23.1 Übungen

23.2 Spiele

23.3 Langformen und Showformate

IMPROVISATIONSTHEATER. ALLE BÄNDE

Improvisationstheater. Band 1: Die Grundlagen

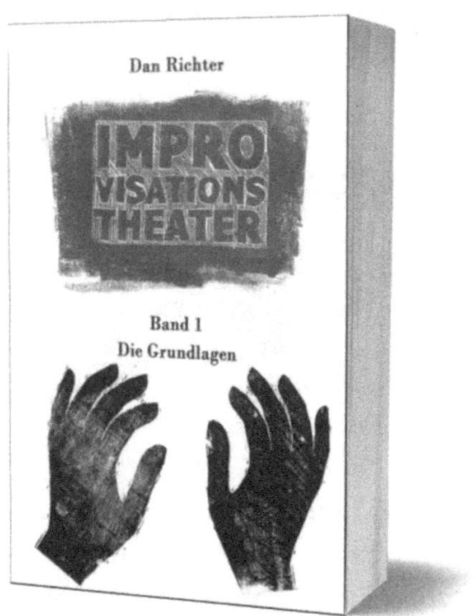

Improvisationstheater ermutigt, uns dem Moment zu überlassen und in eine lebendige Interaktion mit den Mitspielern und dem Publikum zu gehen, Neues zu wagen, Ängste hinter uns zu lassen und die eigenen Fähigkeiten zu erweitern. Dieser Band beleuchtet für Anfänger, Fortgeschrittene und Lehrer die Grundlagen des Improvisationstheaters. Wie erlangen wir Selbstvertrauen und die Sensibilität, auf den Partner eingehen zu können? Wie begegnen wir der Improvisation, damit sie zu dem werden kann, was in ihr schlummert – eine Kunst.
Veröffentlicht: Oktober 2018 (Neuauflage 2022)

Improvisationstheater. Band 2: Schauspiel-Improvisation

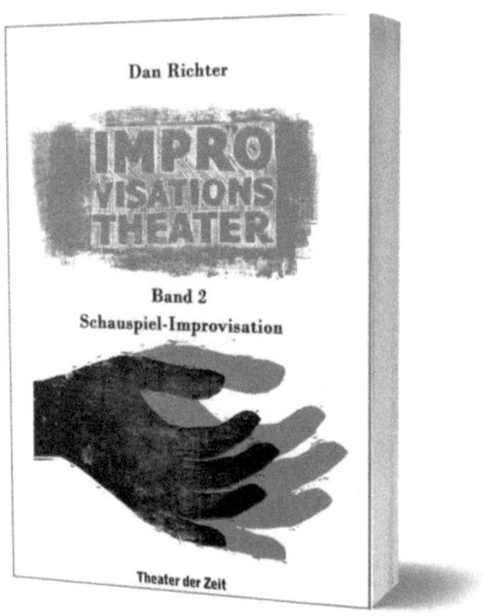

Der zweite Band der Reihe Improvisationstheater befasst sich mit dem spontanen Schauspielen. Wie improvisieren wir glaubwürdige Charaktere jenseits von Klischees? Wie nutzen wir Status und Emotionalität für eine kraftvolle Dynamik unserer Figuren? Mit welchen einfachen Mitteln können wir Pantomime und Bühnenpräsenz für die Zwecke des lebendigen Improvisationstheaters nutzen?
Veröffentlicht März 2022

Improvisationstheater. Band 3: Die Magie der Szene

Der dritte Band widmet sich ausführlich der szenischen Improvisation. Wie beginnen wir Szenen? Wie führen wir sie fort? Und wie beenden wir sie? Wie schaffen wir eine stabile Plattform? Und wie improvisieren wir ohne Plattformen? Wie erschaffen wir kraftvolle szenische Konflikte und wie spielt man intime Szenen? Wie unterstützen wir unsere Partner auf der Bühne und aus dem Off? Wie entsteht Komik und wie erschaffen wir berührende Szenen?
Veröffentlicht Juni 2021

Improvisationstheater. Band 4: Finde das Spiel

Im vierten Band geht es um den Kern jeder Szene, jedes künstlerischen Prozesses – das freie Spiel. Wie finden wir das Spiel der Szene, die zugrundeliegende Komik oder Tragik? Welche Muster und Formen können wir im szenischen Spiel erkennen und etablieren? Wie hilft uns das Spiel, Comedy zu erschaffen? Wie helfen uns die klassischen Impro-Spiele und welchen Nutzen haben versteckte Spiele?
(in Planung)

Improvisationstheater. Band 5: Storys improvisieren

Storys halten uns im Theater gefesselt, wenn sie fesselnd auf die Bühne gebracht werden. Was sind die Grundlagen des improvisierten Storytelling? Wie können wir komplexe Storys improvisieren, ohne die Übersicht zu verlieren? Wie baut man Helden auf? Wie lässt man sie wirksam leiden, siegen und verlieren? Braucht die Story überhaupt Helden? Wie spielen wir mit Erwartungshorizonten? Wie können wir Genres und Stile nutzen, um unseren Storys den gewissen Schliff zu geben? Mit welchen Story-Werkzeugen geben wir der Story einen komischen, einen spannenden oder tragischen Dreh?
(in Planung)

Improvisationstheater. Band 6: Freie Formen und Collagen

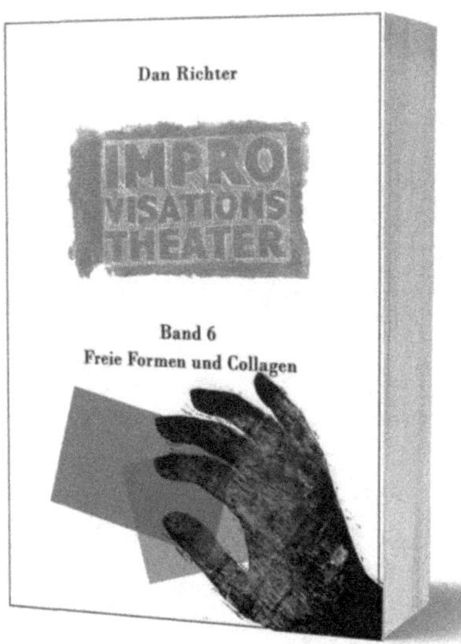

Modernes Improvisationstheater geht über konventionelles Storytelling und kurzformatige Sketche hinaus. Im sechsten Band der Reihe Improvisationstheater wird untersucht, wie sich Improtheater die Methoden und Mittel des modernen Theaters zu eigen machen kann. Wie entsteht die Poesie des Fraktalen? Welche Möglichkeiten eröffnen uns der freie Harold und seine Impro-Geschwister? Wie können Storys modern aufgebrochen werden, um ein neues Theatererlebnis zu erschaffen?
(in Planung)

Improvisationstheater. Band 7: Musikalische Improvisation

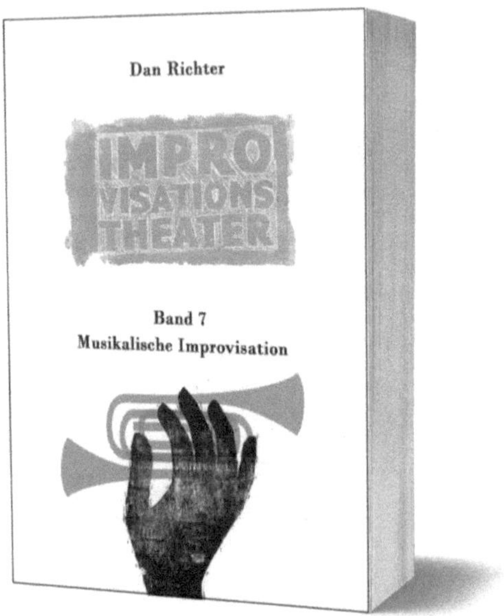

Musikalisches Improtheater wird in diesem Band von zwei Seiten betrachtet – aus der Sicht der Impro-Schauspieler und der der Impro-Musiker. Wie improvisieren wir einfache Songs? Wie entwickeln wir daraus musikalische Formate wie klassische Opern oder Musicals? Wie können Musiker die Szene beeinflussen? Was macht die Musikalität einer Szene aus? Welche Rolle spielt Stille? Und welchen Platz hat der Musiker als Mitspieler im Team?
(in Planung)

Improvisationstheater. Band 8: Gruppen, Geld und Management

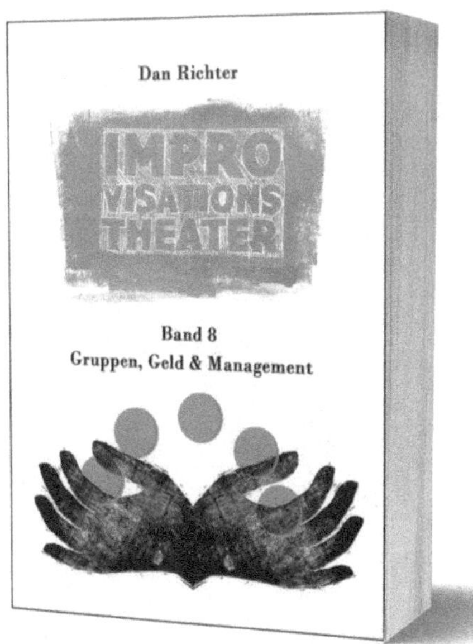

Im achten Band geht es um das Geschehen hinter der Bühne. Wie werden wir als Improtheater erfolgreich? Wie gründet man überhaupt ein Improtheater? Welche Regeln sind bei kleinen und großen Ensembles zu beachten? Kann Basisdemokratie funktionieren oder braucht man eine künstlerische Leitung? Wie organisiert man Trainings und Proben? Und: Kann man davon leben?

Veröffentlicht Februar 2019

Improvisationstheater. Band 9: Impro-Shows

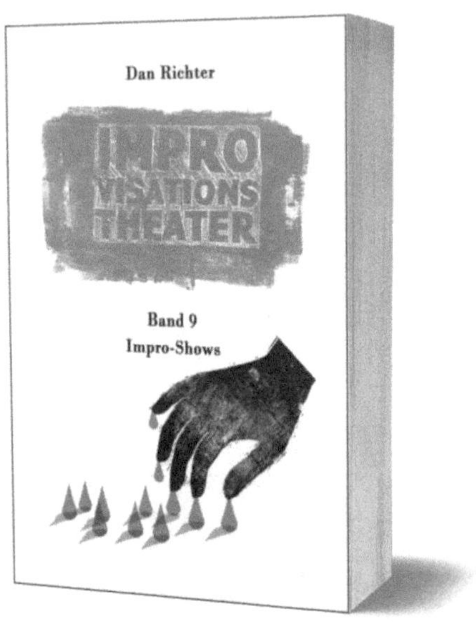

In diesem Band wenden wir uns dem großen Ganzen zu – den Impro-Shows. Wie findet man ein passendes Show-Format für die eigene Gruppe? Wie lässt sich eine Show sinnvoll aufbauen? Wie kommunizieren wir mit dem Publikum und welche Rolle spielen Publikumsvorschläge? Wie sollte man sich als Team im Backstage verhalten? Welche Formen von improvisierten Aufführungen gibt es jenseits der klassischen Impro-Show? Wie führt man Gagenverhandlungen? Und welche Arten von Vorstellungen sind sinnvoll bei gebuchten Auftritten?
Veröffentlicht September 2019

Improvisationstheater. Band 10: Improtheater unterrichten

Improvisation zu unterrichten bedeutet, die Tugenden des Improvisierens ernst zu nehmen: Lasse dich auf die Schüler ein. Erkenne die Dynamik der Gruppe. Höre zu. Lass deine Schüler selbst zu Erkenntnissen gelangen. Improvisiere deinen Unterricht, statt dich auf ein allzu starres Curriculum festzulegen. Der zehnte Band zeigt, wie Übungen und Spiele pädagogisch wirksam werden, wie man Anfänger und wie man Fortgeschrittene unterrichtet. Wie baut man einen mehrtägigen Workshop auf und wie wandelt man ihn auf dem Weg des Unterrichtens ab? Welche theaterpädagogischen Methoden eignen sich für Kinder und Jugendliche? Wie trainiert man Teams in der Geschäftswelt? Und wie lassen sich diese Methoden in Therapie und Pädagogik anwenden?
(in Planung)

Improvisationstheater. Band 11: Impro überall

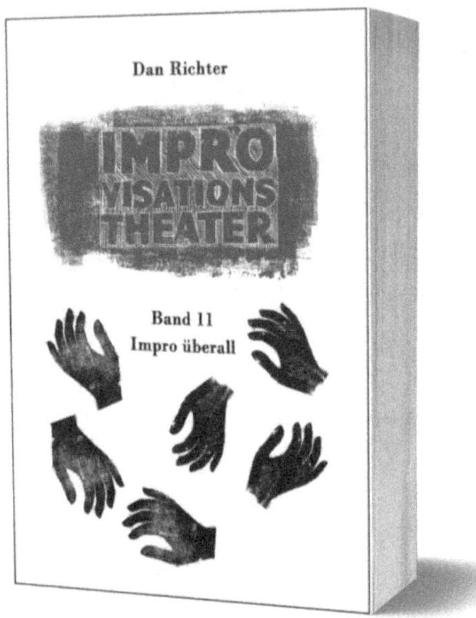

Dieser Band weitet den Blick auf die Impro-Welt. Die beglückende Philosophie des Improtheaters dringt in immer mehr Bereiche – seine Techniken werden in Film und Fernsehen genutzt, im Tanz und in der Musik. Sogar in kunstfremden Systemen wie Politik, Business, Therapie und Pädagogik finden sich die Methoden des Improtheaters wieder. Wir werfen außerdem einen Blick auf die sich immer mehr vergrößernde Impro-Gemeinde – auf prägende Lehrer, Schulen und bedeutende Festivals.
(in Planung)

Improvisationstheater. Band 12: Spiele und Formate für Shows, Proben und Workshops

Der letzte Band der Reihe Improvisationstheater enthält eine umfassende Liste von Spielen, Übungen, Langformen und Show-Formaten. Hier finden sich Spiele für jeden Zweck: Für Theater-Workshops, für Shows und für Gruppen-Warm-Ups. Die Spiele sind nach Kategorien unterteilt: Körperliche, verbale, erzählerische, szenische Spiele. Der Band enthält außerdem musikalische Formate und anspruchsvolle Langformen. Außerdem werden einige Kniffe zum Knacken von Genres und Stile beschrieben.
(in Planung)

LITERATURVERZEICHNIS

Hier eine kurze Liste der hier erwähnten Bücher sowie Tipps zur weiterführenden Literatur. Ich beschränke mich hier auf das Thema dieses Buchs: Grundlagen des Improvisationstheaters.

Nachdrücklich empfohlene Werke

Will Hines: *„How To Be The Greatest Improviser On Earth"*.
Sehr unterhaltsames und lehrreiches Werk für fortgeschrittene Impro-Spieler.

Keith Johnstone: *„Theaterspiele. Spontaneität, Improvisation und die Kunst des Geschichtenerzählens"*.
Allein das Kapitel „Geschichten kaputtmachen" macht dieses Buch zu einem der wichtigsten Werke des Improtheaters.

Stephen Nachmanovitch: *„Free Play. Kreativität geschehen lassen"*.
Ein Buch, das mein Leben verändert hat. Der ganze Prozess des Live-Erschaffens wird beleuchtet – die Inspirationen, die Blockaden, der Fluss, die Qualität. Das Buch war so wichtig für mich, dass ich es übersetzt habe.

Dan Richter: *„Vierzehn Weisheiten für Impro-Spieler"*.
Mein Versuch, die Impro-Grundlagen auf 28 Seiten zu komprimieren.

Viola Spolin: *„Improvisation for the Theater"*.
Spolin gilt als die Patin des modernen Improvisationstheaters. Als eine der ersten erkannte sie das Potential des spontanen Erschaffens von Theaterszenen. Ein Großteil der heute noch gebräuchlichen Impro-Spiele stammen von ihr.

Weitere hier erwähnte Werke:

Anne Bogart, Mary Overlie und Tina Landau: *„The Viewpoints Book"*

Mason Currey: „Die täglichen Rituale berühmter Künstler"

Christiane und – Deniz Döhler: „AuJA – Autismus akzeptieren und handeln: Ein Leitfaden von Eltern für Eltern"

Thich Nath Hanh: *„Einfach sitzen"*

Keith Johnstone: „Improvisation und Theater. Die Kunst, spontan und kreativ zu agieren"

Mick Napier: „Improvise! Scenes from the inside out"

Jochen Schmidt: *„Helden der Freizeit!"* ZEIT online, 2.2.2017

Elisabeth Shaw: „Der kleine Angsthase"

Karl Valentin: *„Dialoge"*

Matthew Walker: *„Why We Sleep"*

Ruth Zaporah: „Action Theater. The Improvisation Of Presence"

DANK

Ich danke allen, die zum Zustandekommen dieses Buches beigetragen haben:

Arne Oehlsen, Claudia Hoppe, Ilka Puschke, Nadine Antler und Thomas Jäkel, die ältere Versionen dieses Buches gelesen und kommentiert haben,

Billa Christe, die mir half, die ersten Impro-Schritte zu gehen,

Annette Herrmann, die mir half, einen Verlag zu finden,

Laura Kötter für die Covergestaltung,

Matthias Fluhrer für das Foto des Autors,

den Lesern und Kritikern meines Blogs Improgedanken und der Facebook-Seite „Improvisationstheater als Kunst“

den diskutierenden Improvisierern der Facebook-Gruppen „Improv Germany“ und „Improvisational theatre – group for players worldwide“ sowie des entschlafenen Forums YesAnd.com,

meiner langjährigen Spielpartnerin und Ehefrau Stefanie Winny, die die Entstehung dieses Buchs enorm unterstützte, es korrigierte und immer ein offenes Ohr für Fragen hatte. Ihre nie versiegende Spielfreude erinnert mich täglich daran, was der Kern des Improvisierens ist – das freie ungezügelte Spiel.

Rechte der Textauszüge

AUSFÜHRLICHES INHALTSVERZEICHNIS